Konturen der Moderne

**Peter Fuchs** ist seit 1992 Professor für Allgemeine Soziologie und Soziologie der Behinderung an der FH Neubrandenburg. Zahlreiche Veröffentlichungen, u.a. »Reden und Schweigen« (mit Niklas Luhmann), Frankfurt a.M. 1989, zuletzt »Die Metapher des Systems. Studie zur allgemein leitenden Frage, wie sich der Tanz vom Tänzer unterscheiden lasse«, Weilerswist 2001, »Der Eigen-Sinn des Bewußtseins. Die Person – die Psyche – die Signatur«, Bielefeld 2003, »Das System Terror«, Bielefeld 2004, und »Theorie als Lehrgedicht. Systemtheoretische Essays I«, Bielefeld 2004.

PETER FUCHS

# Konturen der Moderne

Systemtheoretische Essays II

hrsg. von Marie-Christin Fuchs

[transcript]

**Bibliografische Information der Deutschen Bibliothek**
Die Deutsche Bibliothek verzeichnet diese Publikation in der Deutschen Nationalbibliografie; detaillierte bibliografische Daten sind im Internet über http://dnb.ddb.de abrufbar.



Umschlaggestaltung und Innenlayout: Kordula Röckenhaus, Bielefeld
Satz: digitron GmbH, Bielefeld
Druck: Majuskel Medienproduktion GmbH, Wetzlar
ISBN 3-89942-335-6

Gedruckt auf alterungsbeständigem Papier mit chlorfrei gebleichtem Zellstoff.

*Besuchen Sie uns im Internet: http://www.transcript-verlag.de*
*Bitte fordern Sie unser Gesamtverzeichnis und andere Broschüren an unter: info@transcript-verlag.de*

# Inhalt

## Statt eines Vorwortes oder einer Einleitung oder dergleichen – eine allgemeine Auflistung

**M.F.** Das wird wohl nie wieder aufhören zu schneien ... Wenn ich sowieso hierbleiben muß, dann können wir doch auch das Vorwort für den zweiten Band zusammenbasteln. In Klausur sozusagen.

**P.F.** »Weh mir, wo nehm' ich, wenn Es Winter ist, die Blumen, und wo Den Sonnenschein, Und Schatten der Erde?«

**M.F.** Nun übertreib's nicht. So schlimm ist es nicht.

**P.F.** Aber warte, du weißt, daß das mit einer der unglaublichsten Zeilen der deutschen Sprache weitergeht: »Die Mauern stehn Sprachlos und kalt, im Winde klirren die Fahnen.«

**M.F.** Schon gut, ich kenne deine dramatophilen Neigungen. Aber wie kommst du gerade jetzt auf Hölderlin?

**P.F.** Einmal, weil du ihn, glaube ich, gerade so schätzt wie ich, und außerdem: Dieses Gedicht paßt zum Thema. Es ist erzmodern. ›Sprachlos‹ als Adverb ... das ist großartig, und vor den im Winde klirrenden Fahnen könnte ich mich hinknien.

**M.F.** Aber ich hätte nicht erwartet, daß du in unserem Gespräch über die Moderne gleich eine so tragische Note anschlägst ...

**P.F.** Warum nicht? Wir wollen doch über Konturen sprechen, über einen Umriß, eine Einfassung, und die sehe ich schwarz vor mir.

**M.F.** Das finde ich ganz spannend. Denn etwas mit einer Kontur versehen, das könnte nach der Wortentwicklung auch bedeuten, etwas zurechtdrechseln, etwas mit einem Drechseleisen runden. Und dann wären wir zwar auch in einem tragischen Bild, insofern jedem ›Drechseln‹ etwas Gewalttätiges anhaftet. Da fällt schließlich etwas ab, da wird etwas abgeworfen ... Aber man könnte dem Bild auch entnehmen, daß jede Beschreibung der Moderne erzeugt, was sie beschreibt. Zum Beispiel klirrende Fahnen, oder vielleicht deutlicher Großstadtdschungel, den Bauch von Paris, Dandys, Flaneure, Snobs, Risiko- und Erlebnisgesellschaften oder eben eine polykontexturale Welt, wie du sie unentwegt in ihren Konsequenzen durchprüfst. Und das Drechseleisen wäre dann manchmal halt Lyrik, und manchmal halt Theorie.

**P.F.** Und manchmal Musik, Tanz, Drama, Gemälde, Installation, Performance, Psychoanalyse ... und mitunter bleibt nur ein Kramladen gedrechselter Worte. Ich denke schon, daß das, was wir Modernität nennen, in vielen Verkleidungen erscheint. Deine Schwester Hannah-Sophie hat mir erzählt, daß es in ihrer Schule ein Kunstprojekt gab, bei dem die beteiligten Schüler alle Gullys der Umgebung öffneten und sich auf einen Klappschemel neben die Löcher setzten, versehen mit einem Friesennerz, einer Angel und einem gelben Putzeimer ... und da haben Sie dann geangelt. Ich weiß nicht, ob sie etwas gefangen haben, aber sie fischten alle von verschiedenen Stellen aus in einer dunklen, drunten glucksenden Flut.

**M.F.** In *einem* Strom? Das klingt merkwürdig ... glaubst du denn, daß man die Moderne metaphorisch so vereinheitlichen kann?

**P.F.** Ich hatte das Wort ›Flut‹ benutzt, nicht ›Strom‹.

**M.F.** Gib zu, daß du das wegen der Assonanzen gemacht hast. Die Frage war aber, ob man die Moderne, die Modernität auf einen Einheitsbegriff bringen kann. So etwa in der Weise eines *e pluribus unum*.

**P.F.** Das hängt vom ...

**M.F.** Ich weiß: das hängt vom Beobachter ab. Das ist ein Ostinato, das einem auf die Nerven fallen kann.

**P.F.** Ja, aber du müßtest dich sehr verstellen, wenn du so tätest, als ob du nicht wüßtest, daß eine Epistemologie, die etwas auf sich hält, ohne Referenz auf den Umstand, daß sie Beobachtungsoperationen durchführt, lächerlich ist. Das kann sich höchstens die Technik mit ihren Simplifikationen leisten, kaum aber eine Wissenschaft, die sich auf soziale und psychische Prozesse bezieht.

**M.F.** Du mußt nicht gleich Kanonen auffahren, aber bitte, was ist denn nun ›Modernität‹? Oder besser, damit du nicht sofort mit der ›hartnäckigen Ontologin‹ ankommst: Wie kann man sie beobachten?

**P.F.** Vielleicht mit ›A Rebours‹, gegen den Strich: »La nature a fait son temps«. Oder mit Isidore Ducasse, Comte de Lautréamont, wenn man nicht von Schönheit spricht, sondern von Modernität. Modern ist »... la rencontre fortuite d'un parapluie et d'une machine à coudre sur une table d'opération«. Oder mit Baudelaire, wiederum Schönheit durch Modernität ersetzend: Modern ist »l'inattendu, la surprise, l'étonnement«. Oder mit Schlegel und Novalis: Modernität ist Fragmentarität par excellence oder ein Alcahest, ein universales Lösungsmittel. Oder, wenn man ein ›Post-‹ vor die

Moderne stellt, ein Neologismus wie bei Derrida. Oder das Lächeln eines großen Ungeziefers wie bei Kafka oder ...

**M.F.** He, hör auf, komm aus deinem Kinderzimmer. Du kannst nachher spielen gehen ... mit den Hunden.

**P.F.** Bei diesem Wetter kriegt mich keiner raus.

**M.F.** Im Ernst ... was sollte diese seltsame Liste?

**P.F.** Mir scheint, die Moderne gleicht einer Liste, die Welt ist listenförmig geworden und hat die Form einer Liste von Listen angenommen.

**M.F.** Mir fällt da Borges ein ... diese verrückte Liste chinesischer Tiere.

**P.F.** Die Foucault zitiert in der »Ordnung der Dinge«.

**M.F.** Ich muß an die Namenslisten in Stifters Wittiko denken, ja, und an die köstlichen Listen Jean Pauls.

**P.F.** Mir fällt diese kleine Liste ein, die Günter Eich in Gedichtform gebracht hat. Schotts Listen sind auch nicht schlecht.

**M.F.** Ich erinnere mich an die Protokolle der ethnographischen Gesellschaft. Virchow hat diese Gesellschaft geleitet. Diese Protokolle ... es sind abenteuerliche Auflistungen.

**P.F.** Schön, ich mag das: sich Bälle zuwerfen.

**M.F.** Oder Orangen ... Ich würde es aber mehr schätzen, wenn du mir sagt, wieso du die Moderne für etwas Listenförmiges hältst.

**P.F.** Man soll solche Bilder nicht überziehen, aber mein Eindruck ist, daß wir in einer Zeit leben, die von unabschließbaren Aufzählungen lebt, die sich durch Aufzählungen definiert, die nur einen minimalen Anspruch an Homogenität haben.

**M.F.** Die Theorie ist aber nicht listenförmig.

**P.F.** Aber sie generiert Erzählungen, die sich auflisten lassen.

**M.F.** Ich weiß nicht, ob ich den Ball über die Möglichkeit oder Unmöglichkeit von Erzählungen aufnehmen soll ... Er ist schon reichlich abgespielt.

**P.F.** Nein, für ein richtiges Spiel eignet er sich nicht mehr.

**M.F.** Aber die Paradoxie ist nett: diese große Erzählung über das Ende der großen Erzählungen. Aber wenn wir bei Listen bleiben – die Liste ist immerhin noch eine Form, da ist doch noch das, was du einen minimalen Anspruch an Homogenität nennst? Sonst könnte man nicht von Listen oder gar von einer Liste von Listen sprechen?

**P.F.** Mir scheint, das geht nur, wenn man die Seriation selbst, die bloße Reihung als Einheitsprinzip nimmt. Ich meine das ganz alltäglich. Ich könnte so einen Tag von mir auflisten von Aufwachen bis zum Einschlafen, und das wäre einerseits langweilig, aber andererseits so abenteuerlich, eine so irrwitzige Zusammenstellung von Heterogenem ... Regenschirm, Nähmaschine, Operationstisch, Hunde, Paul Anka, Nudelsuppe, Bankbesuch, die Rosenkranzsonaten, Cassirer, Schwarzwaldvorbereitungen, der Homo-

Mensura-Satz, der kranke Papst, Big Brother, Gehlen, Augenschmerzen, Perry Rhodan, das Juso-Programm, Gerichtsshow, Hindenburg-Mumie, die Schrift der Engel, Hitgiganten, kalte Füße, Arkadien, E-Mails, Krambambuli, Gespräch über Grippe ... ich käme an kein Ende, das dreht und wendet sich und hat kein Ziel ... Eine solche Liste kann man nicht vollständig machen, sie wäre unausdenkbar vielfältig, schon wenn es nur um mich geht, und da habe ich erst einmal den Eindruck, daß es eine vergleichbare Heterogenität und Disparatheit, diese Dämonie des Unzusammenhängenden niemals zuvor so deutlich gegeben hat. Und ich wundere mich immerzu darüber, wie ein Bewußtsein das aushalten kann, ob es und wie es überhaupt da einen Zusammenhang herstellt, der ja nur äußerst künstlich sein könnte.

**M.F.** Aber irgendwie schafft es die Moderne, sich selbst als Einheit dieser unabschließbaren Listen von Disparitäten zu beschreiben?

**P.F.** Da würde ich jetzt lieber nicht mehr von der Moderne sprechen, die ja, wenn ich es genau nehme, als bloße Beschreibung (und nicht als Theoriebegriff, der das Wort keinesfalls ist) in die Listenwelt hineinfällt. Der Begriff ›Gesellschaft‹ scheint mir nun angemessener. Sie ist, wenn ich mich wie von weit an Nietzsche anlehnen darf, der Großmandatar der Sinnproduktion, der Sinnverwirbeler par excellence, und die Einheit dieser Verwirbelung liegt nur noch in der Operation der Kommunikation, durch die sie sich fortwährend reproduziert.

**M.F.** Aber taugt denn da der Begriff ›Gesellschaft‹? Gesellschaften hat es schon immer gegeben, die vielleicht abstruse, aber jedenfalls ordentlichere Phantasmen erzeugt haben als diese ungeheuerlichere Auflisterei der Gegenwart.

**P.F.** Nein, ich denke nicht, daß es Gesellschaften – und das ist eigentlich ein unzulässiger Plural – schon immer gegeben hat, und auf keinen Fall: *die* Gesellschaft. Vielleicht im Unterschied zu anderen Leuten, die darüber nachdenken, meine ich, daß die Gesellschaft begriffen werden kann als etwas, das selbst ausdifferenziert ist, und wenn ich nachsinne, dann komme ich auf die Idee, daß die Ausdifferenzierung der Gesellschaft das kennzeichnet, was uns dazu veranlaßt, von der Moderne zu reden. Dieser Prozeß ist der Malstrom, über den Poe geschrieben hat, und wir stecken mittendrin, ziemlich übersichtslos, mit den Armen rudernd, luftschnappend.

**M.F.** Das ist merkwürdig. Wie soll man sich das vorstellen: die Ausdifferenzierung *der* Gesellschaft?

**P.F.** In gewisser Weise als ›Realabstraktion‹, vielleicht so, daß es in immer mehr Kommunikationen immer weniger darauf ankommt, worum und vor allem um wen es jeweils geht. Für die großen Funktionssysteme scheint mir das evident. Sie abstrahieren Kommunikation extrem. Das ist so ein *fading-out* von Sinn, von kompakter Sinnfülle, von Sinnüberschüssen, die dann den Psychen immer noch zugänglich sind, aber operativ nicht mehr die geringste Rolle spielen. Mein Aufsatz über ›Jauner und Vaganten‹, das ist eine der Studien, bei denen mir das sehr deutlich geworden ist. Sieh mal, ich habe mir gerade diesen Band mit finnischer Lyrik gekauft, exquisite Lyrik *by the way*, aber natürlich mußte ich zahlen oder besser: mußte gezahlt werden, und dieser Zahlung, dieser Operation ist es vollkommen schnurz, ob ich finnische Lyrik, Dieter Bohlen oder die Segensprüche irischer Mönche lesen will. Wir haben ja hier gerade in Schleswig-Holstein Wahlen gehabt, und man sah deutlich, wie die politische Kommunikation nur um ein Zentrum gravitiert, Innehaben von Ämtern oder Nichtinnehaben-von-Ämtern. Darauf reduziert sich das, und der Rest, das sind thematische Undulationen, das mäandert so herum im Blick auf die Massenmedien ... kurz, eine Theorie der Gesellschaft ist nicht nur eine Theorie, die mit Hochabstraktionen arbeitet, sondern eine, deren ›Gegenstand‹ Hochabstraktionen zirkulieren läßt. Wenn wir von ›Konturen der Modernität‹ sprechen, dann habe ich dergleichen vor Augen, und – und so gesehen – paßt dann deine etymologische Erkundung des Wortes ›Kontur‹. Da ist ein Drechseleisen.

**M.F.** Dann ist es eigentlich noch ganz tröstlich und idyllisch, wenn man an angelnde Gymnasiasten denkt.

**P.F.** In gewisser Weise schon. Man hat dann Leute vor sich, die Geruhsames tun und dabei vielleicht sogar etwas fangen, das sie nachher auflisten können. Aber im Blick auf die Gesellschaft, dieses Monstrum an Anonymität, kommt man mit Spitzweg nicht weit. Ich gebe aber gern zu, daß es jede Menge Leute gibt, die diese Idee vertreten, man könnte den Schlüssel finden zur Wiedergewinnung der Beschaulichkeit, der Vernunft. Aber die haben dann ein anderes Gesellschaftsbild, eines, in dem die Menschen die Subjekte ihres sozialen Schicksals sind. Daß ich das nicht teile, liegt auf der Hand.

**M.F.** Wie denn auch, wenn die Gesellschaft für dich nicht aus Menschen besteht? Es wundert mich gar nicht, daß es viele Leute gibt, die damit nicht leben können. Du hast auf Gesellschaft verwiesen wie auf einen menschenleeren Raum, aber die alltäglichen Beschreibungen von moderner Gesellschaft verweisen ihrerseits immer und immer wieder auf Menschen oder auf *den* Menschen, der im Mittelpunkt steht ... es gibt ja geradezu eine Hausse *des* Menschen ...

**P.F.** Ja, eine Art Inflation mit allem, worauf er sich beziehen läßt, Körper, Geschlecht, Gefühl und so weiter. Nicht wenige Graduiertenkollegs finden da ihr Auskommen. Aber du wirst mir zugeben müssen, daß die Referenz auf *den* Menschen die Referenz auf ein Abstraktum ist. Kein Mensch ist *der* Mensch, und wir könnten uns schnell darauf verständigen, daß *der*

Mensch ein regulatives Sinnschema ist. Er lebt nicht einmal, genauso wenig, wie man sagen könnte, daß *das* Bewußtsein lebt. Aber sei's drum, ich denke, daß wir die Explosion der Referenzen auf *den* Menschen einfach als ein Krisensymptom werten könnten.

**M.F.** Was für eine Krise?

**P.F.** Vielleicht die Zentralkrise der Modernität. Ich weiß nicht, wie ich sie so schnell auf einen Nenner bringen soll, aber es geht um eine bestimmte Formkatastrophe, nämlich um die Katastrophe der Form *des* Menschen. Du weißt, daß ich Formbestimmungen immer auf die gleiche Weise mache: Ich gebe an, was durch eine Bezeichnung (zum Beispiel: *der* Mensch) unterschieden wird, und: wovon sich diese Unterscheidung unterscheidet. Nehmen wir einmal an, die Unterscheidung *des* Menschen wäre: *der* Mensch/*die* Menschen, dann hätten wir schon einmal eine Differenz, deren Einheitsbegriff in der Unterscheidung noch einmal auftaucht: *Der* Mensch = *der* Mensch/die Menschen. Dieser re-entry macht die Einheit imaginär oder phantasmatisch, ganz wie du willst. Man könnte sogar sagen: grundlos oder bodenlos, aber im exakten Sinn dieser Worte, nicht als emphatischer Aufruf der Grundlosigkeit *des* Menschen, in der man dann herumgründeln könnte, ehrfurchtsschwer und mit zerfurchter Stirn.

**M.F.** Aber darin kann ich keine Krise erkennen.

**P.F.** Als Soziologe übersetze ich mir solche Überlegungen in soziale Operationen, in Strukturen und Prozesse. Ich denke dann daran, daß die Ausdifferenzierung der Gesellschaft ein System erzeugt, daß sozusagen selbstdisparat ist, polykontextural und hyperkomplex, insofern sie diese Beschreibungen in sich selbst auftreten lassen kann. Pointiert gesagt, heißt dies, daß in dieser Gesellschaft zahllose imagines agentes *des* Menschen zirkulieren, aber nicht eine für alle Strukturen und Prozesse ebendieser Gesellschaft verbindliche und evidente Beschreibung herstellbar ist, die nicht schon im Moment ihrer Produktion gegenbeobachtbar wäre. Im Grunde können wir beobachten, daß *der* Mensch im Zuge der funktionalen Differenzierung schlicht verdunstet. Was dann bleibt, ist ein endloses Schwatzen über *den* Menschen, und es ist deswegen ein hübscher Zug, daß das Wort ›Anthropologe‹ auch in einer alten Bedeutung gelesen werden kann: Ein Anthropologe ist jemand, »qui de hominibus libenter verba facit«, also einer, der gern Worte macht im Sinne von ›gossip‹ oder gern Worte ›verliert‹, was mir noch besser gefällt. Und ich glaube, wir wissen heute, daß dieses Schwatzen über *den* Menschen hoch gefährlich und nicht selten tödlich ist.

**M.F.** Im Buch ist ja auch dieser Aufsatz über Jauner und Vaganten abgedruckt. Bei dem, was du da beschreibst wird doch deutlich, wie sehr dieses »Schwatzen« über den Menschen zu sozialer Realität wird, wenn es in Form von Akten, Notizen und ja auch wieder Auflistungen gefaßt wird. Worauf ich hinaus will: so sehr die Referenz auf den Menschen für die

Theorie ein Abstraktum ist, so sehr liegt aber doch auch der Gedanke nahe, daß mit Hilfe dieser »Aufschreibesysteme« sich etwas materialisiert, Realität bekommt, oder wie immer dies dann auch ausgedrückt werden kann.

**P.F.** Ich glaube, ich würde lieber formulieren, obwohl das eine Reihe von Theoriekontrollproblemen nach sich zieht, daß die Referenz auf *den* Menschen *für* die Gesellschaft ein Abstraktionsvorgang ist, der dann – und da stimme ich dir ganz zu – entschiedene Folgen für die Leute hat, die mit diesen Abstraktionen leben müssen. Man sieht das sehr genau, wenn man einmal durchprüft, wie sich das jeweilige Konzept *des* Menschen darauf auswirkt, wer als Mensch, wer als halber Mensch, wer als Unmensch etc. gilt.

**M.F.** Hast du Beispiele?

**P.F.** Man könnte in die Renaissance gehen, die einen Bildungsbegriff entwickelt hat, der die *humanitas* an Bildung, Kultur und an die Beherrschung gesellschaftlicher Regeln bindet. Diese *humanitas* toleriert nicht mehr die Ungebildeten, sie fallen nicht unter die *humanista,* die ein elitäres Bild *des* Menschen entwerfen, verbunden mit der Idee sozialer und kognitiver Exzellenz. Bei Erasmus sind es die *bonae litterae,* die identisch sind mit mit den *litterae humanae,* den, wie es dann heißt, *litterae humaniores* oder *studia humaniora,* die den Menschen zum Menschen machen. Die ›feinen Unterschiede‹, auf die Bourdieu achtet, sind noch wie Nachklänge dieser Entwicklung.

**M.F.** Da fallen also die einfachen Leute heraus ...

**P.F.** Ja, das wird sogar später noch deutlicher, wenn *der* Mensch in der höfisch-aristokratischen Renaissance zum *uomo universale* gemacht wird, der *cortesia, umanitá* und gar *graziosa umanitá* miteinander kombiniert. In Frankreich werden *honnêté, civilité, courtoisie* eindeutige Merkmale des wahren Menschen. Im 17./18. Jahrhundert wird der Hofmann exemplarisch für *den* Menschen, so sehr, daß Ausdrücke wie *politesse* synonym werden für Humanität. Wer nicht bei Hofe ist, das ist ein »halber Mensch«.

**M.F.** Und was passiert, als man die nicht-europäischen Leute entdeckt?

**P.F.** Ich erinnere mich an die Bulle »Sublimis Deus« von 1537, glaube ich, die die Indianer als »veros homines fidei catholicae et sacramentorum capaces« begreift, und in diesem ›capaces‹ steckt schon drin, daß es um eine Potenz, nicht um eine Realität geht. Du kennst sicher die dann lang anhaltenden Diskussionen um die Bestialität der Indianer und um die Unterscheidung guter Wilder/schlechter Wilder. Der Effekt ist, daß die Wilden allenfalls partiell ›Menschen‹ sind. Die blutigen Begleitumstände dieser Einschätzung sind nicht ignorabel.

**M.F.** Und wenn wir näher an unsere Gegenwart herangehen?

**P.F.** Dazu kann ich jetzt nur summarisch etwas sagen. Wenn ich es theoretischer ausdrücke, dann kann man sehen, daß sich das Medium der

Menschheit in gewisser Weise temporalisiert. Die Menschheit wird zum Selbstprojekt der Menschheit. *Der* Mensch ist seine eigene Aufgabe, sein eigenes *Unternehmen*, worin sich übrigens die Bedeutung der *middle classes* spiegelt. Aber egal ... man sieht am besten, was da passiert, wenn man die Kantsche Unterscheidung im »Streit der Fakultäten« mitmacht: *homo phaenomenon/homo noumenon*. Das ist die Differenz zwischen *dem* Menschen als Erfahrungsgegenstand und *dem* Menschen, der sich dem Projekt der Menschheit einordnet, dessen *telos* die vernünftige Selbstbestimmung ist ... du weißt schon: *der* Mensch als Subjekt der Geschichte. Kurz, was ich sehe, ist eine progrediente Abstraktion, die am Ende nur *den* Menschen als etwas auffaßt, das sich von der Natur und der Gesellschaft emanzipiert: durch die Referenz auf eine unbestimmte Zukunft. »Homo non nascitur, sed fit«, sagt August Ludwig von Schlözer. Ich finde, daß nicht das Emanzipationsprojekt modern ist, sondern die sich darin realisierende Abstraktion. Wenn man die Vorsilbe ›un‹ jetzt genau als Privativum nimmt, dann ist daran etwas ›Un-Menschliches‹. Und wenn du es mir gestattest, hier so unter uns, mich hat es nicht gewundert, daß diese Moderne kulminiert in Auschwitz, das eben nicht als Symbol, sondern als furchtbare Realität der Abstraktion *des* Menschen dasteht, zusammen mit all den Gulags, Ethnoziden, Massenvernichtungen, die als Generalbaß dieser sich selbst feiernden Moderne fungieren. Weißt du, mir hat das immer sehr gut gefallen, daß Luhmann, wenn man ihn auf *den* Menschen ansprach, nach seiner Adresse, seinem Wohnort, seinen Lebensumständen fragte, und ich würde weiter fragen nach seinen köstlichen Phantasmen, Irrationalitäten, Verrücktheiten, Unvernünftigkeiten, danach, was er zu essen hat, mit wem er zusammenlebt, wen er liebt und was er noch genießen kann, und wie er es mit dem Sterben hält ...

**M.F.** Das sagst du, als Theoretiker?

**P.F.** Immerhin haben wir ernstgemacht damit, daß der Mensch kein Rädchen in der Gesellschaft ist, sondern wesentlich dämonisches Moment ihrer Umwelt.

**M.F.** Was mir dann wiederum um einiges hoffnungsvoller erscheint als das Vertrauen auf die wie auch immer angedachte Vernunft *der* Menschheit.

**P.F.** Vielleicht nicht hoffnungsvoller, aber, wenn du diesen staubhaufengrauen Ausdruck gestattest: wahrhaftiger.

**M.F.** Könnte man sagen, daß die Abstraktion der Menschheit und *des* Menschen auch das Konzept der Identität berührt? Dein Aufsatz über moderne Identität legt das nahe.

**P.F.** Ja, nur bin ich nicht sicher, daß man beide Konzepte umstandslos aufeinanderklappen kann. Die Abstraktion, worunter ich ja so etwas wie Abzug verstehe, die Abstraktion *des* Menschen ist eine der Begleiterscheinungen funktionaler Differenzierung; der Verlust der, wie soll ich sagen, der kernhaften Identität der Individuen eine andere, wobei eben interessant ist, daß der Aufbau einer individuellen Identität so gut wie parallel mit den Prozessen läuft, die sie abbauen und auflösen. Zunächst haben wir da im Mittelalter oder vielleicht besser in allen *rank societies* eine ›flache‹ Identität, definiert durch die Schicht und die Verknappung der Überraschungschancen, die ein Individuum seiner Umwelt offerieren kann. Dann im Übergang zur funktionalen Differenzierung mendelt sich ein Interesse für diese Überraschungsmöglichkeiten aus. Individualität, Einzigartigkeit, Singularität ist gefragt, aber zur gleichen Zeit beginnt erneut eine Verflachung der Adressen durch die Inklusionsbewandtnisse der Funktionssysteme, die Individualität herunterschrauben auf ein Mindestmaß des für sie Erforderlichen und am Ende nur noch ein Leben *à la mode* tolerieren. Übrigens habe ich das anhand des WorldWideWeb zum Thema gemacht: die Reduktion der sozialen Adresse auf Anklickbarkeit. Und die theoretischen Hintergründe habe ich in meinem Aufsatz über »Adressabilität als Grundbegriff ...« dargelegt und in dem Text »Weder Herd noch Heimstatt« sozusagen empirienah ausgearbeitet.

**M.F.** Mit ein bißchen Phantasie kann man sich doch viele andere Konzepte vorstellen, Perry Rhodan z.B. trifft doch auf die eine oder andere außerirdische Gesellschaft, die ohne ein Konzept von Identität auskommt. Wobei du dich da ja besser auskennst ...

**P.F.** Stimmt, aber wenn Du genau hinschaust, dann sind diese Alien-Societies gekennzeichnet durch referable Adressen. Aber warum in die Ferne schweifen ... Japan liegt nahe genug, und da mußte man gegenüber einer im Blick auf Identität und Individualität anders orientierten Kultur die sonderbare Individualität der funktionalen Differenzierung erst lernen, oder man lernt sie noch. Im übrigen würde ich lieber dieses prekäre Feld der Identitätsfrage verlassen und gleich umsetzen auf das eher bearbeitbare der sozialen Adresse, bei der man sehr schnell sieht, wie die eigentliche Katastrophik der Moderne beschaffen ist, wobei ich das Wort ›Katastrophe‹ nicht zu sehr in Richtung des Schrecklichen drängen will, eher in Richtung einer tiefgreifenden, überkommene Formen zerstörenden Wandlung, die sich angesichts geologischer Zeitverhältnisse mit rasender Geschwindigkeit vollzogen hat.

**M.F.** Ein bißchen präziser ... das wäre nett.

**P.F.** Dafür fehlt uns die Zeit. Ich will nur zwei Punkte nennen: Die soziale Adresse ist in gewisser Weise heterarch oder polykontextural geworden. Sie hat auch diese Listenförmigkeit, von der wir vorhin gesprochen haben, so daß sie sich nicht auf eine Einheit bringen läßt, außer, wenn man in Anlehnung an Benjamin sagt, sie sei am Eigennamen ›vertäut‹. Und der andere Punkt ist, daß die Gesellschaft und ihre Funktionssysteme inadressabel geworden sind. Man kann sich nicht an sie richten, an sie appellieren, sie erreichen ... sie sind schlicht adressenlos und damit ebenso schlicht: handlungsunfähig. Das ist dann die Chance des Terrors oder der Berater.

**M.F.** Ist es das, weswegen du am Anfang unseres Gespräches davon gesprochen hast, daß du die Konturen der Moderne schwarz siehst?

**P.F.** Wenn ich es nachträglich so überlege, habe ich wohl eher so etwas wie finster oder obskur gemeint, etwa im Sinne der klassischen Rhetorik und ihrer Differenz zwischen *claritas* und *obscuritas*. Der Text der Moderne ist obskur, weil er im genauesten Verständnis uneindeutig ist. Ich würde noch schärfer formulieren: Dieser Text, der sich da auf uns zugeschrieben hat und durch uns hindurchschreibt, das ist fungierende Obscuritas oder fungierende Ambiguität.

**M.F.** Da kommt Mama.

**P.F.** Ach, Gott.

**H.F.** Du mußt noch mit den Hunden raus.

**P.F.** Schon gut.

**M.F.** Eine Frage noch, da du ja auch über Lyrik geschrieben hast: Welche Gedichtzeile fällt dir ein, wenn Du an Modernität denkst? Und komm mir nicht wieder mit Hölderlin.

**P.F.** Dann eben Mörike: »Ein Irrsal kam in die Mondscheingärten Einer einst heiligen Liebe. Schaudernd entdeckt ich den verjährten Betrug.« Oder ... warte mal ... wenn man an das Schwatzen der Moderne denkt: »Wirf den 72 Sekten Nimmer ihr Gezänke vor: Weil sie nicht die Wahrheit schauen, Pochen sie ans Märchentor.« Das ist Hafis. Oder hier: »a rose is a rose is a rose ...« Oder das hier, ganz unvergleichlich: »While I nodded, nearly napping, suddenly there came a tapping, as of some one gently rapping, rapping at my chamber door.« Das ist »The Raven« von Poe, und es ist modern. Aber passen würde auch: »Du liebes Kind, komm, geh mit mir! Gar schöne Spiele spiel ich mit dir.« Das ist die Urszene einer Verführung, und alles ist zusammen, der Chiasmus, die Inversion, die spitzen Assonanzen, die *figura etymologica* ... Oder hier, kennst du das von der Christa Reinig: »Manchmal weint er, wenn die Worte still in seiner Kehle stehen ...« Oder so ähnlich ...

**M.F.** Schluß ... hör auf, ich habe das mit der Listenförmigkeit sehr wohl begriffen.

**P.F.** Aber das noch, in Becketts Godot: »A dog came in the kitchen and stole a crust of bread« ... diese grauenhafte textologische Unendlichkeit. Das ist modern.

**M.F.** Und apropos ›Mops‹, du mußt jetzt raus.

**P.F.** (im Weggehen, nur noch murmelnd) *Vanitas vantitatum, et omnia vanitas ...*

# Hofnarren und Organisationsberater – Zur Funktion der Narretei, des Hofnarrentums und der Organisationsberatung[1]

Das Närrische, die Narren, das Spektakel der Narretei ist wie der Wahnsinn der Geschichte eingeschrieben. Es finden sich kaum Kulturen, denen diese Art des Nonkonformismus fremd wäre.[2] Das hat Anlaß gegeben für anthropologische Spekulationen, im wesentlichen für eine Art Medaillen- oder Kehrseitenmodell, das (wenn man hier modernere Ausdrücke benutzt) im

**1 |** Diesem Text liegt ein Vortrag zugrunde, den ich bei der Forschungsgruppe Neuwaldegg, Wien 2001, unter dem Titel »Vom Hofnarren zum Berater und zurück« gehalten habe. Dafür, daß der Zusammenhang von Narrentum, Beratung und Management hier und da schon gesehen wurde, zitiere ich die (theoretisch nicht sehr weitreichende) Arbeit von Wehrli, R., Verantwortung und ökonomische Notwendigkeit. Über die Beziehung von Managern und Hofnarren, in: Studia philosophica 13, 1987, S. 373-390, für den Kontext der Beratung anderweitig (und auch nicht tiefenscharf): Storath, R./Dillig, P., Der Psychologe – ein »Hofnarr« im System? Närrisch-ernsthafte Überlegungen zur Funktion von Psychologen im Bereich der Schul- und Erziehungsberatung, in: Report Psychologie 23/3, 1998, S. 240-253.

**2 |** Selbst die einst unter dem Titel »Naturvölker« bewunderten Kulturen wie die der Indianer kennen den Narren. Vgl. Thompson, St., Tales of North American Indians, Cambridge 1929, S. 364f., hier zit. nach Klapp, O.E., The Fool as a Social Type, in: American Journal of Sociology 55, 1949, S. 157-162, hier S. 158, Anm. 4. Zur Funktion der Narren in einem ganz anderen Kulturkreis vgl. Möller, St., Zur Rolle des Narren in der chinesischen Geschichte. Formen sublimer Herrschaftskritik am Beispiel des Huang Fanchuo aus der Tang-Zeit, Diss. München 2000.

Phänomen des Närrischen die andere Seite aller Unterscheidungen vermutete, die mit Normalität oder Konformität arbeiten. Der Narr stünde auf der *Rejektionsseite* dieser Unterscheidungen.[3] Er würde eine Art Ursprünglichkeit oder Ur-Authentizität verkörpern, die weder kriminell noch strategisch ist, nicht einmal im eigentlichen Sinne: deviant.[4]

Demgegenüber wirken herkömmliche soziologische Einschätzungen seltsam dünn, denen es um eine Klassifikation des Närrischen und/oder die soziale Funktion dessen geht, was als Narr oder Närrin alltäglich gehandhabt wird. So unterscheidet Orrin Klapp in typologisierender Manier: *the antic fool* (soviel wie grotesker Narr oder Possenreißer), *the comic rogue* (Schelm, Schalk, Tunichtgut), *the rash fool* (unbesonnener Narr), *the clumsy fool* (plumper, ungeschickter Narr), *the deformed fool* (entstellter Narr), *the simple fool* (einfältiger Narr, Einfaltspinsel), *the weak fool* (gebrechlicher Narr), *the comic butt* (Zielscheibe des Spotts), *the pompous fool* (schwülstiger, bombastischer Narr), *the mock hero* (Scheinheld).[5] Die soziale Funktion läuft dann darauf hinaus, daß *Narren-machen* im Dienste sozialer Kontrolle Negativbeispiele erzeugt, die auf *status-adjustement* bezogen sind. Der Narr »operates as an avoidance symbol, descrediting leaders, movements, or individuals which show weaknesses in terms of group norms«.[6]

Im Blick darauf sind die folgenden Überlegungen eher gesellschaftstheoretisch angelegt. Es geht darum, das Muster des Närrischen aufmerksam auf die Veränderungen hin zu beobachten, die im Übergang zur Moderne (oder in der Sprache der Systemtheorie: im Übergang von der stratifizierten zur funktional differenzierten Ordnung des Sozialen) anfallen.

## I

Jenes Muster ist nicht leicht zu fassen. Im Übergang zum europäischen Mittelalter (und in der Frühzeit des Mittelalters selbst) lassen sich christlich geprägte Assimilationen antiker Traditionen beobachten, die im Prinzip darauf hinauslaufen, das Närrische theologisch als Gottesverneinung[7]

3 | Vielleicht könnte man sagen: auf der Abjektionsseite. Vgl. Kristeva, J., Pouvoirs de l'Horreur. Essai sur l'Abjection, Paris 1980. Siehe auch Menninghaus, W., Ekel. Theorie und Geschichte einer starken Empfindung, Frankfurt a.M. 1999.

4 | Was nicht ausschlösse, daß er unter den Vorzeichen der Moderne dem Inklusionsdruck des Systems sozialer Arbeit verfiele, ein gefundenes Fressen sozusagen, weil das Närrische (klassisch) sich weder heilen noch bestrafen läßt.

5 | Klapp, The Fool as a Social Type, a.a.O., S. 158.

6 | Klapp, The Fool as a Social Type, a.a.O., S. 162.

7 | Nach Psalm 53, hier zit. nach der Lutherübersetzung: »Die Toren sprechen

und den Narren damit als denjenigen zu beschreiben, der die Ebenbildlichkeit des Menschen mit Gott (nach Gen.1,27) verfehlt.[8] Zugleich kursieren Vorstellungen, die das Närrische (in moderner Formulierung) als Rejektion der Unterscheidung von gut/böse auffassen, als (gottes)kindliche Unschuld und Arglosigkeit, in der die (in Kategorien der irdischen Moral und der irdischen Weisheit nicht auszumessene) Unergründlichkeit Gottes erscheint.[9] Damit wird die Differenz von *echtem* und *simuliertem* Narrentum sozial bearbeitbar, jenes als verehrungswürdig, authentisch, faszinierend (und Angst auslösend), dieses als gottesfeindlich, verbotsbedürftig, widerwärtig.[10]

Soziologisch greifbar wird die Bearbeitung der Differenz in der Tradition der *Narrenfeste* (Fest der Dummen, Fest der Unschuldigen[11]), die im frühen Mittelalter zwischen Weihnachten und Dreikönigsfest stattfanden und wahrscheinlich Adaptionen an antike Gebräuche waren, christlich modulierte Übernahmen, die schon im 5. Jahrhundert anprangerungsfähig sind, so prominent durch Augustinus.[12] Die Eliten der Kirche verdammten jedenfalls das *festum hypodiaconorum* (im Konzil von Toledo 633), das in dieser Kirche selbst (daher dieser Name) vom niederen Klerus Jahr für Jahr gegen die Verdikte als Bacchanal der Diakone und Subdiakone (unter wohl begeisterter Teilnahme des einfachen Volkes) exerziert wurde – bis ins Spätmittelalter hinein mit skatologischen und sexuellen Exzessen und als

in ihrem Herzen: Es ist kein Gott.« (Dixit insipiens in corde suo: non est Deus.) Zu erinnern ist daran, daß Christus selbst im Geschehen der Dornenkrönung zum Gespött gemacht wurde. Es ist instruktiv, auf die Ethymologie folgender Wörter zu achten: Kretin (*crétin*) verweist auf *crétien* (Christ), *benêt* (Einfallspinsel) auf *benedictus*. Vgl. Lever, M., Zepter und Schellenkappe. Zur Geschichte des Hofnarren, Frankfurt a.M. 1992 (dt. auch unter dem Titel »Zepter und Narrenkappe. Geschichte des Hofnarren«, München 1983 erschienen). Auf einem Graffiti des 3. Jahrhunderts findet sich Christus mit dem Eselskopf, hier zit. nach der Abbildung im eben genannten Buch S. 23.

**8** | Das deutsche Wort »Narr« bezeichnet eine mißgebildete Frucht und wird dann um 1200 gebräuchlich als Übersetzung von *insipiens* oder *stultus*.

**9** | Auch hier finden sich die Referenzstellen im ersten Korintherbrief als fernes Echo Salomons, der sich als der Weiseste der Menschen für töricht hielt. Zugleich scheinen die Traditionen des *morbus sacer*, der *haut mal* durch.

**10** | In einem Zuge damit taucht auch die Kriterienfrage auf, die sich fortsetzt, ja einmündet in die Frage, wie das echte Heilige vom unecht Heiligen zu separieren sei.

**11** | Der Tag der unschuldigen Kinder war der 28. Dezember.

**12** | Lever, Zepter und Schellenkappe, a.a.O., S. 9ff. et passim, liefert anschauliche Beschreibungen dieser Feste, deren Drastik wohl auch zu detaillierten Überlieferungen geführt hat, vor allem durch die in den Verdikten aufgezählten Ereignisse.

*Verkehrung der hierachischen Ordnung*, wie sie drastischer kaum vorgestellt werden kann.[13]

Diese Referenz auf die Hierarchie in der Hierarchie durch deren simulierte Inversion, etwa durch die Maskierungen und Verkleidungen (auch Männer als Frauen), die Parodierung der Meßfeier, die Inthronisation von Bettlerbischöfen, der blasphemische Vollzug der Meßgeheimnisse, das Verbrennen alter Schuhe in Weihrauchfässern, die Prozessionen von Wagen, die mit Exkrementen angefüllt waren, die dann handvollweise unter die Leute geworfen wurden – diese infernalische Referenz gewinnt eine besondere Kontur dadurch, daß sie sowohl verboten (aber offenbar unverbietbar) war als auch von den Spitzenkräften der kirchlichen Hierarchie wie der weltlichen Hierarchie zuweilen begünstigt, ja regelrecht gefördert wurde.[14] Man findet demnach früh seltsame Schleifen in diesem speziellen Ausdruck der stratifizierten Ordnung, die sich dann bis ins Hochmittelalter durchhalten und (in der Form opulenter Bezahlung der Hofnarren bzw. deren erstaunlicher Ausstattung mit Privilegien) sogar die Neuzeit strukturbildend erreichen.[15] Die Narrenfeste dieses (kirchlich geprägten) Typs sind noch in der Mitte des 17. Jahrhunderts zu beobachten.[16] Bei den Franziskanern von Antibes wurde am Fest der Unschuldigen die Messe von den

**13 |** Siehe dann schon zur neuzeitlichen Variation und außerordentlich instruktiv im Blick auf die regulierende Funktion von Öffentlichkeit Heimann, H-D., Über »Verkehrte Welt« in der »Reformatorischen Öffentlichkeit« – Volkskulturformen, Bürgerliches historisches Denken und konfessionelle Unterweisung in der nachmittelalterlichen Gesellschaft zumeist nordwestdeutscher Städte, in: Zeszyty naukowe universytetu Jagiellonskiego (= Wissenschaftliche Hefte der Jagiellonen Universität) MXXV, Prace Historyczne Z. 100, 1992, S. 147-166.

**14 |** Lever, Zepter und Schellenkappe, a.a.O., S. 11, erwähnt neben Bischöfen und Erzbischöfen Philipp den Kühnen (Herzog von Burgund), und weist daraufhin, daß einige der Karnevalsprälaten das Recht zur Münzprägung (auf der Basis von Blei) erhielten. Die Skulptur eines Narrenbischofs findet sich in der Kirche Sant-Spire de Corbeil-Esonnes (15. Jahrhundert). Siehe als Illustration zum weltpriesterlichen Narrentum vor dem 15. Jahrhundert die Schwänke, die Ebeling, F.W., Die Kahlenberger. Zur Geschichte der Hofnarren, Berlin 1890, rekonstruiert hat.

**15 |** Darauf komme ich zurück.

**16 |** Man muß es nicht eigens erwähnen, daß entschärfte Formen der Narrenfeste alljährlich unter Begriffen wie Karneval oder Fasching gefeiert werden – vorzugsweise in katholisch geprägten Gebieten. Interessanter dürfte sein, daß Festivitäten wie die *Love Parade* entschiedene Ähnlichkeit mit den Eselsfesten haben, so daß sich über den Umweg einer Funktionsbestimmung instruktive Vergleiche ermöglichen lassen.

*frères coupe choux* (den Kohlschneide-Brüdern) zelebriert – zur Zeit Mazarins.[17]

Parallel zu und im Zusammenhang mit der Ausdifferenzierung des Narren- und Eselsfestmusters wird der Typus des Narren, der in den Psalterien des 13. Jahrhunderts auftaucht (als *stultus* oder *insipiens*, also als: Tor), entwickelt und sozial so standardisiert, daß er bis heute leicht zitier- bzw. kopierfähig ist.[18] Aus der Keule des Narren, die das Zepter Davids als Signum herrscherlicher Macht parodiert, wird etwa ab 1300 die *Marotte*, der Stab mit dem Menschenkopf, der in späteren Darstellungen zum Spiegel wird. Im 14. Jahrhundert stellt sich die Narrenkappe (Gugel) ein, im 15. Jahrhundert finden sich die Schellen (Zymbeln), die an den Kappenzipfeln und Gewandsäumen angebracht werden.[19] Als phallische Symbole dessen, daß der Narr nicht aus dem Geiste, sondern aus dem Fleische (*secundum carnem*) lebt, dienen Würste, Schweinsblasen etc. Die Kleidung ist häufig in den Schand- und Wahnsinnsfarben gehalten, in Gelb, Grün, Rot – patchworkartig.[20]

In dieser Form wird der Narr im Ausgang des Mittelalters und im Übergang zur Neuzeit ein Epochensymbol, in dem die *vanitas*, die Nichtigkeit irdischen (vor allem auch: kirchlichen) Lebens mit stark apokalyptischen Zügen kombiniert wird.[21] Das im intellektuellen Europa weit verbreitete »Narrenschiff« des Sebastian Brant ist auch dafür ein deutlicher Beleg.[22] Man kann diesen Höhepunkt der Narrenmythologie bzw. Narrenikonologie leicht einordnen in das Krisenszenario, das angesichts der tiefgreifenden Erschütterungen der stratifizierten Sozialordnung am Ende des

**17** | Dieser Hinweis bei Lever, Zepter und Schellenkappe, a.a.O., S. 14. Ab Mitte des 15. Jahrhunderts lassen sich in einigen französischen Städten Narrengesellschaften mit eigenständigen Hierarchien nachweisen, mit Narrenmüttern oder Narrenprinzen als Chef/-innen – ein im übrigen außergewöhnlich interessantes Forschungsgebiet.

**18** | Ein dafür bezeichnendes (heute im Karneval häufig zitiertes) Beispiel ist der Till Eulenspiegel, der auch zu vielfachen literarischen Ehren gekommen ist.

**19** | Dies wohl mit Bezug auf die berühmten Verse 1 Kor. 13,1: »Wenn ich mit Menschen- und mit Engelszungen redete, und hätte der Liebe nicht, so wäre ich ein tönendes Erz oder eine klingende Schelle« (zit. nach der Luther-Übersetzung).

**20** | Vgl. zur Ideengeschichte des Narrentums und der Insignien und Attribute die Beiträge in Moser, D-R. (Hrsg.), Narren, Schellen und Marotten. Elf Beiträge zur Narrenidee, Remscheid 1984 (Begleitband zu einer Ausstellung in der Universitätsbibliothek Freiburg im Breisgau vom 9.2.-14.3.1984).

**21** | Er wird nicht selten deckungsgleich mit dem Tod, so etwa im Großbaseler Totentanz.

**22** | Ich komme darauf zurück.

Mittelalters (dieses Ende ist genau dadurch definiert) in vielfältigen Formen wirksam wird.[23]

Als dritter Strang,[24] der uns weiter unten umfangreicher beschäftigen wird, fällt neben den Narrenfesten und neben der Entwicklung des Narrentypus bis hin zur apokalyptischen Groteske die allmähliche Institutionalisierung des *Hofnarren* auf. Die ›natürlichen Narren‹ (Behinderte aus heutiger Perspektive), die in der Früh- und Hochzeit des Mittelalters an den Höfen gehalten wurden, werden mehr und mehr ersetzt durch Spezialisten der Narrenrolle, die, wie gesagt, üppig alimentiert werden.[25] Anfang des 14. Jahrhunderts werden Narren (zum Beispiel am französischen Hof) verbeamtet.[26]

Sucht man nach Gemeinsamkeiten dieser historisch miteinander vernetzten Muster des Närrischen, fällt auf, daß sie nicht vorkommen ohne die durchlaufende Referenz auf die primäre soziale Differenzierung des Mittelalters, die Stratifikation.[27] Es gibt, wenn man so will, keine närrischen An-

**23** | Vgl. dazu auch die Studie von Fuchs, P., Von Jaunern und Vaganten, in diesem Band auf S. 105ff.

**24** | Wir legen hier keinen Wert auf Vollständigkeit, sondern eher auf das Imposante.

**25** | Diese Tradition der Sonderstellung ist nachweisbar auch für das türkische Serail der osmanischen Sultane – Freistellung von Leibeigenschaft etwa und feste Bezahlung. Auch Päpste wie Paul II, Julius II, Leo X haben Hofnarren beschäftigt.

**26** | Es ist eine Fußnote wert, zu sagen, daß diese Verbeamtung im 17. Jahrhundert in Preußen zur Beamtenbezeichnung des »kurzweiligen Tischrates« führt. Siehe zur Geschichte und Institution der Hofnarren Ebeling, F.W., Die Geschichte der Hofnarren, Leipzig 1884[3]; Mezger, W., Hofnarren im Mittelalter, Konstanz 1981. Vgl. für einen Eindruck, wie die Geschichte des Hofnarren im 18. Jahrhundert diskutiert wurde, Flögel, K.F., Geschichte der Hofnarren, Liegnitz, Leipzig 1789. Als Kurzüberblick ist nützlich Amelunxen, C., Von Narren an den Höfen, Berlin, New York 1992. Die Tradition des Hofnarren (nicht die einschlägige Semantik) erlischt Mitte des 18. Jahrhunderts, erkennbar an einschlägigen Dekreten Maria Theresias. Es kommt dann zu einer allmählichen Überführung des närrischen Personals in zirzensische Kontexte.

**27** | Es geht dabei nicht darum, daß die Schichtordnung auch in diesen Mustern operativ vollzogen wird, sondern darum, daß diese Referenz explizit *via negationis*, durch Kritik und pervertierender Kopie stattfindet. Mit dieser Überlegung schließen wir aus, daß die Phänomene des Närrischen primär eine Entertainment-Funktion *avant la lettre* hätten. Das heißt keineswegs, daß sie nicht auch *unterhaltend* gewirkt hätten, und ich könnte mir gut vorstellen, daß man die hier skizzierten Traditionen in gewissen Hinsichten auch als *preadaptive advances* des Sektors Unterhaltung der Massenmedien erforschen könnte. Der enge Zusammenhang zwischen

archien, die einer anderen *arché* verpflichtet wären als der Hierarchie der Schichtordnung selbst. Dieser heilige Grund wird offenbar in den Exzessen des Närrischen nicht selbst kontingent gesetzt, sondern hält sich noch durch in der Umdrehung oder Verkehrung derselben Ordnung für eine befristete (und im Blick auf die Geltung der Strata folgenlose) Zeit, wie sie in den Narren- und Eselsfesten praktiziert wird.[28] Und sie wird ersichtlich auch nicht außer Kraft gesetzt in der Freigabe der Kommunikation über Defekte dieser Ordnung im Institut der Narrenfreiheit.[29]

Man könnte dieses Phänomen der diskontinuierlich anfallenden Verkehrung der Weltordnung und das der Narrenfreiheit deuten (wie es übrigens nicht selten geschieht) als Effekt der Alternativenlosigkeit dieser Form primärer Differenzierung. Was in der (operativ exerzierten) Unterscheidung der Strata unterdrückt, gebändigt, diszipliniert wird, bricht sich Bahn, wird gleichsam ausagiert mit der Wirkung einer Katharsis, die die Strenge der Hierarchie und deren Produktion von Ungleichheit ertragen hilft und damit stabilisiert. Das wäre dann eine Art psychogen kollektives Frustrationsabfuhrmodell, das man sich aber ersparen kann,[30] wenn man darauf achtet, daß ausnahmslos jedes System in ausnahmslos jeder Aktualität alternativenfrei operiert. Systeme vollziehen sich auch dann alternativlos (es geschieht, was geschieht), wenn sie als Beobachter Alternativen konstruieren, denn entweder sie tun es, oder sie tun es nicht. Sie haben keine Wahl.

So kann man jedenfalls formulieren, wenn man Alternativität so an Beobachter bindet, daß sich das Problem des Zusammenhangs von stratifizierter Ordnung und den in derselben Ordnung lizensierten Kommunikationen der Umkehrung bzw. der Kritik auf die Frage der Handhabung von beobachtungstechnisch eingesetzten Unterscheidungen/Bezeichnungen verlagert, die (so der erste Eindruck) die Schichtordnung kopieren oder kritisieren, ohne diese Ordnung selbst als anders möglich zu diskriminieren. Die Stratifikation wäre dann so etwas wie ein *marked state*, in dem auf der

Herrschaft und Narrheit spiegelt sich überdeutlich in der Tradition des Hofnarren, auf die wir zurückkommen. Fürst und Narr »gehören zusammen wie die Brennpunkte einer Ellipse.« So jedenfalls Amelunxen, C., Zur Rechtsgeschichte der Hofnarren. Schriftenreihe der Juristischen Gesellschaft zu Berlin, Heft 124, Berlin, New York 1991, S. 7.

**28 |** Das Aschenkreuz auf der Stirn zu Aschermittwoch entspricht noch immer einer Folgenauflösung: Es ist – mag geschehen sein, was will – nichts Unumkehrbares geschehen.

**29 |** Darauf komme ich zurück.

**30 |** Und muß, weil es eine überaus simple Sozialhydraulik suggiert – quasi ein Überlauf- und Faßmodell, das übrigens auch nicht im Blick auf psychische Systeme sonderlich ergiebig ist.

Seite der Markierung weitere Markierungen (wie das Närrische) eingetragen werden unter Ausschluß der Möglichkeit, in das Zuvor dieser Markierungen (in einen *unmarked space*) zurückzugehen oder die Gegenseite des Markierungsbereiches (den *unmarked state*) anzusteuern.[31]

Die Problemverschiebung auf den Beobachter ermöglicht mithin die Frage nach diesem Ausschluß oder dieser Blockade, eine Frage, die im übrigen zu einfach beantwortet wäre, wenn man sie an den historischen Ordnungsgeltungsgrund der (alternativlosen) metaphysischen Instanz bindet. Man würde dann die Strukturbildungskräfte von Leitideen überschätzen und aus dem Blick verlieren, daß solche Ideen zeittypische Ausdrücke für die Strukturbewandtnisse einer evolutionär zustandegekommenen Sozialordnung darstellen.

Wir nehmen jedenfalls den Rekurs auf die metaphysische Legitimation und durchgängige Begründung der Schichtordnung als Problemverdekkung. Das zwingt aber dazu, die abstrakt gewonnene Vorstellung der Alternativenblockade genauer zu prüfen.

## II

Wenn wir uns auf die Geschichte des Narrentums beschränken, das auf der Feudalebene angesiedelt war, also auf die Geschichte der Hofnarren, ist zunächst auffällig, daß die Kommunikation von Alternativen alles andere als blockiert war. Es ist offenbar gerade diese Kommunikation, die den Narren am Hofe auszeichnet. Ohne das Rechtsprivileg der Redefreiheit ist der Narr nicht denkbar.[32] Andererseits ist dieses Rechtsprivileg im Zusammenhang absoluter Herrschaft nicht durchsetzbar. Der Narr wäre ohne Redefreiheit kein Narr, aber er kann sich um Kopf und Kragen reden.[33] Die närrische

**31** | Das ließe sich, wenn man auf eine kalkülförmige Darstellung aus ist, auch mit dem Theoriestück des *unwritten cross* diskutieren. Vgl. Spencer-Brown, G., Laws of Form, Gesetze der Form (in der Übersetzung von Thomas Wolf), Lübeck 1997, S. X.

**32** | Amelunxen, Zur Rechtsgeschichte der Hofnarren, a.a.O., S. 7f., weist darauf hin, daß dieses Privileg sein evolutionäres Vorspiel in religiösen Vorstellungen hatte, die davon ausgingen, daß Gott aus den Narren spricht. Es ist nicht ganz sicher, ob Narren ihre Redefreiheit als *all-licenced fool* tatsächlich verbrieft hatten oder ob sich um eine Art Gewohnheitsrecht handelte. Immerhin findet man etwa in mittelalterlichen Chorgestühlen Narren häufig mit einem Pergament abgebildet, das wohl die verbriefte Narrenfreiheit symbolisiert.

**33** | Siehe für anekdotische Beispiele Amelunxen, Zur Rechtsgeschichte der Hofnarren, a.a.O., S. 8f. et passim.

Kommunikation am Hofe ist herrschernah und deswegen für ihre Protagonisten nicht selten lebensgefährlich – eine Lebensgefahr aber, die (mustert man die Quellen durch) nicht geknüpft war daran, daß ein Narr Alternativen zur geltenden Sozialordnung mitgeteilt hätte, sondern eher daran, daß es ihm unter Umständen nicht gelang, die Herrscher, die er beleidigt hatte, zum Lachen zu bewegen, also seine Aussagen im Modus der *Uneigentlichkeit* zu halten.

Die Redefreiheit war an diese Uneigentlichkeit gebunden, im Prinzip daran, daß die Selektion der Information durch die Selektion der Mitteilungsform konterkariert werden konnte. Der kommunikative Anschluß (Lachen) löschte die Information (etwa die Invektive) und bestätigte, daß das Närrische (die Raffinesse einer durch die Mitteilung zugleich gegebenen wie eliminierten Information) gelungen war. Der Einsatz des Narren war, wie man sagen könnte, daß diese Markierung durch Lachen ausbleiben konnte.[34]

Gelingen oder Nicht-Gelingen (Lachen oder im schlimmsten Fall der Tod) wird aber offensichtlich im Kontingenzspielraum der stratifizierten Ordnung selbst inszeniert, die als Ordnung nicht kontingent gesetzt wird. Es bleibt klar, daß der Herrscher den Narren hinrichten lassen kann, daß aber der umgekehrte Fall nicht einmal denkbar, geschweige denn: anschlußfähig kommunikabel ist. Redefreiheit ist die Freiheit zur personenverletzenden Kommunikation, die den Herrscher einschließen kann und soll, aber dann mit entsprechendem Risiko und entsprechender Raffinesse verfahren muß. Das Närrische an dieser Narrenfreiheit ist das Leben und die Kommunikation unter brisanten Bedingungen, die Redezwang an der Grenze des Vertretbaren (der Narr *muß* die Grenzen ausloten, sonst ist er seine Alimentierung nicht wert) installiert. Im Augenblick, in dem der Narr ernstgenommen wird, hat er verloren.[35]

**34 |** »Als ein Seldschuken-Fürst sich seinem Hofnarren im Bade nackt zeigt und ihn so eitel wie verfänglich fragt: ›Wieviel bin ich wert?‹, da erwidert der unerschrockene Mann: ›Dreißig Aspeer‹ – ein Pfennigbetrag. Der Fürst brüllt empört: ›Soviel kostet ja allein das Badetuch!‹ Woraufhin der Hofnarr kaltblütig versetzt: ›Das ist mitgerechnet.‹ Er hat Glück, der Fürst lacht sich halbtot. Kaum anders in viel späterer Zeit der sächsische Hofnarr Taubermann, der seinem Kurfürsten die gefährliche Frage, ob der Landesherr selbst auch zu den vielen Narren an seinem Hofe zähle, in zweideutigem Latein so beantwortet: ›Ille est eximius‹ – was entweder heißen kann: Der ist ausgenommen, oder aber: Der ist es in ausnehmendem Maß.« Zitiert nach Amelunxen, Zur Rechtsgeschichte der Hofnarren, a.a.O., S. 9.

**35 |** Deswegen erfordert das Narrenamt hohe soziale Kompetenz. So ist es kein Zufall, daß außergewöhnlich gebildete, mitunter polyglotte Männer das Amt ausüb-

Ein zweites Institut verschärft die Situation, nämlich das der *simulierten* Gleichstellung des Narren mit dem Herrscher. Die Möglichkeit dazu mag, wie Clemens Amelunxen vermutet,[36] die Kopie der alten Lehre von den beiden Reichen in die höfische Situation gewesen sein, der Differenz von *civitas terrena* und *civitas Dei*.[37] Aber deutlich ist, daß der Narr in eine *extempte (extime)* Situation gestellt ist, in der er zugleich *innen* wie *außen* ist, nah am Fürsten, angesiedelt am Hofe, aber nicht eingebettet in die Hierarchie.[38] Er kann (bei hinreichender Raffinesse) reden, was er will, angreifen, wen immer er möchte, er duzt den Herrscher, er darf die üblichen Ehrenbezeigungen persiflieren und mit der Idee des Rollentausches spielen – und niemand darf ihn dafür bestrafen außer der Herrscher selbst, wenn der Narr aus seiner Rolle fallen sollte.

Erstaunlich daran ist, daß die Kombination von Redefreiheit und Gleichstellung die *Inversion/Perversion der Sozialordnung* der Möglichkeit nach vorführt. Es wäre (für moderne Beobachter) ja nur ein winziger Schritt, zu denken, daß der Narr, der den Herrscher karrikiert (ja sogar einen Narren nennen darf), selbst Herrscher sein könnte, und wenn er nicht, dann ein anderer, eine andere, irgend jemand. Die Alternativenblockade liegt nicht darin, daß es verboten wäre, mit alternativen Beobachtungen des Personals der je fungierenden Sozialordnung zu spielen. Im Gegenteil, ebendies wird gesucht, goutiert, bezahlt. Blockiert ist die Idee der Kontingenz der Stratifikation selbst, die Idee der Ersetzbarkeit der Hierarchie durch andere soziale Formen. Der Narr (oder jemand anderer) könnte den Fürsten ersetzen, aber – um es leicht rollentheoretisch auszudrücken – die Position würde dadurch nicht tangiert. Genau das macht den Narren möglich (und impliziert eine eigentümliche Tragik), daß er in einem durch und durch stratifiziert markierten Raum (ja in dessen eigentlicher Repräsentationsstelle) Markierungen *derselben* Art vornimmt. Selbst als Beobachter zweiter Ordnung, und die Hofnarren dürften wesentliche Vorläufer in der Ausübung dieser Beobachtungstechnik gewesen sein, kann er nicht, wenn man das so sagen darf, in die Ebene der dritten Ordnung springen, auf der die Kontingenz des Unterscheidungsgebrauches selbst sichtbar würde.

ten. Ich erinnere für frühe Zeiten an den Juristen Ulpian (am byzantinischen Hof), an Attilas Narren Zerkon, an Harun al Raschids Narren Bahalul.

**36** | Zur Rechtsgeschichte der Hofnarren, a.a.O., S. 10.

**37** | In der Sprache der Theorie ginge es dann um die Projektion eines Beobachters, der die immanente Beobachtung der Welt zugleich kontingent setzt und beschränkt.

**38** | Vgl. zu dieser Figur umfangreich Fuchs, P., Die Metapher des Systems. Studien zu der allgemein leitenden Frage, wie sich der Tänzer vom Tanz unterscheiden lasse, Weilerswist 2001.

Will man in experimenteller Einstellung die Funktion des Hofnarren auf dem Hintergrund dieser Überlegungen bestimmen, so bietet sich zur Problemkonstruktion diese Differenz an: Die stratifikatorische Hierarchie schließt Kritik an sich selbst aus und müßte im Blick auf Adaption an die Umwelt ›erstarren‹, wenn sie sich nicht doch Möglichkeiten schüfe (bzw. entsprechende Personen begünstigte), die in der Hierarchie selbst einen Kontingenzspielraum offenhielten, der *nicht-destruktiv* wirkt.[39] Sie läßt also Beobachtung zweiter Ordnung zu, aber nur in einem *prescribed frame*, in einem *marked state*, der als auch *anders möglich* nicht beobachtet werden darf. In der Institution des Hofnarren bis zum Ende des Mittelalters hin wird Alternativenkommunikation verschweißt mit einer Inhibierung von Kommunikationen, die die Stratifikation (die Hierarchie) kontingent setzen könnten. Dafür werden hoch dotierte Spezialisten benötigt, die – in klassischer Terminologie – über hinreichende Rollendistanz und Ambiguitätstoleranz verfügen.

Es ist deswegen interessant, zu prüfen, was mit den Hofnarren geschieht im Zeitraum, in dem sich die Gesellschaft von Stratifikation auf funktionale Differenzierung umstellt, also auf eine Sozialordnung, die sich grundsätzlich auf der Beobachtungsebene zweiter Ordnung einzurichten beginnt.[40]

## III

Der überraschende Befund vor dem Hintergrund der bis jetzt diskutierten Lage ist, daß das Hofnarrentum am Ende des Mittelalters zwar an den Höfen fest installiert war, aber daß es erst in der Neuzeit, vor allem in der Renaissance in geradezu unglaublichem Ausmaß florierte.[41] In der Frührenaissance findet sich eine auf die ›Narrenhaltung‹ bezogene Gemengelage von Unterhaltungsinteressen, caritativen Neigungen, ökonomischen Vorteilen, die diesen *take-off* begünstigt zu haben scheinen,[42] die aber al-

**39** | Im Unterschied zu den großen kritischen Bewegungen, die kaum inkorporierbar waren. Ich denke etwa an die Waldenser und Katharer.

**40** | Vgl. dazu Luhmann, N., Beobachtungen der Moderne, Opladen 1992.

**41** | Ich folge hier und im weiteren wesentlich der Darstellung von Langenbach-Flore, B., Shakespeares Narren und die Tradition des Hofnarrentums, Diss. Bochum 1994, S. 22ff.

**42** | Christliche Nächstenliebe konnte herangezogen werden, wenn es um die Aufnahme und Ernährung eines Narren ›um Gottes willen‹ ging. Ferner gab es unter Heinrich VIII die Verfügung »writ de idiota inquirendo«, durch die man die Nutznießung des Vermögens eines geistesgestörten Mündels beim König beantragen

lein kaum erklären, wie es zur Narrenmode kommen konnte, die jetzt nicht mehr nur den Hochadel erfaßt, sondern auch den mittleren und niedrigen Adel, hohe und niedrige kirchliche Würdenträger, schließlich (etwa in England nach den Rosenkriegen) auch das Bürgertum, das *domestic fools* hielt, die Stadtverwaltungen, die *city- oder corporation fools* hielten – eine Bewegung letztlich, die bis zu den niedrigsten Gesellschaftsschichten durchdrang. Es gab *tavern fools* in den Kneipen und *strumpets fools* im Kontext der Prostitution.[43] Man gewinnt beinahe den Eindruck, als ob der Narr zu einem Statussymbol wird, das durch die Schichten ›gleitet‹ und damit ›inflationiert‹.

Der Hochblüte entspricht ein rascher Niedergang, der etwa um die Mitte des 17. Jahrhunderts (mit Unschärfen im Detail) abgeschlossen ist. Historisch gesehen, könnte die Reformation eine Ursache gewesen sein, die zumindest eine fundamentale Alternativenblockade durchbrach, indem sie eine Alternative zur *Una Sancta* formierte, die Kirchen also nach und nach unter Gesichtspunkte der Austauschbarkeit brachte, ferner die Entwaffnung des Adels, die beginnende Kontrolle fürstlicher Macht, die Entwicklung der Demokratie (England, 17. Jahrhundert), schließlich die startende Aufklärung, die den Menschen als Vernunftswesen konzipierte und idiosynkratisch auf Abweichungen wie das Narrentum reagierte.

Soziologisch gesehen, liegt es nahe, von einem sozusagen schleichenden Funktionsverlust auszugehen oder davon, daß eine bestimmte Funktion nach und nach nicht mehr in der Weise des Hofnarrentums wahrgenommen werden kann. Deutliches Indiz dafür ist eine tiefgreifende Beobachtungsumstellung, die an der geltenden Sozialordnung Brüchigkeit identifiziert. Das schon erwähnte, europaweit wirksame »Narrenschiff« des Sebastian Brant erschien 1494, also im Ausgang des Mittelalters und im Übergang zur Neuzeit. In unserem Kontext ist entscheidend, daß dieses Buch die Ordnung der (immanenten) Menschenwelt als hinfällig, als korrupt, als sündig beschreibt und dabei eine Gleichheitskonstruktion einführt, die alle Menschen identifiziert als potentiell gleich im Narrentum, als gleich blind – dies dann in einer apokalyptischen Gestimmtheit, die das Zeitalter, in dem Sebastian Brant lebt, als zutiefst krank auffaßt. Im berühmten Diktum »Stultuorum numerus est infinitus« wird die Generalisierung explizit, die von Standesunterschieden absieht, wenn auch *sub specie aeternitatis*, aus dem Blickwinkel einer metaphysischen Instanz, vor der alle, ob Edelmann, ob Bettler, töricht wirken und nichtig sind.

konnte: to beg him for a fool. Vgl. Langenbach-Flore, Shakespeares Narren und die Tradition des Hofnarrentums, a.a.O., S. 23.

**43** | Ebenda.

Diese Generalisierung des Närrischen wird semantisch begleitet von einer paradoxen Inversion, in der die Positionen des Närrischen und des Weisen beibehalten und zugleich ausgetauscht werden: Der Narr ist der eigentlich Weise, der Weise ist eigentlich der Narr.[44] Höhepunkt dieser Entwicklung ist die »Moriae Encomium Stultitiae Laus« (Lob der Torheit[45]) des Erasmus von Rotterdam (1509 erschienen), die – wenn man so will – die Renaissance-Antwort auf Sebastian Brants »Narrenschiff« darstellt. In dieser (ironisch vielfach gebrochenen) Reflexion tritt die Torheit als Frau (*stultitia*) und Göttin auf, die in mehreren Argumentationsschritten ihren Anspruch auf Herrschaft begründet und verteidigt. Zentral ist auch hier die Figur, daß alle Welt närrisch sei, insofern das Närrische als dem Menschen eingeboren, als Moment seiner Natur aufgefaßt werden müsse.[46] Einige Menschen sind jedoch ganz besondere Narren, »die Kaufleute, die Akademiker, die Theologen, die Mönche, die Könige und Fürsten, die Bischöfe, Kardinäle und Päpste«,[47] also die im genauen Sinne *Vertreter* der stratifizierten Gesellschaft.

Die geistigen und weltlichen Eliten (Repräsentanten) werden einer Kritik unterzogen, die nicht einfach nur auf den Austausch dieser Repräsentanten durch würdigere Leute im Rahmen derselben Ordnung drängt, sondern ihr Maß aus einer Alternative bezieht, die diese Ordnung mit einer christlichen (in Christo närrischen) Ordnung konfrontiert, die die eigentliche und gottgewollte (im Prinzip flache) Gesellschaft wäre. Das »Lob der Torheit« ist *avant la lettre*: Gesellschaftskritik, die den Menschen empfiehlt, die *imitatio Christi* (die angesichts des Weltzustandes närrisch ist) zu leben – dies dann mit deutlicher Ausrichtung auf Immanenz: hier und heute, in einer sozialen Nahwelt der Nächstenliebe und in gelassener (getrösteter)

**44 |** Die Geschichte dieser Inversion läßt sich an der Figur des *Markolf* nachzeichnen, der im Lauf von 5 Jahrhunderten, ausgehend vom 10. Jahrhundert, vom ernsthaften Antipoden Salomos zum Narren Salomos transformiert wird, dann aber mehr und mehr als Weiser erscheint, demgegenüber der Weiseste der Weisen, Salomo, als Quasi-Narr erscheint, so etwa in den 90er Jahren des 15. Jahrhunderts. Vgl. Langenbach-Flore, Shakespeares Narren und die Tradition des Hofnarrentums, a.a.O., S. 69f. Figuren wie Eulenspiegel oder Robin Goodfellow werden in diese semantische Umstellung eingebunden.

**45 |** | Man sieht, daß Luhmanns »Lob der Routine« (in: Mayntz, R. [Hrsg.], Bürokratische Organisation, Köln, Berlin 1968, S. 324-341) in dieser Referenz eine stark ironische Komponente hat. Das Lob der Torheit ist das Eigenlob der Torheit.

**46 |** Dabei wird ein Unterschied zwischen dem positiv Närrischen und dem negativen Wahnsinn gemacht, der den Menschen animalisch werden lasse.

**47 |** Langenbach-Flore, Shakespeares Narren und die Tradition des Hofnarrentums, a.a.O., S. 74.

Akzeptanz der Hinfälligkeit des irdischen Lebens.[48] Das – so die paradoxe Inversion – wäre närrisch, also weise, wäre weise, also närrisch.

Man darf annehmen, daß sowohl die rigide Weltkonstruktion des Sebastian Brant wie die ironisch-humanistische Gesellschaftskritik des Erasmus von Rotterdam beteiligt sind an einer semantischen Transposition, die die Figur des Narren überhöht zum Symbol des Menschen selbst, zum ›wise fool‹ (daran schließt die Hausse der Narren in der Renaissance an), aber daß es genau diese Überhöhung und Verallgemeinerung ist, die die Figur inflationieren läßt: Ist ein jeder Narr, ist keiner Narr. Damit wird auch die Spezialistenrolle des Hofnarren obsolet.

Es ist diese (hier nur summarisch wiedergegebene) Umdeutung, die sich als Begleitprozeß der Umstellung des Gesellschaftssystems auf funktionale Differenzierung begreifen läßt. Wenn es die Funktion des Hofnarren in Zeiten der Stratifikation war, Alternativenkommunikation (als Irritationsquelle) verfügbar zu halten unter der Bedingung, daß Alternativen zur Stratifikation selbst blockiert sind, ist die Funktion (jedenfalls auf den ersten Blick) nicht mehr bedienbar, wenn diese Blockade *deblockiert* wird. Das ist ersichtlich dann der Fall, wenn eine funktional differenzierte Gesellschaft sich in polykontexturaler Form so durchsetzt, daß sie Beschreibungen ihrer selbst nur noch kontingent, nur noch als Pluralität von Imaginationen der Gesellschaft in der Gesellschaft produzieren kann.[49]

Es bedarf keiner Narren mehr, es sei denn, es ließen sich Umstände finden, unter denen auch in der modernen Gesellschaft soziale Formen vorkommen, die Alternativenkommunikation benötigen, aber unter der Bedingung, daß diese Formen selbst nicht Alternativen ausgesetzt werden können. Tatsächlich gibt es solche sozialen Systeme gleich massenweise, nämlich als Organisationen.

## IV

Im Unterschied zur primär stratifizierten Sozialordnung des Mittelalters, in dem es nur wenige (wenn auch imposante) Organisationen gab, die Kirche etwa, die Klöster, die Fugger, die Hanse, die Heere, die Höfe, ist die primär funktional differenzierte Gesellschaft der Moderne ausgestattet mit ungezählten Organisationen. Sie organisieren, wie man vielleicht sagen könnte, die Kommunikationsströme der Funktionssysteme auf der Grundlage entscheidungsförmiger Autopoiesis *und* auf einer (dadurch ermöglichten) *Tele-*

**48** | Ebenda, S. 78.

**49** | Vgl. dazu umfangreich (vor allem aber im Schlußteil des zweiten Bandes) Luhmann, N., Die Gesellschaft der Gesellschaft, 2 Bde., Frankfurt a.M. 1997.

*ologisierung*, die die formale Organisation kennzeichnen und klassisch unter Begriffen wie Zweckrationalität und Hierarchie verbucht werden.[50]

Diese Teleologisierung als simplifizierende Selbstbindung setzt voraus, daß der Systemtyp Organisation sich mit intern konkurrenzlosen Repräsentationsstellen versieht, die die Einheit des Systems, gekoppelt an die Imagination eines *telos*, im System repräsentieren. Die Organisation ist deshalb ein *adressables* System. Sie unterscheidet sich in dieser Hinsicht fundamental von der Gesellschaft und ihren primären Funktionssystemen, die gerade nicht adressabel sind, und es ist ebendieser Unterschied, der sich als eigentlich moderner (mit der Umstellung von Stratifikation auf funktionale Differenzierung auftauchender) Unterschied beschreiben läßt. Denn für die stratifizierte Sozialordnung gilt, daß die wenigen Organisationen, über die sie verfügt, die Form der Stratifikation kopieren; für die funktional differenzierte Gesellschaft gilt dagegen, daß sie, indem sie Stratifikation, Hierarchie und verbindliche Gesamtzwecke suspendiert, genau diese Merkmale für Organisationen beibehält – so sehr und so flächendeckend, daß niemand vermeiden kann, mit diesen Phänomenen konfrontiert zu werden, *obgleich* sie gesamtgesellschaftlich nicht mehr überzeugen: Es ist schwer, sie ohne erhebliche kommunikative Reibungsverluste als etwas Positives, Unvermeidbares oder gar Notwendiges (vielleicht im Sinne Derridas) in die Kommunikation einzuspeisen.

In scharfer Zuspitzung ergibt sich das Bild einer quer zur Gesellschaft entwickelten Ebene von organisierten Sozialsystemen, die intern ein Moment der Unbestreitbarkeit inszenieren, das sich in Zwecken und Hierarchien niederschlägt, die selbst keiner Alternativenkommunikation ausgesetzt werden können.[51] Ein Ausdruck dafür ist, daß zur Selbstbeschreibung von Organisationen in Organisationen keine konkurrierenden Selbstbeschreibungen auf formaler Ebene zur gleichen Zeit prozessiert werden können, ohne Konflikte zu erzeugen: Die Universität beschreibt sich als Institut, das die Einheit von Forschung und Lehre (also die Differenz!) reproduziert, nicht aber, was immerhin auch möglich wäre, als Heiratsmarkt zur Rekrutierung und Reproduktion von Angehörigen ressourcenreicher

**50 |** Vgl. Luhmann, N., Organisation und Entscheidung, Opladen 2000. In dem Moment, in dem sich die Selbstbeschreibungen der Organisationen und deren Fremdbeschreibung durch die Wissenschaft gegeneinander differenzieren, wird deutlich, daß die »zweckorientierte Hierarchie« (Luhmann) eine Selbstsimplifikation der Organisation ist.

**51 |** | Und sich offenbar auch allen ›Weichspülaktionen‹ entzieht. Vgl. dazu Kieserling, A. Die Selbstbeschreibung der Organisation und die Transformation ihrer Semantik, Ms., Bielefeld 2002. Eine weiche Semantik ändert nichts daran, daß Organisationen auf Entscheidungen zurechnen.

Schichten; die organisierte Produktion von Lebkuchenherzen wird es kaum erlauben, parallel zu einer dazu passenden Selbstbeschreibung eine weitere im System durchlaufen zu lassen, die sich auf Zahngesundheitsvernichtung bezieht, also auf Zuarbeit zur Wohlfahrt der Dentisten.

Mit diesen Merkmalen (Hierarchie, Teleologisierung, konkurrenzlose Geltung einer Selbstbeschreibung, die typisch top-down erwirtschaftet wird) sind Organisationen Systeme, die im Blick auf diese Merkmale *keine* Alternativität zulassen. Gleichgültig, wie steil oder wie flach die Hierarchie gehalten ist, sie kann nicht getilgt werden;[52] gleichgültig, wie verschwimmend, kompakt, opak das System sich reproduziert, es kann nicht davon absehen, adressabel zu sein, mithin eine Repräsentation seiner Einheit in sich selbst festzulegen; gleichgültig schließlich, wieviele Beschreibungen der Organisation in der Organisation informell kursieren, Entscheidungen determinierend kann nur eine Selbstbeschreibung sein, die das Statut für alle Entscheidungen über Entscheidungen darstellt. Ebendeshalb kann Beratung von Organisationen als Alternativenarbeit an *einer*, an *genau der* Selbstbeschreibung des Referenzsystems beschrieben werden, nicht als Arbeit am Austausch der Systemontologie.[53]

Damit läßt sich das anhand der Hofnarren skizzierte Funktionsproblem auf Organisationen anwenden und die These aufstellen, daß Organisationsberatung als Lösung des Problems begriffen werden kann. Es geht, um das nachdrücklich festzuhalten, nicht darum, zu behaupten, daß Organisationsberater Narren im Dienste von Höfen sind, die in Organisationen residieren, also nicht um eine Form von Zynismus, sondern nur darum, daß unter Bedingungen der Unbestreitbarkeit, Alternativenlosigkeit, der ›Authentizität‹[54] einer sozialen Ordnung geordnete Alternativenkommunikation exerziert werden kann, aber nicht muß.[55] Diese Funktion ist nach dem Zusammenbruch der Stratifikation gesellschaftlich suspendiert wor-

**52** | Kaum ein Berater wird auf die Idee kommen, daß ein Hausmeister der Organisation die Zahlungen für Beratungsleistungen genehmigen oder blockieren kann.

**53** | Deswegen kann man sich genötigt sehen, von Pathologien der Selbstbeschreibung zu sprechen, die sozusagen therapeutisch behandelt werden. Vgl. etwa Drepper, Ch., Unternehmenskultur. Selbstbeobachtung und Selbstbeschreibung im Kommunikationssystem »Unternehmen«, Frankfurt a.M. et al. 1992, S. 155f.

**54** | In meiner Terminologie würde ich von einer je fungierenden Ontologie sprechen.

**55** | Man kann sich Organisationen vorstellen, die ihre Hierarchien teilweise (dis)simulieren, Karnevalsvereine etwa oder Gesamtschulen. Das ist am Rande auch ein Hinweis darauf, daß sich Vereine als Sozialform vielleicht nicht umstandslos der Form der Organisation anbequemen lassen.

den, konnte aber als Attraktor für Strukturbildungen dienen im Moment, in dem Sozialsysteme wie Organisationen evolutionär begünstigt werden, die die Merkmale jener ›Authentizität‹ der stratifizierten Ordnung erneut aufweisen.[56] Wenn wir annehmen, daß Organisationsberatung in diese Funktionsstelle einrückt, kann man, wenn die These triftig ist, die Funktionsbestimmung als Vergleichsdirektive einsetzen und Vergleiche durchführen, die sich auf die kommunikative Funktionsabwicklung bei Hofnarren und Organisationsberatern beziehen.

## V

Für die Hofnarren galt das (prekäre) Institut der Redefreiheit, ohne die Alternativenkommunikation im Dienste der Systemirritation nicht stattfinden kann, ein Privileg, das gleichwohl zu äußerster Raffinesse und Vorsicht zwang. Die Akzeptanz hing ab von einer sozialen Kompetenz, die zwischen Reden und Verschweigen *witzig* oszillierte.[57] Auch von Organisationsberatern (mit Unterschieden im Detail, ob man nun interne oder externe Beratung ansteuert) wird erwartet, daß sie über soviel ›standing‹ und soviel Courage verfügen, auch Unangenehmes, Störendes, Unerwartetes mitteilen zu können – im Modus einer angemessenen Respektlosigkeit,[58] deren Problem genau im Einhalten der *Angemessenheit* liegt.[59] Angemessenheit, das ist die Kunst, die Beobachtungen der Berater für das System *lesbar* zu

**56** | Davon unbenommen bleibt, daß die Beratung selbst, die daran parasitiert, im Rahmen der Gesellschaft funktional wird: als Zeitbremse, wenn man so will. Siehe dazu Fuchs, P./Mahler, E., Form und Funktion von Beratung, in: Soziale Systeme 6/2, 2000, S. 349-368.

**57** | Entsprechend wird soziale Kompetenz auch als eines der zentralen Merkmale von Organisationsberatung immer wieder hervorgehoben: als ein Bündel nicht erwerbbarer Fähigkeiten. Vgl. dazu Lippitt, G./Lippitt, R., Beratung als Prozeß. Was Berater und ihre Kunden wissen sollten, Leonberg 1984², S. 175ff. et passim. Instruktiv ist, daß solche Fähigkeiten (als angeborene, ja charismatische Eigenschaften) häufig in Unschärfekontexten unterstellt werden. Ein guter Sozialpädagoge ist ein geborener Sozialpädagoge, ein guter Lehrer kann man nicht werden, man muß es sein. Man kommt selten auf die Idee, Charismen dieser Art von Lufthansapiloten, Faulleichenexperten oder Standesbeamten zu erwarten.

**58** | Etwa im Sinne von Cecchin, G. et al., Respektlosigkeit. Eine Überlebensstrategie für Therapeuten, Heidelberg 1993.

**59** | Angemessenheit war schon in der klassischen Rhetorik als Frage sozialer Kompetenz behandelt worden, etwa im Schema *aptum/inaptum*.

machen, und sie ist auf gleichsam effizientesVerschweigen angewiesen, da für diese Lesbarkeit Akzeptanz organisiert werden muß.[60]

Dieses Verschweigen (das eher eine Kalibrierung des Verhaltens darstellt) unterhält eine Komplizenschaft mit systematischen Kommunikationssperren.[61] Die Organisation darf sich keineswegs die Vorstellung bilden können, daß es die Strategie der Beratung verstehen und intern kopieren könnte, weil dann der Verzicht auf Beratung effizient wäre. Die Berater können sich anders als die Hofnarren nicht darauf verlassen, daß witzige Kommunikation ausreicht, Nachfragen zu blockieren bzw. ein Durchschauen der Beratungsstrategie zu verhindern. Statt dessen werden Theoriesprachen (oder einfach nur attraktive Wortinseln aus solchen Sprachen[62]) adoptiert, die in Organisationen (schon mangels Zeit) nicht beherrscht werden können. Die Beratung leistet dann selektive Übersetzungshilfe und zeigt genau dadurch eine magische Expertenaura an.[63] Aufgeblendet wird ein Horizont der Unverfügbarkeit prinzipiell verfügbaren Wissens für die Organisation, ein Wissen, das aber nur an Dolmetscher- und Interpretationsleistungen ›erscheint‹.[64]

Bei den Hofnarren fand sich neben dem Institut der Redefreiheit das der simulierten Gleichstellung des Narren mit seinem Fürsten. Der Narr war, wie wir sagten, in einer exempten (extimen) Situation, und auch hier ist deutlich, daß die Beratung von Organisationen – sei sie intern Stäben zugewiesen, die der Hierarchie des Linienmanagements nicht eingebettet sind, sei sie extern eingekauft – ebenfalls auf die Installierung von Sonder-

**60** | Mitunter wird dann auch tatsächlich ein Vergleich mit Kunst durchgeführt. Siehe etwa Willke, H., Strategien der Intervention in autonome Systeme, in: Baecker, D. et al. (Hrsg.), Theorie als Passion. Festschrift für Niklas Luhmann, Frankfurt a.M. 1987, S. 333-361, hier S. 356.

**61** | Vgl. den Aufsatz über Kommunikationssperren in der Unternehmensberatung in Luhmann, N./Fuchs, P., Reden und Schweigen, Frankfurt a.M. 1989. Siehe ferner Baecker, D., Die Form des Unternehmens, Frankfurt a.M. 1993, S. 226f.

**62** | Man möge im Internet nach ›Organisationsberatung‹ suchen und wird dann finden, was ich damit meine: massenweise.

**63** | Die – meinem persönlichen Eindruck nach – selten durch Theoriekenntnis im eigentlichen Sinne gedeckt ist, jedenfalls wenn es um komplexe Theorien wie die Systemtheorie Bielefelder Provenienz geht. Ich sehe gequält, wie dieser Theorie von Beratern sehr häufig ein Leids getan wird.

**64** | Dirk Baecker, Die Form des Unternehmens, a.a.O., S. 227ff., zeigt, daß auch die *management sciences* Klarheit als Schädlichkeit begreifen müssen und die Beratung, die darauf zurückgreift, nur deshalb Ungewißheit als Chance anbieten kann, sei es, wie Baecker (S. 227) sagt, auf dem Wege sokratischer, sei es auf dem Wege sophistischer Irritation.

lagen angewiesen ist: Interne Berater müssen, wenn man so will, intern externalisiert werden (mit erheblichen Folgelasten schon deshalb, weil sich die Hierarchie der Organisation nicht streichen läßt), externe Berater müssen in ihrer Externalität befristet internalisiert werden (mit erheblichen Folgelasten deswegen, weil die Hierarchie mit Zahlungsentzug aufwarten kann). Es ist nicht überraschend, daß jenen Sonderlagen auch die Inszenierung von Sondersituationen entspricht, Workshops etwa oder Trainingsgruppen, die die Differenz zu dem, was sonst in Organisationen läuft, markieren.[65]

Auch hier ist erstaunlich, daß die Verbindung von (hoch komplizierter) Rede- und Schweigefreiheit mit den exempten (extimen) Arrangements, in denen sich Beratung abspielt, nicht sofort die Kontingenz der Organisation im Blick auf ihre Form vorführt. In der Sprache der Theorie würde das heißen, daß weder Berater noch Beratene auf die Beobachtungsebene dritter Ordnung vorstoßen, obwohl das unter den geänderten gesellschaftlichen Bedingungen der funktionalen Differenzierung ganz nahe läge, ja beinahe unvermeidbar wäre. Berater und Beratene operieren ja in einem *marked state* (in einer fungierenden Ontologie), der als seinerseits kontingent nicht mitkommuniziert wird.

Das läßt erwarten, daß die Stabilisierung des Beratungsgeschäftes scharfe blinde Flecke voraussetzt, die den Sprung auf die Beobachtungsebene dritter Ordnung verhindern. Die Vermutung ist, daß (wie etwa bei der Operation des Erziehens im Erziehungssystem) Beratungsansinnen und Beratungsbegehren sofort kollabieren würden, wenn klar wäre, daß Beratung (wie Erziehung) eigentlich in der Kunst besteht, geschickt aus laufenden Veränderungen der Referenzssysteme solche auszuwählen und auszuzeichnen, die sich als Beratungserfolg (Erziehungserfolg) verkaufen lassen, *obwohl es keine einzige empirische Methode gibt, mit der sich fixieren ließe, was beim Ausbleiben von Beratung (Erziehung) statt dessen abgespielt hätte.*[66]

Nur so wird es möglich, daß Organisationsberatung Organisationen irritiert. Sie kann – weil sie sich selbst nicht in Frage stellen darf – Organisationen in ihren Fundamentalaspekten (ihrer Authentizität) nicht tangieren.[67] Und genau in diesem Punkt ist sie funktional äquivalent zum Hofnarrentum – ein wahrer Parasit, der die Pflanze, auf der er gedeiht, nicht kontingent setzen kann. Das eben ist die Bedingung der Möglichkeit ihrer Funktion.

**65** | Ebenda, S. 226.

**66** | Vgl. noch einmal Fuchs/Mahler, Form und Funktion von Beratung, a.a.O.; ferner Fuchs, P., Soziale Zukunft: heute – (Re)Visite bei Habermas, in: Merkur 55, H. 9/10 (Sonderheft »Zukunft denken – Nach den Utopien«), 2001, S. 835-846.

**67** | Sie ist darüberhinaus häufig selbst *organisiert.*

# Adressabilität als Grundbegriff der soziologischen Systemtheorie

*Non sunt multiplicanda entia praeter necessitatem.*

Noch immer gilt, daß die Soziologie Mühe hat, sich über Grundbegriffe zu verständigen.[1] Sie verfügt gewiß über einen Kanon geläufig einsetzbarer Begriffe wie Rolle, Norm, Wert, wie Anomie und Devianz, wie Schichtung oder Differenzierung, an denen sich die Zunft erkennt, aber immer dann, wenn es um den Zusammenhang dieser und weiterer Begriffe geht, wird die Disziplin selbststrittig.[2] Das kann ein Vorteil sein, insofern sich jeder Position eine Negation entgegensetzen läßt, jeder Diskussion eines Zusammenhangs die Diskussion eines anderen; die Kommunikation bleibt offen, leidet nicht unter generellen Konsistenzzwängen und kann deshalb auf dem Markt der ohnehin spärlichen Verwendbarkeiten soziologischer Einsichten und Fertigkeiten cafeteria-ähnlich funktionieren: Sie kann, weil sie Vieles bringt, Manchem etwas bringen. Dabei ist es nicht nötig, darauf zu achten, daß das, was der Eine bekommt, begrifflich konkurriert mit dem, was ein Anderer geben könnte.

Bekannt ist aber, daß es im Rahmen der Soziologie ambitionierte Theo-

**1 |** Vgl. etwa Luhmann, N., Sinn als Grundbegriff der Soziologie, in: Habermas, J./Henrich, D./Luhmann, N. (Hrsg.), Theorie der Gesellschaft oder Sozialtechnologie, Frankfurt a.M. 1971, S. 25-100, hier S. 25f.

**2 |** Das hat in Berufungskommissionen, an denen ich mitunter beteiligt bin, dazu geführt, daß weniger auf den theoretischen/methodischen Herkunftskontext der Kandidaten geachtet, sondern mehr mit dem Mythologem des »soziologischen Blicks« gearbeitet wird, also mit einem erhofften Nebeneffekt der soziologischen Ausbildung.

rieunternehmungen gibt, denen es auf den begrifflichen Zusammenhang des Disparaten ankommt. Erst dann, wenn solche (im Blick auf Soziales universal angesetzte) Theorien ins Spiel kommen, wird die Frage nach Grundbegriffen virulent. Das ist die Frage nach nicht empirischen Begriffen, die das Feld beobachtbarer Phänomene erst aufspannen, nach Begriffen also, die Beobachtbarkeit organisieren, ohne selbst in irgendeinem Sinne empiriefähig zu sein. Grundbegriffe inszenieren das Design einer Theorie, und eigentlich erkennt man sie daran, daß man sie nicht wegziehen kann, ohne daß die Theorie kollabiert. Habermas ohne Vernunft? Luhmann ohne System?

Wenn man konzediert, daß jede Theorie Grundbegriffe hat, primordiale Unterscheidungen, die, wie immer wiedereintrittsfähig sie sein mögen, jedenfalls nicht ausradiert werden können, dann versteht sich, daß die Exposition eines weiteren Grundbegriffes zunächst nur sehr abstrakt stattfinden kann – im Selbstkontakt der Theorie, spartanisch, behutsam, mit so wenig Dreistigkeit als möglich, aber unter der Einrechnung der Riskanz, die darin liegt, von einem Grundbegriff und nicht von irgendeinem Begriff zu sprechen. Von einem Grundbegriff ist zu fordern, daß er auf alle anderen Grundbegriffe und Filialbegriffe der Theorie bezogen werden kann und daß dabei etwas sichtbar wird, was ohne ihn so nicht sichtbar würde. Zugleich wird man bei einigen Ansprüchen an die Profession erwarten dürfen, daß er Anschlüsse über die engeren Grenzen der hier bewegten Theorie hinaus finden könnte. Dafür ist es dann wieder notwendig, von einem soziologischen Grundbegriff der Systemtheorie zu reden und nicht von einem Grundbegriff der Systemtheorie.

## I

Eine, wenn nicht die zentrale Unterscheidung der Systemtheorie ist die von Bewußtsein und Sozialsystem. Wenn man sich auf Sozialsysteme bezieht, bezieht man sich in dieser Theorie auf ein bewußtseinsfreies Feld; referiert man auf Bewußtsein, referiert man auf ein sozialitätsfreies Feld.[3] Das heißt keineswegs, daß Sozialsysteme ohne Bewußtsein in ihrer Umwelt gedacht werden könnten oder daß Bewußtsein ohne Kontakt mit Sozialsystemen überhaupt zustandekäme; aber das heißt, daß das Sozialsystem nicht

3 | Daß es dabei zu einer fundamentalen Asymmetrie kommt, insofern das Bewußtsein sich selbst nur mit Unterscheidungen beobachten kann, die es der Sozialität abgewinnt, ist Thema von Fuchs, P., Das Unbewußte in Psychoanalyse und Systemtheorie. Die Herrschaft der Verlautbarung und die Erreichbarkeit des Bewußtseins, Frankfurt a.M. 1998.

bewußtseinshaltig ist und daß im Bewußtsein keine Elemente von Sozialsystemen vorgefunden werden können. Diese grundlegende Unterscheidung zwingt die soziologische Systemtheorie dazu, die konstituierenden Elemente von Sozialsystemen im Unterschied zu den grundlegenden Elementen von Bewußtsein anzugeben.

Sie hat sich dabei von Handlung als Grundbegriff der Soziologie verabschiedet und statt dessen den der Kommunikation eingeführt.[4] Kommunikation ist konzipiert als Synthesis (oder Syndosis) dreier Selektionen – Information, Mitteilung, Verstehen –, die sich aus weiteren Synthesen der gleichen Art produziert und reproduziert. Der Begriff, der auf diesen Reproduktionsmodus angewandt wird, ist der der Autopoiesis, der also einer Betriebsart, die selbstreproduktive, geschlossene, selbstbezügliche Systeme erzeugt. Das Bewußtsein wird unter diesen Bedingungen als (strukturierte) Lärmquelle begriffen, aber nicht mehr als Dominator, als Subjekt des sozialen Systems. Es gibt niemanden mehr, der kommuniziert – außer Kommunikation selbst.

Dies alles ist bekannt, es ist das umstrittene Register, in das sich die Theorieoptionen der soziologischen Systemtheorie einhängen lassen. Wer sich auf kommunizierende, handelnde, entscheidende Subjekte einläßt, muß nicht Unrecht haben, aber er hat sich in ein anderes und deutlich unterschiedenes Register eingeklinkt. Weniger geläufig ist indessen, was eigentlich mit dem Begriff Handlung geschieht, nachdem er seines grundbegrifflichen Prestiges beraubt wurde. Bei genauerem Hinsehn zeigt sich, daß er in zwei Richtungen ausgearbeitet wird.[5]

Die eine Richtung bezieht sich darauf, daß über Handlungen sozial disponiert wird. Was eine Handlung ist, ob sie eine ist, wem sie zugerechnet wird, wem nicht, was für Folgen sie hat, ist Gegenstand kommunikativer Zuschreibungen.[6] Die soziologische Forschung kann sich dann darauf konzentrieren, die entsprechenden Attributionsroutinen zu untersuchen.[7] Schon das ist bedeutsam genug, insofern es dann nicht mehr darum geht, die Motive, die Intentionen, die Selbstbeschreibungen von Subjekten her-

4 | Siehe standardmäßig Luhmann, N., Soziale Systeme. Grundriß einer allgemeinen Theorie, Frankfurt a.M. 1984.

5 | Vgl. Luhmann, Soziale Systeme, a.a.O., S. 229.

6 | Siehe Luhmann, N., Erleben und Handeln, in ders., Soziologische Aufklärung, Bd. 3, Opladen 1981, S. 67-80.

7 | Siehe als klassische Texte Jones, E.E./Nisbett, R.E., The Actor and the Observer: Divergent Perceptions of the Causes of Behavior, in: Jones, E.E. et al. (Hrsg.), Attribution: Perceiving the Causes of Behavior, Morristown, N.J., 1971, S. 79-94; Jones, E.E. et al., Attribution: Perceiving the Causes of Behavior, Morristown, N.J., 1971.

anzuziehen, sondern vielmehr darum, die sozialen Strukturen zu erkunden, denen ein Bewußtsein nicht nur den Druck verdankt, überhaupt Motive nennen zu müssen (um sich dann daran zu gewöhnen, welche zu haben), sondern auch die Menge der zugelassenen, der kommunikablen Motive.

Die andere Richtung macht davon Gebrauch, daß Kommunikationsprozesse ›Punkte‹ errechnen müssen, denen Mitteilungen zugerechnet werden können.[8] Irgend jemand, irgend etwas muß ein Verhalten vorgeführt haben, an das angeschlossen werden kann, weil es als Mitteilungsverhalten zu deuten gewesen ist, in diesem Sinne also als eine Tat, ein Akt, eine Handlung. Kommunikation, das ist die Luhmannsche Einschätzung, simplifiziert oder materialisiert sich als Kette von Ereignissen, die als Mitteilungshandlungen auffallen. In einer Freud abgelauschten Metapher könnte man formulieren, die Mitteilungen sind die Projektion der Kommunikation wie das Bewußtsein die Projektion einer Oberfläche.[9] Wenn Kommunikation, wie wir es angenommen haben, Element eines autopoietischen Zusammenhanges ist, dann ist sie, um in der Metapher zu bleiben, der Projektor. Sie selbst legt durch ihre spezifische Zeitlichkeit, die immer die des Nachtrags, der *différance* ist,[10] fest, welches Verhalten als Mitteilungsverhalten in Betracht kommt, welches nicht. Sie projiziert Mitteilende und schafft sich damit eine Art Skelett, ein Gerüst, von dem sie sich abstößt bzw. an dem sie sich entlangspinnt.[11] Wichtig dabei ist, daß sie ohne dieses Gerüst nicht funktionieren würde, denn es ist sehr schwer vorstellbar, daß Kommunikation mit nicht mitgeteilten Informationen arbeiten könnte.

Handlungstheorie (im Sinne der soziologischen Systemtheorie) hat es also mit der kommunikativen Verfertigung von Akteuren zu tun. Wenn so formuliert wird, liegt aber noch das Mißverständnis nahe, diese Akteure seien in irgendeinem ontologischen Sinne Subjekte oder handelnde psychophysische Einheiten, die durch Sozialität geprägt sind. Aus diesem

**8** | Dies ist der Hintergrund aller Theoreme, die sagen, man könne nicht vermeiden, als ein sich Verhaltender und deshalb Kommunizierender beobachtet zu werden. Das wird weniger trivial, wenn man sich fragt, wie Kommunikation es schafft, nicht alles Verhalten als Mitteilung einer Information zu behandeln.

**9** | Genau darauf beziehen sich meines Erachtens die Beiträge in Gumbrecht, H.U./Pfeiffer, K.L. (Hrsg.), Materialität der Kommunikation, Frankfurt a.M. 1988.

**10** | Vgl. das Kapitel über die Kommunikationsmaschine in Fuchs, P., Die Umschrift. Zwei kommunikationstheoretische Studien: »Japanische Kommunikation« und »Autismus«, Frankfurt a.M. 1995.

**11** | Die Gerüstmetapher verweist darauf, daß es um Konstruktionen längerwelliger Art geht, also auch um das Einspeisen von Dauern, Festigkeiten, Hysteresis. Vgl. Fuchs, P., Moderne Kommunikation. Zur Theorie des operativen Displacements, Frankfurt a.M. 1993.

Grund hat sich die Rede von der kommunikativen Adresse eingebürgert, die Vorstellung mithin, daß sich die Kommunikation eigene Konstruktionen schafft, die als soziale Strukturen imponieren. Das ist soziologisch alles andere als Neuland: In genau diesem Verständnis hat zum Beispiel die Rollentheorie den Begriff der Erwartung (des Erwartungsbündels) als soziale Struktur erfaßt, als das Adressieren von typischen Erwartungen an die Inhaber von Positionen; in eben diesem Verständnis haben Etikettierungstheorien die starken Momente der Konstruktivität abweichenden Verhaltens entdeckt und sich damit gegen Bemühungen abgesetzt, Ursachen für solches Verhalten in die Individuen zu verlegen.

Die systemtheoretische Verschiebung findet sich nur darin, daß der, wenn man so will, primär gesetzte Prozeß der Erzeugung von kommunikativen Adressen die Autopoiesis sozialer Systeme ist. Es ist nicht das Subjekt, das die Erwartungen auf sich zieht, die von anderen Subjekten ausgehen, oder das die Erwartungsarrangements anfertigt, auf deren Hintergrund Kommunikation sich materialisiert, sondern es ist die Kommunikation, die im Management ihrer Selbstsimplifikation Zurechnungspunkte erzeugt und ausarbeitet, die dann als handelnde (mitteilende) Personen erscheinen, dies dann in jener Evidenz, die die Jahrtausende alte Täuschung ermöglichte, Kommunikation werde durch die Subjekte betrieben. Jeder, der genötigt ist, systemtheoretische Einsichten exzessiv zu verkünden, kennt die Widerstände, die auftreten, wenn jene (sogar wahrnehmungsförmige) Evidenz bestritten wird.

In der Logik der soziologischen Systemtheorie liegt es aber, daß die System/Umwelt-Differenz (Sozialsysteme/Individuen) erstens dazu zwingt, die Konstruktion von Adressen in die Autopoiesis des Sozialsystems zu verlagern, zweitens davon auszugehen, daß der Ansatzpunkt dieser Konstruktion die Selektion der Mitteilung ist, die einen Mitteilenden identifizieren muß, drittens, daß dann der Zusammenhang von sozialer Adresse und Individuum (und gegebenenfalls deren Differenz) in gesonderten Theoriestücken der Kopplung bzw. Interpenetration behandelt werden kann. Es geht in den folgenden Überlegungen ebenfalls um diesen Zusammenhang, aber mit einer anderen Zuspitzungsrichtung: Was bedeutet die kommunikative Epiphanie einer sozialen Adresse für das Individuum?

## II

In harter, aber nicht übertreibender Formulierung: Die soziale Adresse ist eine Frage des Überlebens. Geht man davon aus, daß Bewußtsein und Kommunikation ko-evoluieren, dann ist, um es tautologisch zu sagen, Kommunikation nur möglich, wenn Bewußtsein, aber Bewußtsein auch nur möglich, wenn Kommunikation involviert ist. Diese Aussage ist im Blick auf Evolution eine wohlbegründete Spekulation, die ihre Bedingung im Auseinanderziehen von Bewußtsein und Kommunikation hat. Transformiert man diese Spekulation herunter auf empirische Befunde oder auch nur Plausibilitäten, so findet sich schnell die Erkenntnis, daß Individuen, die keinerlei Kontakt mit sozialen Systemen haben oder nur minimalen Kontakt, tatsächlich sterben oder unter den Restriktionen schwerster Behinderungen leiden. Man muß nicht an die einschlägigen mittelalterlichen Experimente erinnern, in denen es darum ging, die Ursprache zu finden, und in denen deshalb Kinder der Möglichkeit von Kommunikation beraubt wurden. Das Kaspar-Hauser-Syndrom oder die Wolfskinder wären andere Beispiele.[12] Es genügt eigentlich der Hinweis, daß kein individualtheoretisch gestricktes Paradigma (auch nicht das Freuds, auch nicht das Lacans) auf die Einführung des ANDEREN verzichten kann, wenn es die Genese von Bewußtsein behandelt. Benötigt wird ausnahmslos die intervenierende Variable der Sozialität, wie immer tiefenscharf sie dann erläutert wird. Auch die Säuglingsforschung liefert reichlich Anhaltspunkte dafür, daß zwar selbst die unmittelbar postnatale Zeit geprägt ist durch eine fein differenzierte Attentionalität, aber daß der Säugling noch nicht über ein Bewußtsein verfügt, über die Autopoiesis einer Verkettung von Gedanken (Vorstellungen), die zunächst und vor allem nicht einfach nur Unterschiede sind, sondern Unterscheidungen, eine Autopoiesis, die mit der Notwendigkeit verknüpft ist, die Innen/Außen-Unterscheidung intern einsetzen zu können.[13]

Wir halten einfach fest, daß die Autogenese des Bewußtseins an den Kontakt mit Kommunikation geknüpft ist.[14] Aber dann hängt buchstäblich alles davon ab, daß die Kommunikation eine Formation ihrer Umwelt (das

**12** | Siehe als ausgearbeitete Studie zu diesem Problem den Part über Autismus in Fuchs, Die Umschrift, a.a.O.

**13** | Siehe zum begrifflichen Hintergrund Luhmann, N., Die Autopoiesis des Bewußtseins, in: Hahn, A./Kapp, V. (Hrsg.), Selbstthematisierung und Selbstzeugnis: Bekenntnis und Geständnis, Frankfurt a.M. 1987, S. 25-94; ders., Wie ist Bewußtsein an Kommunikation beteiligt?, in: Gumbrecht/Pfeiffer (Hrsg.) 1988, a.a.O., S. 884-905. Siehe zu weiteren Ausarbeitungen Baecker, D., Die Unterscheidung zwischen Kommunikation und Bewußtsein, in: Krohn, W./Küppers, G. (Hrsg.), Emergenz: Die Entstehung von Ordnung, Organisation und Bedeutung, Frankfurt a.M. 1992, S. 217-268; Bergmann, W./Hoffmann, G., Selbstreferenz und Zeit: Die dynamische Stabilität des Bewußtseins, in: Husserl Studies 6, 1989, S. 155-175.

**14** | Man könnte in Anlehnung an Freud von der Introjektion von Vitaldifferenzen sprechen. Vgl. Freud, A. et al. (Hrsg.), Sigmund Freud. Gesammelte Werke, Frankfurt a.M. 1986[8], Bd. XIII, Jenseits des Lustprinzips, S. 60.

zappelnde Etwas Säugling) als adressabel behandelt, als etwas, das, wiewohl es noch gar nicht über Selbstreferenz verfügt, als Instanz der Mitteilung begriffen wird. Die These ist, daß für ein Individuum auf dieser Welt nichts ginge, wenn es nicht die Form der Adressabilität annehmen könnte, wenn es nicht als Abstoßpunkt für Adressenbildung in Frage käme. Die Kommunikation muß Adressabilität unterstellen können.[15] Sie muß Mitteilungshandeln identifizieren.

In einem ersten Zugriff kann man sagen, daß Kommunikation als Einheit sozialer Systeme dieses Problem der Adressenbildung ubiquitär produziert und damit immer auch das Problem, wer als Kondensationsstelle für die Zurechnung von Miteilungshandeln in Frage kommt. Von der Innenseite der Theorie her könnte man hinzufügen (ohne es eigens thematisieren zu wollen), daß das Problem auch beschrieben werden kann als eines, das auftritt, wenn in der Konstellation doppelter Kontingenz der erste Symmetriebruch geschieht, also Kommunikation aufgenommen wird. Die Problemlösungen variieren dann, aber das ist keine Überraschung, diachron und synchron erheblich: In Japan formieren sich andere Adressen als in Dinkelsbühl, Kalkutta oder Minsk; in archaischen Gesellschaften schliff sich ein anderes Management von Adressabilität ein als in stratifizierten Großreichen oder unter Bedingungen funktionaler Differenzierung.

Wenn die Universalität des Problems sich daraus ergibt, daß es immer anfällt, wenn Kommunikation betrieben wird, dann heißt das in noch radikalerem Zuschnitt: Ausnahmslos jedes soziale Phänomen hat mit ihm zu tun, oder härter: Es käme kein sozialer Tatbestand zustande, wenn ihm nicht die Folie der Adressen unterläge, also das Problem der Adressabilität darauf bezogene Formen erzeugt hätte. Diese harte Position rechtfertigt es, nachzufragen, was der Begriff der Adressabilität selbst für eine Form hat, was er also erstens unterscheidet *und* was zweitens ihn unterscheidet.

Die Antwort auf die erste Frage liegt nahe: Die kommunikative Adresse bezeichnet den Wiedereintritt der Unterscheidung von Kommunikation und Bewußtsein auf der Seite der Kommunikation. Adressabel sind ent-

**15** | Und sie tut das nicht immer. Die Geschichte des Umgangs mit schwer Behinderten zeigt das überdeutlich, aber natürlich auch jede Diskussion darüber, wer ab wann wie in irgendeinem Kontext als Adresse gelten darf oder nicht mehr gelten darf. Man kann an Abtreibung oder Euthanasie denken, an die Installierung von Un- oder Untermenschen. Entscheidend ist, daß sich in Hülle und Fülle Belege beibringen lassen, in denen durch kommunikative Prozesse Individuen als Nichtadressen behandelt werden. Umgekehrt können soziale Systeme auch nichtphysische Adressen konstruieren. Vgl. Fuchs, P., Die archaische Second-Order Society. Paralipomena zur Konstruktion der Grenze der Gesellschaft, in: Soziale Systeme 2/1, 1996, S. 113-130.

sprechend Weltvorkommnisse, die von der Kommunikation als Wiedereintrittsstelle genommen und als Adresse ausgearbeitet werden können. Die unabdingbare Voraussetzung dafür ist, daß adressable Weltvorkommnisse (zum Beispiel Menschen, Bäume, Computer) ein Eigenverhältnis unterhalten, oder anders: daß ihnen Selbstreferenz unterstellt werden kann.[16]

Die Frage nach der Unterscheidung, durch die Adressabilität kommunikativ inszeniert wird, ist schwieriger zu beantworten. Denn das ist die Frage nach einer unterscheidenden Operation, die unserer These nach in jedem sozialen Prozeß involviert ist.

## III

Das entscheidende Schema ist das von *Inklusion und Exklusion.*[17] In allen kommunikativen Prozessen wird, das ergibt sich aus den vorangegangenen Überlegungen, darüber disponiert, wer oder was als Adresse in Frage kommt und wer oder was nicht. Die Kommunikation kommt nicht umhin, darüber zu befinden, ob etwas in ihrer Umgebung als selbstreferenzfähig gelten darf (also als ein Subjekt, das ein Verhalten vorführt, an dem Mitteilung und Information unterschieden werden können) oder als ein Objekt, das, weil es keinen Selbstbezug unterhält, allenfalls thematisierbar ist. Auf dieser fundamentalen Ebene geht es scharf, ja schaltermäßig zu: Inklusion schließt Weltvorkommnisse als Kandidaten für Adressen ein, Exklusion aus. Tiere oder Bäume sind Kandidaten oder nicht, Fremde und Barbaren sind Kandidaten oder nicht, schwer geistig Behinderte sind Kandidaten oder

**16** | Es trifft sich, daß diese Unterstellung einen *re-entry* der Unterscheidung von Kommunikation und Bewußtsein im Bewußtsein unterstellt. Das adressable System muß konzipiert sein als eines, das sich selbst in sich selbst von anderem unterscheidet, insbesondere von der relevanten Umwelt, dem Sozialsystem.

**17** | Vgl. Luhmann, N., Inklusion und Exklusion, in: Berding, H. (Hrsg.), Nationales Bewußtsein und kollektive Identität. Studien zur Entwicklung des kollektiven Bewußtseins der Neuzeit 2, Frankfurt a.M. 1994, S. 15-45; Stichweh, R., Inklusion in Funktionssysteme der modernen Gesellschaft, in: Mayntz, R. et al., Differenzierung und Verselbstständigung. Zur Entwicklung gesellschaftlicher Teilsysteme, New York, Frankfurt a.M. 1988, S. 261-293; Fuchs, P./Buhrow, D./Krüger, M., Die Widerständigkeit der Behinderten. Zu Problemen der Inklusion/Exklusion von Behinderten in der ehemaligen DDR, in Fuchs, P./Göbel, A. (Hrsg.), Der Mensch – Das Medium der Gesellschaft, Frankfurt a.M. 1994, S. 239-263; Fuchs, P./Schneider, D., Das Hauptmann-von-Köpenick-Syndrom. Überlegungen zur Zukunft funktionaler Differenzierung, in: Soziale Systeme 2, 1995, S. 203-224.

nicht. Fundamental ist diese Ebene von Inklusion/Exklusion, weil sie im Falle der Exklusion dramatische Folgen zeitigt. Sie schließt jemanden/etwas von Kommunikation grundsätzlich aus und blockiert damit dessen Bewußtseinsmöglichkeiten. Ohne Anschluß an Kommunikation, darüber wird Konsens herrschen, werden alle Selbstbezeichnungs- und Selbstunterscheidungsmöglichkeiten getilgt.[18]

Für den Fall der Inklusion (ein Weltvorkommnis wird als adressabel behandelt) liegen die Dinge anders. Die Schemaseite der Exklusion kann, das versteht sich, nicht gelöscht werden. Sie tritt auf der Seite der Inklusion in die Unterscheidung von Inklusion/Exklusion wieder ein. Jemand/etwas ist adressabel und insofern inkludiert, aber im Inklusionsprozeß werden Exklusion und Inklusion erneut unterschieden. Die kommunikativ ausgearbeitete Adresse ist, wie man vielleicht sagen kann, als ein mehr oder minder spezifisches Inklusions/Exklusions-Profil beschreibbar. Niemand ist in allen kommunikativen Hinsichten adressabel, und jeder ist in allen ihm zugänglichen Kommunikationskontexten auf verschiedene Weise eingeschlossen/ausgeschlossen. Es liegt auf der Hand, daß Studierende, Professoren, Raumpflegerinnen im Hochschulsystem inkludiert sind, aber ebenso, daß sie es auf verschiedene Weise sind, mit ganz unterschiedlichen Chancen, da und dort eingeschlossen, da und dort ausgeschlossen.[19] Nimmt man die Gesellschaft in den Blick, so wird auch deutlich, daß Studierende, Professoren, Raumpflegerinnen für die Dauer ihrer Existenz in sehr viel weniger Sozialkontexten adressabel sind, als es Sozialkontexte gibt.

Das kann man noch um ein Geringes tiefer legen: Niemand könnte kommunikativ inkludiert werden, wenn er nicht gleichzeitig und immer auch exkludiert würde. Die Rede von der Adresse ist die Rede von einem Einschluß *und* einer Separation.[20] Die Rede von einem Profil (einer kontu-

**18** | Man kann dann mit den Körpern verfahren, wie man will. Für Tiere ist das evident. Wer sie schützen will, müßte sie als Adressen aufbauen. Ein sehr schönes Beispiel für entsprechende Simulationen ist der Film »Ein Schweinchen namens Babe«. Er bietet im übrigen viele weitere Beispiele für Inklusions/Exklusionsprozesse und ist insofern in der Lehre vielseitig verwendbar.

**19** | Das sind empiriefähige Aussagen, die sich mit Leichtigkeit auf unterschiedliche Forschungen im Rahmen der Soziologie beziehen lassen. Ich nenne nur die Gleichheits/Ungleichheits-Debatte.

**20** | Vgl. Luhmann, Soziale Systeme, a.a.O., S. 299f. Siehe zur Bedeutung der ›Vertäuung‹ des Menschen schon durch seinen Eigennamen Benjamin, W., Goethes Wahlverwandtschaften, in ders., Gesammelte Schriften (hrsg. von Tiedemann, R./ Schweppenhäuser, H.), Frankfurt a.M. 1980, Bd. I/1, S. 123-203, hier S. 292. Oder anders: Schon der Name, ja gerade der Name ist Exklusion und Inklusion zugleich.

rierten Adresse) würde keinen Sinn machen, wenn nicht unterschieden und in der Unterscheidung bezeichnet würde, wenn also das Profil nicht die Aussparungen hätte, die es gleichsam als Figur vor einem Grund sichtbar machten. Die Adresse ist das Positiv im Negativ der Exklusion. Die Ausarbeitung der Adresse durch Kommunikation ist eben deswegen der Kern von Allgemeinheit und Singularität oder in geläufigerer Terminologie: von Individuation und Partizipation zugleich. Es könnte sich lohnen, diesen Prozeß etwas näher zu beleuchten an dem, was man früher vielleicht die Ontogenese eines Individuums genannt hätte.

## IV

Man wird nicht, ohne allzu große Beweislasten auf sich nehmen zu wollen, behaupten, daß ein Säugling schon über Bewußtsein verfüge. Zweifelsfrei bedient er sich einer in gewissem Sinne frei flottierenden, differenzierten Attentionalität, aber das berechtigt nicht schon zur Annahme, daß er sich in sich selbst von sich selbst und anderem unterscheiden könnte. Und plausibel ist auch, daß seine Wahrnehmungswelt noch nicht durchsetzt ist von Unterscheidungen und Bezeichnungen, die der Kommunikation abgelauscht wären. Er prozessiert Unterschiede, nicht Beobachtungen. Aber stehe es damit, wie es wolle, statt auf eine Innenwelt zu rekurrieren, die sich jeder Beobachtung entzieht, kann man sich nach den Kommunikationsprozessen fragen, die Inklusion und Exklusion ins Werk setzen. Dabei ist auffällig, daß (mit Ausnahme der Fälle, die ich erwähnt habe) dem Kind von allem Anfang an Selbstreferentialität unterstellt wird.[21] Die Kommunikationsprozesse, die es gleichsam umspülen, behandeln das Kind nicht nur thematisch, sondern beziehen es (und schon durch den Namen) in ihre Operationen mit ein. Dabei wird das Kind nicht nur angeredet, sondern als Verfertiger wie immer diffuser *utterances* begriffen, als jemand, der etwas über seinen Schmerz, seine Lust, seine internen Absichten bekanntgibt, vorsprachlich zwar, aber doch so, daß angeschlossen werden kann.

Dabei tritt ein instruktives Problem auf: Nach allem, was wir uns denken können, teilt das Kind nicht eine Information über Binnenzustände mit, es weiß nicht, daß es es selbst und die Anderen die Anderen sind, es bezeichnet nichts, es operiert in einem, wenn man so will, unterscheidungs-

Das macht die Bedeutung der Taufe aus, des »Ich habe dich bei deinem Namen gerufen ...«. Im übrigen ist es typisch, daß Tiere, die man mit Namen versehen hat, weniger leicht geschlachtet werden.

**21** | Vorgeburtlich schon: Es klopft im Bauche, und man sagt, da macht sich aber eine mächtig bemerkbar.

und bezeichnungsfreien Raum.[22] Die Kommunikation aber, die sein Verhalten als Mitteilung behandelt, unterstellt Selbstreferenz im Sinne eines ›als ob‹ und läuft dann auf die Schwierigkeit eben dieser Kontrafaktizität auf: Sie kann ihre Funktion *error correction* nicht ohne hohen Aufwand erfüllen.[23] Oder anders: Es treten laufend Verstehensschwierigkeiten auf, die durch die geläufigen Techniken der *confirmation*, der mitlaufenden psychischen und kommunikativen Verstehenskontrolle oder gar durch Metakommunikation nicht behoben werden können. Die mögliche Struktur der Kommunikation ist gekennzeichnet durch *einseitige Bewußtheit in der Umgebung einer nichtbewußten Adresse.*[24] Oder noch anders: Im Blick auf die Adressabilität des Säuglings gerät Kommunikation in eine Dauerkrise. Es ist weder sicher, ob etwas mitgeteilt wurde, noch ob Miteilungen verstanden wurden. Die Anschlüsse verlagern sich gleichsam ins Blaue hinein. Das Interessante ist, daß eben diese Unsicherheit zu einem Prozeß führt, in dessen Verlauf das Kind (wie in einer *self-fulfilling prophecy*) eine Adresse gewinnt und mit ihr auch die Möglichkeit der Etablierung von Selbstbezug. Die Krise, würde das heißen, ist das Instrument ihrer Lösung.[25] Sie führt nämlich zunächst zu einer Differenz der ›Volumina‹ von Kommunikation.

Kommunikative Krisenfälle, heißt das, vermehren die Versuche, Verstehen zu erreichen. Sie lassen, wie man sagen könnte, den Lärmpegel in der Umwelt des sozialen Systems ansteigen. Das Problem der Kontrollierbarkeit von Verstehen, das Problem, sichere Anschlüsse zu verfertigen, zwingt dazu, mehr zu reden. Dies könnte man das Phänomen der *Augmentation* nennen. Da dieses Reden nicht unentwegte Wiederholung desselben sein kann, ist mit der Augmentation *Amplifikation* verknüpft. Die Kommunikation, bezogen auf die unsichere Adresse, schwillt an *und* variiert. Sie bezieht sich auf dasselbe Thema, aber spielt es in immer neuen Anläufen verschieden durch.

**22 |** Ich deute nur im Vorübergehen an, daß insbesondere Freud darin (im Primärprozeß) die Anhaltspunkte dafür fand, das Unbewußte für negations- und affirmationsfrei, für zeitlos und unzerstörbar zu halten.

**23 |** Vgl. Ruesch, J./Bateson, G., Communication. The Social Matrix of Psychiatry, New York 1987. Vgl. für einen Anwendungsfall Baecker, D., The Reality of Motion Pictures, in: MLN 111/3, 1996, S. 560-577.

**24 |** Siehe zu einem instruktiven Parallelfall Fuchs, P., Kommunikation mit Computern? Zur Korrektur einer Fragestellung, in: Sociologia Internationalis 29/1, 1991, S. 1-30.

**25 |** Es versteht sich, daß diese Krise der Kommunikation eine soziologische Formulierung jener anthropologisch gefaßten Krise ist, die unter Titeln wie ›der Mensch als Mängelwesen‹, aber auch unter Titeln wie ›die zweite soziokulturelle Geburt‹ geführt und in der Soziologie reichlich genutzt wurde.

In, wie ich denke, guter systemtheoretischer Tradition kann man den Begriff der Amplifikation aus seinem rhetorischen Herkunftskontext heraus präzisieren. *Amplificatio* gehört als Technik zu den Quantitätsfiguren.[26] Sie wird eingesetzt, um *Evidenz* zu erreichen. Amplifikation ist damit nicht eine Figur der *brevitas*, der Kürze oder der Ökonomie. Es geht, anders als moderne Evidenzbegriffe es nahelegen, in amplifizierender Rede/Schrift nicht darum, eine schlagende Intuition auf möglichst kürzestem Wege zu erreichen, sondern vielmehr darum, daß ein möglichst anschauliches Verstehen zustande kommt. Insofern ist das Verfahren unökonomisch, denn es setzt die Vermehrung (Augmentation) von Differenzen voraus. Statt dessen werden in einem genauen Sinne Redundanzen entfaltet und zwar mit deutlicher Referenz auf Wahrnehmung (*ad oculos ponere*), also auf E-*videnz*. Das Verfahren setzt beim Adressaten Phantasie voraus und unterscheidet sich darin von allen Techniken, die dekorative Funktionen erfüllen oder an den Intellekt appellieren. Kurzum: Amplifikation differenziert Differenzen.[27]

Das System des Anfangs (der Säugling, das kleine Kind) wird kommunikationslogisch mit Redundanz und Varietät zugleich überzogen. Gerade der Umstand, daß das Kind eine Art institutionalisierte Dauerkrise darstellt, zwingt Kommunikation in die Verfahren der Augmentation/Amplifikation ihrer selbst hinein. Da diese sozusagen aufspringende Kommunikation Selbstreferenz beim Adressaten unterstellt und an dieser Unterstellung ihr Volumen gewinnt, kommt es unvermeidbar zu einer deutlichen *Markierung der selbstreferentiellen Komponente von Kommunikation.*[28] Sie pointiert den Mitteilungsaspekt, sie reduziert den Informationsaspekt. Die Kommunikation mit dem kleinen Kind wird in dieser Hinsicht ›vernachdrücklicht‹, also mit stark emphatischen Momenten (mit emotionalen Beiklängen) ausgestattet.[29] Sie stampft sozusagen immer wieder mit dem einen Fuß ihrer

**26** | Vgl. etwa Plett, H.F., einführung in die rhetorische textanalyse, Hamburg 1985⁶, S. 44ff.

**27** | Das sich Differenzierende der Differenz läßt sich als *Zwiefalt* begreifen läßt, als Wechselspiel des Sich-Faltens und Sich-Entfaltens in der Simultaneität einer Differenz. Vgl. Deleuze, G., Die Falte. Leibniz und der Barock, Frankfurt a.M. 1995, S. 53f., mit instruktiven Verweisen auf Heidegger und Mallarmé.

**28** | In einem gewissen Sinne handelt es sich um das romantische Displacement. Das paßt insofern, als die Ausdifferenzierung der modernen Sozialadresse ›Kind‹ die Selbstreferenz des Kindes verschärft. Das ist im Mittelalter sehr viel anders gewesen. Vgl. zum Displacement selbst Fuchs, Moderne Kommunikation, a.a.O.

**29** | Die Eiteitei-Sprache, die automatische Verkindlichung der Kommunikation mit Kindern (aber zum Beispiel auch mit Ausländern, die unsere Sprache nicht beherrschen, oder mit alten Leuten, mit Behinderten), hat hier ihren tiefen Sinn. Möglicherweise, das will ich aber nicht ausloten, findet man hier auch eine Erklärung

Selbstreferenz auf und skandiert damit einen Takt, der (wie immer dann im einzelnen) die Unterstellung der Selbstreferenz im System des Anfangs ersetzt durch faktische Selbstreferenz, also durch ein allmählich sich ausprägendes Selbstverhältnis des unentwegt adressierten System des Anfangs. Dieses Ausprägen ist aber Exklusion, insofern auf dieser elementaren Ebene separiert wird, was als Adresse in Frage kommt, und zugleich elementare Inklusion, weil *uno actu* die Teilnahmemöglichkeit an Kommunikation entsteht: die Adresse.

Diese erste Adresse entsteht gewöhnlich in Arrangements der Intimität, in Familien.[30] Das könnte es rechtfertigen, soziologisches Wissen über die Formen der Intimität, über die Spezifik früher Inklusions/Exklusions-Prozesse heranzuziehen, aber auch Wissen über konforme und deviante Adressenbildung. Ferner ließe sich zeigen, wie die erste Adresse allmählich aus dem Kontext der Totalinklusion in der Familie herausgezogen und in immer neue Kontexte inkludiert wird, wobei es entsprechend zu immer neuen Exklusionsprozessen kommt. Dabei könnte sich beobachten lassen, wie das Problem, Adresse sein zu müssen, in der psychischen Umwelt der Adressenbildung zum Problem der ›Anerkennung‹ führt, dazu also, daß die Individuen ihr ganzes Leben damit beschäftigt sind, adressabel zu sein, und zu vermeiden, Adressabilität zu verlieren. Selbst die Behauptung, Anerkennung sei einem unwichtig, steht noch im Dienste des Versuchs, die eigene Adresse als eine überlegene zu spezifizieren. Der Verlust von Adressabilität in einer Mehrheit sozial relevanter Sozialkontexte beschwört die Gefahr einer Totalexklusion herauf, und es zeigt sich mittlerweile, daß große So-

für die Infantilisierung der Sprache im schwierigen Verstehenskontext hoch intimer Arrangements, also *in rebus amoris*. Im übrigen sind all diese Überlegungen empiriefähig ausgearbeitet. Daß eine de-amplifikatorische Kommunikation (also die Weigerung oder die Unfähigkeit, auf die Krise zu reagieren) fatale Folgen hat, liegt auf der Hand und plausibilisiert unsere Ausgangsüberlegung, daß die Erzeugung einer Adresse lebensnotwendig, weil kommunikationsnotwendig ist.

**30 |** Genau besehen, wird dem Entstehen der Adresse Bewußtheit nachgetragen. Insofern ist es berechtigt, daß in diesen frühen Prozessen Strukturen entstehen, die das System determinieren, ohne daß es sie irgendwann bezeichnen könnte, weil es sie nie hat bezeichnen können. Eben dies hat Freud mit aller Deutlichkeit gesehen. Die Kognition kommt zu spät, der Anfang liegt jenseits einer Zeitmauer. Die Rede von Individualität (wenn man nicht nur die Semantik im Auge hat) bezieht sich auf das Überkreuzen von Singularitätsreihen in dieser frühen Phase, in der soziale Unterscheidungen zur Selbstbezeichnung noch nicht zur Verfügung stehen. Im übrigen ist es nicht ohne Reiz, zu sehen, daß das Theoriestück der zwischenmenschlichen Interpenetration genau das ist, welches die Körper der zu konstruierenden Personen miteinbezieht, und das sind die Arrangements der Intimität.

zialsysteme angetreten sind, Adressabilität zu restituieren.[31] Dies alles führt in unabsehbare Horizonte der Reorganisation bekannter Forschungsbestände bzw. der Etablierung neuer Heuristiken.

Wir wollen aber in eher experimenteller Haltung fragen, ob das universale Problem der Adressabilität durch eine Theorie der Differenzierung der Gesellschaft berührt wird, oder, anders gefragt, ob die durch die jeweilige Differenzierungstypik ausgelöste Struktur der Adressenbildung tiefgreifende (möglicherweise heute neuartige) Rückschlageffekte auf die davon betroffenen psychischen Systeme hat.

## V

Für segmentäre (archaische) Gesellschaftsformationen kann behauptet werden, daß sie einen sehr problematischen, gedächtnisaufwendigen Modus der Adressenbildung pflegten. Sie waren in der Lage, invisible Selbstreferenz bei allen Weltvorkommnissen zu unterstellen (also auch bei Tieren, Bäumen, Sternen, Göttern), aber auch dazu, invisible Selbstreferenz bei Menschen auszuschließen (beispielsweise bei Fremden) und sie damit zu Objekten, nicht zu Adressaten von Kommunikation zu machen.[32] Das wird sich in den imperialen Großreichen fortgesetzt haben bei, wie man vielleicht sagen könnte, allmählichem Ausdünnen der Möglichkeit, beliebigen Weltvorkommnissen invisible Selbstreferenz ansinnen zu können. Die Adressenbildung wurde in gewissem Sinne ›ordentlicher‹ und mehr und mehr (mit dem Einführen von Schrift dann entschieden) unabhängig von individuellem Gedächtnis und oral tradierten Strategien im Blick darauf, was als Adresse für Kommunikation gelten kann und was nicht. Mit der Achsenzeit setzen dann weltweit Prozesse ein, die die Adressabilität an Subjekte binden, dann wie etwa im Falle des Christentums die Adresse perpetuieren über die Lebensspanne hinaus: Der psychische Gegenhalt der Adresse ist unsterblich und insofern kommt alles darauf an, hienieden auf eine Weise zu leben, die es ermöglicht im Jenseits eine Adresse zu sein, möglichst nicht für Luzifer, sondern für Gott.[33] Im Buddhismus, um ein ande-

**31 |** Vgl. Fuchs/Schneider, Das Hauptmann-von-Köpenick-Syndrom, a.a.O. Im Blick auf diesen Aufsatz wäre das, was hier skizziert wird, hinzuzudenken.

**32 |** Vgl. dazu die Überlegungen in Fuchs, P., Die archaische Second-Order Society. Paralipomena zur Konstruktion der Grenze der Gesellschaft, in: Soziale Systeme 2/1, 1996, S. 113-130.

**33 |** In der Moderne redet man ungern über die Hölle. Man stellt sich (wenn man nicht einen moralisch indifferenten Gott vor Augen hat) die Strafe eher als eine in der Transzendenz wirksame Entfernung von Gott vor. Aber das ist die Strafe der

res Beispiel zu nennen, wird im großen Zirkel der Wiedergeburt dieselbe Adresse mit dem Potential des Totalvergessens vorheriger Seinszustände ausgestattet. Sie ist dieselbe und nicht dieselbe. Aber auch hier wird das Erreichen der Leidenslosigkeit an Lebensführungszuschnitte gebunden, also an bestimmt geartete Strategien immanenter Adressenbildung.

Mit Unschärfen im Detail wird man sagen können, daß die Besonderheit der stratifizierten Differenzierungsform der Gesellschaft darin liegt, daß die Adresse des Individuums in der Schicht, in die es eingeboren war, gebildet, also in diesem Sinne lokal konstruiert wird.[34] Wir könnten von einer im Blick auf Anschlußmöglichkeiten jenseits der Schichtgrenze scharf limitierten Adresse sprechen, die zugleich mögliche schichtinterne Kommunikation unter ebenfalls scharf restriktive Bedingungen setzt. Die Schichtadresse determiniert weitgehend, welche Glück- und Leidchancen dem adressierten Individuum zugänglich sind, welche definitiv nicht. Diese ›dichte‹ Adresse (so sehr wir sie retrospektiv als restriktiv kennzeichnen) hat einen hohen Orientierungswert, der es bei nahezu allen Lebenszufällen gestattet, sich angemessen zu verhalten und Unangemessenheit zu diskriminieren.[35] Unangemessenes Verhalten steht unter der Drohung der Exklusion, die, bezogen auf die Schicht, Totalexklusion sein kann, bezogen auf die Gesellschaft in der Beseitigung des Leibes gipfelt, in der Auslöschung der immanenten (nicht der transzendenten) Adresse.[36]

Es ist diese ›dichte‹ Adresse, die sich mit der Umstellung der Gesell-

Exklusion. Im Mittelalter dagegen hatte man wenigstens noch die Hölle, man war immerhin noch Adresse für jenseitige Mächte, und man hatte die Möglichkeit der Restituierung von transzendenter Adressabilität eingebaut: das Fegefeuer zum Beispiel, aber auch die Wirksamkeit der Gebete von Lebenden für Gestorbene.

**34** | Erhebliche Unschärfen ergeben sich, wenn man Prozesse weitgehender Exklusion im Mittelalter schärfer beleuchtet. Hier fehlen innerhalb der Soziologie Präzisierungsarbeiten, die mehr oder minder explizit mit dem Schema Inklusion/Exklusion arbeiten. Vgl. als Plausibilitätshintergrund für die Annahme der Unschärfe Hergemöller, B.-U. (Hrsg.), Randgruppen der spätmittelalterlichen Gesellschaft. Ein Hand- und Studienbuch, 2. neu bearb. Aufl., Warendorf 1994.

**35** | In den Schichten, in denen Kommunikationsprozesse räumlich weitgreifend stattfanden, also in den Oberschichten, läßt sich in dem Maße, in dem dabei desorientierende Kommunikationen auftreten, also gegen Ende des Mittelalters hin, eine explizite Verschärfung der Verhaltenscodierungen beobachten, zum Beispiel das spanische Hofzeremoniell, dem sich noch (und heute publikumswirksam) Elisabeth von Österreich (Sissy) unterwerfen mußte.

**36** | Exkommunikation ist deshalb die fürchterlichste Strafe, weil sie die Exklusion auf das Jenseits ausdehnt und die dann noch mögliche Adresse dem Satan überläßt.

schaft auf die funktionale Differenzierungstypik massiv verändert, begleitet, wenn man so sagen darf, von semantischen Gewittern, die vom Wetterleuchten zunehmender Registratur der Orientierungslosigkeit bis hin zur Registratur des Subjektverlustes in unserem Jahrhundert reichen und noch immer andauern. Der zentrale Vorgang ist die Ausdifferenzierung autonomer Funktionssysteme (Wissenschaft, Wirtschaft, Politik, Recht, Erziehung, Kunst, Intimsystem etc.), die es nicht mehr zulassen, daß die Inklusion des Individuums im Rahmen einer Schicht abläuft, sondern sie je für sich gesellschaftsweit regulieren. Der Zugang zur Wahrheit, zu knappen Gütern, zur Erzwingung kollektiv bindender Entscheidungen, zur Aufrechterhaltung kontrafaktisch stabilisierter Erwartungen, zu Karrieren, zu spezifischen kunstförmigen Wahrnehmungsprozessen, zu Beziehungen, in denen Idiosynkrasien toleriert werden etc. wird in der Form der Universalität installiert, und das bringt mehr und mehr die Notwendigkeit mit sich, die kommunikative Adresse zu *dislozieren*. Sie hat jenseits des Namens, der sie minimal identifiziert, differente Ausprägungen in den wechselnden Kontexten (Kontexturen) der Funktionssysteme.

Der Anschluß an wissenschaftliche Kommunikation setzt eine Adresse voraus, in der Selbstreferenz extrem reduziert und Fremdreferenz scharf forciert erscheint.[37] Der Anschluß an Wirtschaft begünstigt Adressenbildungen, in denen Zahlungsbereitschaften bzw. Zahlungsmöglichkeiten relevant sind und koppelt darin ab von der Wissenschaftsadresse, in der die Verfügung über Wahrheit nicht an Geld geknüpft werden darf. Die Kopplung an politische Macht erzwingt die Erzeugung einer honorablen Adresse, die dem Innehaben von Ämtern nicht im Wege steht, wohingegen die Adresse im Kunstsystem selten auf Honorigkeit angewiesen ist, sondern eher auf das Vorführen ungebändigter Kreativität, also auf eine Entsprechung zur sozialen Beschreibung des Künstlers. Ein Intimsystem kann nicht angesteuert werden auf der Basis der wirtschaftlichen (für Liebe kann nicht gezahlt werden), der wissenschaftlichen, der rechtlichen, der künstlerischen Adresse. Die Inklusions- bzw. Exklusionsmodi, durch die sich die Adressen konturieren, changieren nicht nur von System zu System, sie sind in wesentlichen Hinsichten gänzlich andere und nicht selten: inkompatibel.

Im Blick auf die Gesellschaftsstruktur, die sich durch funktionale Differenzierung einstellt, hat man von Polykontexturalität gesprochen.[38] Dadurch wird insbesondere der Umstand bezeichnet, daß diese Gesellschaft keinen Modus der Einheitsbildung kennt, weder in der Form einer über-

**37** | Also ein aufklärerisches Displacement. Vgl. Fuchs, Moderne Kommunikation, a.a.O.

**38** | Vgl. ausführlich dazu Fuchs, P., Die Erreichbarkeit der Gesellschaft. Zur Konstruktion und Imagination gesellschaftlicher Einheit, Frankfurt a.M. 1992.

zeugenden *repraesentatio identitatis* noch in der Form einer sich selbstläufig einstellenden Hierarchie, in der ein System alle anderen Funktionssysteme dominiert. Die Einheit der Gesellschaft wäre demzufolge nur noch ihr Reproduktionsmodus selbst, die Autopoiesis der Kommunikation. Ausgeschlossen wäre eine alle Systeme instruierende Selbstbeschreibung der Gesellschaft.[39]

Es liegt nahe, die in dieser Gesellschaftsformation möglichen Adressen nicht mehr als ›dichte‹, gleichsam punktförmige Konstruktionen der Kommunikation aufzufassen, nicht einmal mehr als Felder, sondern als *Komplikationen* im genauesten Sinne. Oder geläufiger formuliert: Die moderne Gesellschaft erzeugt sich *polykontexturale Adressen*, deren Fragmentierungen nicht hierarchisch geordnet sind (es gibt kein dominantes Adressensegment), sondern heterarchisch oder, wenn man so will, heterotop. Aber bei diesen Formulierungen drängt sich sofort der Einwand auf, daß es doch genügen könne (etwa in Analogie zur Rollentheorie), sich vorzustellen, daß ein Individuum eine Mehrheit von Adressen verwalte. Dann würde man keine polykontexturalen Komplikationen einführen müssen, sondern man hätte tatsächlich verschiedene Adressen *desselben* Individuums.[40] Der Unterschied zur ›dichten‹ Adresse läge in höheren Gedächtnislasten für Individuen, kombiniert mit der Schwierigkeit, relative Konsistenz zwischen der Vielzahl der Adressen herzustellen. Moderne Adressenbildung in der Kommunikation wäre quantitativ anders gelagert als die in anderen Gesellschaftsformationen, qualitativ aber zumindest sehr ähnlich geartet. Der Einheitspunkt der vielen Adressen, wie inkompatibel sie auch sein mögen, fände sich im Individuum, das dann wieder ›Subjekt‹ genannt zu werden verdiente. Und um das festzustellen, müßte man eigentlich nicht soviel Papier verschwenden.

Wir bleiben aber bei der polykontexturalen Komplikation moderner Adressenbildung. Das gelingt gegenüber dem eben diskutierten Einwand, wenn man noch einmal scharf darauf insistiert, daß die Kommunikation, weil sie Mitteilungen benötigt und deshalb Mitteilende identifizieren muß, die über Adressen disponierende Instanz ist. Und sie kann das nur in dem Maße, in dem es gelingt, selbstreferente Einheiten in der Welt zu unterstellen, Einheiten also mit Selbstbezug, die ein Innen/Außenverhältnis intern unterhalten und eben deswegen als Produzenten von Äußerungen aufgefaßt werden können, an denen sich Information (Fremdreferenz) und Mit-

**39** | Das unterscheidet bekanntlich die Ebene der Organisation von der Ebene der Gesellschaft. In Organisationen ist eine Pluralität der Selbstbeschreibungen dysfunktional. Die modernen Parteien wissen, wovon ich hier rede.

**40** | Man könnte dann ohne weiteres parallel zu Rollenkonflikten inter- bzw. intra-Adressenkonflikte einführen.

teilung (Selbstreferenz) so unterscheiden lassen, das Anschlüsse (Verstehen) erfolgen können, die sich als aus dieser Differenz errechnet beobachten lassen: durch weitere Anschlüsse.

Über lange historische Zeiträume hin war diese Selbstreferenz als weitgehend komplett behandelt worden. Weitgehend komplett, das soll bedeuten, daß es *preadaptive advances* gegeben hat, die schon eingeschränkte Selbstreferenz einkalkulierten, etwa den *morbus sacer* der Antike, deren Idee der *moira*, die Besessenheiten des Mittelalters, das Konzept der Seele, der *scintilla animae*, die Schwierigkeit, mit Geisteskranken umzugehen etc.[41] Das sind nur punktuelle Hinweise, aber bezeichnend ist, daß die Abweichung von der Idee kompletter Selbstreferenz das Aussortieren von Adressen zur Folge hatte (Hexenwahn, Narrenschiffe) oder Restitutionsversuche (Exorzismen), daß aber das eigentlich historische Problem dann auftritt, wenn *inkomplette Selbstreferenz* als anthropologische Konstante entdeckt wird. Besonders deutlich wird das an der Beichtpraxis, in der das Ausloten der Binnentiefen gerade nicht in die Selbsttransparenz des Subjektes, sondern in die Selbstbezweiflung seiner Einsichten und in die Unabschließbarkeit der Binnenanalyse führt.[42] Man kann dann die Epoche der Empfindsamkeit, die seltsamen, aber europaweit registrierten Effekten von Goethes Werther, das Scheitern der Aufklärung, die geradezu diagnostische Formenwelt der Romantik heranziehen, an die das 19. Jahrhundert mit Mesmerismus, mit Erstaunen über posthypnotische Wirkungen und Hysterie, mit Charcot und schließlich mit Freud anschließt. Die Folge ist der Psychoboom der Gesellschaft, eine hohe, bis in Alltagsprozesse plausibel gewordene Irritabilität für unterbrochene Selbstreferenz.[43] Es scheint gerade nicht so zu sein, daß das Individuum als Gouverneur seiner Adressen auftritt, sondern mehr und mehr als in dieser Hinsicht verwaltungsunfähig konzipiert ist. Die darauf bezogene Anthropologie wird phantasmatisch

**41** | Obligatorisch für Beobachtungen, die die Zeit einrechnen, in der die Umstellung des Gesellschaftssystems stattfindet, Foucault, M., Folie et Déraison. Histoire de la folie à l'âge classique, Paris 1961.

**42** | Vgl. Hahn, A., Beichte und Biographie, in: Sonntag, M. (Hrsg.), Von der Machbarkeit des Psychischen. Texte zur historischen Psychologie II, Pfaffenweiler 1990, S. 55-76; ders., Beichte und Therapie als Formen der Sinngebung (zus. mit Willems, H./Winter, R.), in: Jütte, G. et al. (Hrsg.), Die Seele. Ihre Geschichte im Abendland, Weinheim 1991, S. 493-512.

**43** | Vgl. den Aufsatz über Psychoanalyse in Luhmann/Fuchs, Reden und Schweigen, a.a.O.; zur Romantik als Schaltstation vgl. Fuchs, P., Die Form der Romantik, in: Behler, E. et al. (Hrsg.), Athenäum. Jahrbuch für Romantik, Jg. 3, Paderborn et al. 1993, S. 199-222; zum nebulosen Displacement, das sich dabei herausbildet, siehe ders., Moderne Kommunikation, a.a.O.

(Freud) oder orthopädisch (Lacan), aber in keinem beachtenswerten Fall auch unseres Jahrhunderts geht sie von kompletter Selbstreferenz aus.[44]

Strukturell führt offenbar die Pluralität der Adressen, die durch die funktionale Differenzierung entsteht, dazu, daß Kommunikation typisch daran gehindert wird, auf nicht unterbrochene Selbstreferenz durchzurechnen. Sie stößt in der fundamentalen Diversifikation ihrer selbst (sie findet sich immer verschieden codiert vor) auf die Notwendigkeit, Partialadressen konstruieren zu müssen mit entschieden schwacher Selbstreferenz.[45] Und gerade dort, wo die Adresse unter dem Gesichtspunkt der Totalinklusion ausgearbeitet wird, im Sozialsystem Familie, tritt das fatale Phänomen enthemmter Kommunikation mit den aus ihr resultierenden aufwendigen Verschweigenotwendigkeiten auf.[46] Die Prozesse der Adressenbildung unterliegen offensichtlich der polykontexturalen Komplikation, und das heißt nichts weiter, als daß die Adressenpluralität, bezogen auf einen selbstreferentiellen Prozessor, nicht mehr in der EINS verrechnet werden kann.[47] Das verwundert auch nicht weiter, wenn man dabei bleibt, Kommunikation als die Instanz der Adressenbildung aufzufassen. Sie ist ja die einer polykontexturalen Gesellschaft, in der Inklusions/Exklusions-Prozesse nicht auf einmal monokontextural ablaufen können, es sei denn um den Preis einer großen Illusion. Vielleicht wird man sagen können, daß es diese Konsequenzen der Systemtheorie sind, die das Theorieunternehmen von Habermas gründlich sabotieren.

**44** | Statt dessen entstanden Mythologien, die die Tragik- oder Schicksalsfähigkeit des Menschen an seine Selbstunzugänglichkeit binden. Auch dafür wäre Freud das prominente Beispiel.

**45** | Man könnte deshalb sagen, moderne Kommunikation erzeugt hochexklusive Adressen im Gefolge der Notwendigkeit, Totalinklusion in die Gesellschaft zu erreichen.

**46** | Siehe Luhmann, N., Sozialsystem Familie, und ders., Glück und Unglück der Kommunikationen in Familien: Zur Genese von Pathologien, beide in: ders., Soziologische Aufklärung, Bd. 5, Konstruktivistische Perspektiven, Opladen 1990, S. 169-217 und 218-227.

**47** | Womit dann auch, wie ich sagen würde, das Problem der sozialen Ordnung sich aufs Neue stellt. Die Adressen werden in einem gewissen Sinne unsolide. Jedenfalls greifen sie nicht mehr ohne weiteres durch auf Zurechnungspunkte für Verantwortung. Darauf komme ich zurück.

## VI

Nun ist es nicht sonderlich aufregend, wenn die Adressen, die die Kommunikation zur Fortsetzung ihrer selbst erzeugt, als polykontexurale Adressen gelten dürfen, also von den Sozialsystemen her als nicht mehr in der EINS verrechenbar. Das ist, die System/Umwelt-Differenz vorausgesetzt, ein Problem der Kommunikation, das sie offenbar (sonst wäre auch dieser Text nicht möglich) unentwegt löst, das aber die andere Seite, das Bewußtsein, wenig betrifft. Die Sache wird dramatischer und für die weiteren Überlegungen spekulativer, wenn die System/Umwelt-Differenz wirklich theoretisch genau genommen wird im Sinne des Theorems: Das System *ist* die Differenz. Und das heißt zunächst, daß die polykontexturale Komplikation der sozialen Adresse erhebliche Effekte für das haben muß, als was ein Bewußtsein sich selbst erscheinen kann. Ohne Inklusion/Exklusion (also ohne Adressenbildung) kommt Bewußtsein nicht zustande; psychische Systeme müssen adressabel sein, oder sie verbleiben in der Finsternis der Unterscheidungslosigkeit. Das war der Sinn unseres Exkurses über die Adressenbildung beim Kleinkind.

Ebenso wird die Form des unter bestimmten sozialen Bedingungen möglichen Bewußtseins die Strategien der Adressenbildung des sozialen Systems nicht unberührt lassen. Systemtheoretisch wird dieser Umstand unter den Titeln ›Strukturelle Kopplung‹ bzw. ›Interpenetration‹ geführt. Jener Begriff bezeichnet den Vorgang, daß gekoppelte Systeme aus dem analogen Verhalten des jeweils anderen diskrete Portionen herausdigitalisieren, die innerhalb der eigenen Operationen und mit den eigenen Operationen zu weiterer Informationsverarbeitung eingesetzt werden; dieser Begriff stellt ab auf wechselseitige Komplexitätsgewinne, also darauf, daß Systeme, die operativ geschlossen sind, sich wechselseitig vorkonstituierte Komplexität anbieten, die wiederum (ohne jede Überlappung der Operationen) im Rahmen je eigener Komplexität zum Aufbau von Strukturen benutzt wird.[48] Beide Begriffe sind Formulierungen des Systems als Differenz und schließen idiosynkratische Morphogenesen auf nur je einer Seite der Differenz aus.[49]

**48** | Vgl. zur Idee der Interpenetration im Kontext der funktional-strukturellen Systemtheorie Luhmann, Soziale Systeme, a.a.O., S. 290. Siehe zur Form des Begriffs ›Kopplung‹ Luhmann, N., Ökologische Kommunikation. Kann die moderne Gesellschaft sich auf ökologische Gefährdungen einlassen? Opladen 1986, S. 267. Siehe als auch hier relevante Fallstudie Luhmann, N., Wie ist Bewußtsein an Kommunikation beteiligt?, a.a.O.

**49** | Dieser Punkt ist schwer zu fixieren, aber die Veränderung etwa eines psychischen Systems in der Umwelt eines sozialen Systems (zum Beispiel durch psychi-

Unter solchen Theoriebedingungen wäre es nachgerade absurd, anzunehmen, daß das Bewußtsein die EINS bleibt, wenn die Adressenbildung in seiner sozialen Umwelt die EINS nicht mehr konstruieren kann. Will man diesen Sachverhalt in der Logik der Theorie ausdrücken, so stößt man darauf, daß die Adresse, wie wir gesagt haben, als *re-entry* der Unterscheidung von Kommunikation und Bewußtsein auf der Seite der Kommunikation erscheint, und zwar in der Form der sozialen Bezeichnung des Bewußtseins, mithin der Bezeichnung von Selbstreferenz: als Mitteilungsinstanz. Umgekehrt erscheint die Adresse im Bewußtsein als Wiedereintritt der Unterscheidung von Kommunikation und Bewußtsein in der Form der bewußten Bezeichnung von Kommunikation, und das erstaunlicherweise wiederum in der Markierung der Selbstreferenz von Kommunikation: Das Bewußtsein registriert sich und andere als Instanzen der Mitteilung. Man könnte auch sagen, es sitzt der Selbstsimplifikation von Kommunikation auf. Es unterliegt einer notwendigen Täuschung. Es hat keine andere Wahl, als sich am Modus der Adressenbildung in der Kommunikation zu formieren und alles zu tun, sich adressabel zu halten.

Das läßt sich kurzschließen in der These, Bewußtsein unter Bedingungen funktionaler Differenzierung der Gesellschaft und ihrer polykontexturalen Komplikation der Adressenbildung ist *polykontexturales Bewußtsein.* Es kann sich selbst nicht in der EINS verrechnen, es sei denn, die EINS wird im autopoietischen Reproduktionsmodus selbst gesucht, aber gerade das schließt schon Abschließbarkeit der Selbstbeobachtung aus.[50] Wenn nicht alles täuscht, ist jeder elaborierte Versuch, die Semantik der EINS (der Identität, des Subjektes, des scharfen Zurechnungspunktes für Verantwortung) zu restituieren oder wenigstens noch stabil zu halten, gescheitert.[51]

Demgegenüber stehen aber Prozesse alltäglicher Orientierung, die mit einem (noch gar nicht durchanalysierten) hohen Aufwand die Illusion der

sche Erkrankung) *ist die Änderung auch des sozialen Systems* und vice versa. Da gibt es keine Priorität. Natürlich kann eine hirnorganische Veränderung oder beginnender Alkoholismus eine Weile psychisch verborgen werden, aber sobald sie verhaltensrelevant wird, ändert sich das System, also die Differenz. Siehe als klinische Studie die Arbeit über Autismus in Fuchs, Die Umschrift, a.a.O.

**50** | In der Studie über japanische Kommunikation (1995) habe ich in experimenteller Haltung erprobt, ob man nicht im Blick auf andere Kommunikationsbedingungen zeigen kann, daß Bewußtsein sich an der Kommunikation orientiert, die möglich ist, und entsprechende Strukturen auswirft.

**51** | Das heißt nicht, daß es solche Versuche nicht gäbe, zum Beispiel die Angriffe auf die Systemtheorie, die sich nicht sehr oft durch Binnenkenntnis der Theorie auszeichnen, sondern diese bei genauem Hinsehen systematisch mißverstehen.

EINS des Bewußtseins fixieren, die Einheit der singulären Adresse mit dem, was sie adressiert, behaupten und behaupten müssen – gegen die polykontexturale Komplikation beider, kombiniert mit dem Versuch, auch die polykontexturale Komplikation der Gesellschaft zu unterlaufen: mit Einheitskonzepten, die legale und parallelisierbare Subjekte als Beobachter voraussetzen. Das geschieht mit einer moralischen Vehemenenz, teilweise mit einer Wut, die sich nicht nur damit erklären läßt, daß es darum geht, die alltägliche Orientierung zu schützen oder die alteuropäische Semantik des Subjekts weiter pflegen zu können.

## VII

Dahinter steckt ein feiner Instinkt für die Gefahr, die von einer Theorie ausgeht, die in der Idee polykontexturaler Adressen und polykontexturalen Bewußtseins münden kann. Das Theoriestück der Adressabilität berührt (wie es von grundbegrifflichen Dispositionen her auch zu erwarten ist) die Fundamente von Sozialität. Tiefgreifende Änderungen sozialer Adressenbildung erzwingen die Frage nach der Bedingung der Möglichkeit sozialer Ordnung: Sie müßte neu gestellt werden. Die Frage stößt plötzlich auf ein polymorphes Bewußtsein in der Umwelt sozialer Systeme, das – im Zuge der funktionalen Differenzierung und der durch sie bedingten polykontexturalen Komplikation der Adressenbildung – auf keine Weise mehr parallelisierbar ist.[52] Ausgeschlossen wird nicht nur, daß es legale Beobachter der Gesellschaft gibt, sondern auch, daß eine legale einheitsfähige Selbstbeobachtung psychischer Systeme existiert. Radikal formuliert: Das psychische Rauschen in der Umwelt der modernen Gesellschaft mag strukturiert sein, aber es kann sich nicht mehr zurückschneiden lassen auf ein Subjekt, das rauscht, also auf einen Kern von Adressabilität.

Was in der modernen Weltgesellschaft mehr und mehr ausfällt, ist *ein stabiler psychischer Hintergrund.*[53] Symptom dafür ist die Karriere des Kon-

**52 |** Ich habe bei Gelegenheit vermutet, daß dann ›der Mensch‹ als Konzept der Übertragung von Sinnofferten eingesetzt wird, die die soziale Ordnung stabilisieren sollen. Vgl. Fuchs, P., Der Mensch – das Medium der Gesellschaft?, in: ders./ Göbel, A. (Hrsg.), Der Mensch – Das Medium der Gesellschaft, Frankfurt a.M. 1994, S. 15-39.

**53 |** Indiz dafür mag die Faszination sein, die von Fundamentalismen ausgeht. Man wird beobachten können, daß alle fundamentalistischen Bestrebungen darauf aus sind, Sozialisationsprozesse zu kontrollieren, und das heißt letztlich, psychische Systeme aus ihrer anfänglichen Polymorphie auf die EINS hin zu trimmen. Wer daran Spaß hat, mag in diesem Phänomen die Renaissance des Mittelalters wittern.

zeptes von der unterbrochenen Selbstreferenz des psychischen Systems, also die Karriere des psychologischen (nebulosen) Displacements. Die Interdependenz des Individuums mit der Gesellschaft im Sinne der Kontrollierbarkeit von Selbstreferenz ist nicht mehr gewährleistet. Die Sozialisation, die die Gesellschaftsfähigkeit bewirkt, funktioniert zwar, aber da sie über den Modus der Adressenbildung (über Inklusion/Exklusion) in einer funktional differenzierten Gesellschaft läuft, wirft sie polykontexturales Bewußtsein aus, in dessen Tiefe (Unabschließbarkeit) sich nichts mehr findet, das als Verläßlichkeit, als Bezugspunkt aller psychischen Aktivitäten gedacht werden könnte. Klarer: Die Menschen kennen sich selbst nicht mehr.[54]

Unter diesen Voraussetzungen kann man sich fragen (vor allem, wenn man die weltweit aufbrechenden und offenbar unkontrollierbaren Anzeichen des Verlusts sozialer Ordnung beobachtet und als Grund eben die Nichtsolidität der kommunikativen Adressen und ihrer Korrelate, der Bewußtseine, unterstellt), ob es funktionale Äquivalente gibt (oder besser: Hinweise auf soziale Variationen, die sich möglicherweise stabilisieren könnten), die in der sozialen Evolution Adressenbildung wieder ›vereinheitlichen‹. Antworten darauf können, weil Evolution sich nicht selbst beobachtet, also aus systematischen Gründen nur spekulativ sein.

Es liegt nahe, daß die Referenz auf die unsolide Selbstreferenz der psychischen Systeme angereichert oder gar ersetzt wird durch die Referenz auf Körper.[55] Der Körper (auch als Garant einer Systemgeschichte) tritt als Zurechnungspunkt für Mitteilungen in den Vordergrund. Er wird der kleinste gemeinschaftliche Nenner aller Adressen, wie inkompatibel sie für Psychen auch sein mögen.[56] Die Zurechnung auf Verantwortung findet in der Tiefe des Bewußtseins keine Festigkeit mehr. Insofern hat Kommunikation es mit schwacher Selbstreferenz zu tun. Inklusion/Exklusion (mit ihnen dann etwa die Möglichkeit von Sanktion) wird extrem körperabhängig. Der Körper spaziert sozusagen durch alle Adressierungszumutungen als die EINS. Das Bewußtsein, das als diese EINS nicht mehr adressierbar ist, ver-

**54 |** Das könnte man die Dämonisierung der Sozialdimension von Sinn nennen.

**55 |** Man muß aber nur Diskussionen über ›Klonen‹ bzw. Gehirnverpflanzungen heranziehen, um zu sehen, daß auch hier sich schon extreme Unsicherheiten einstellen.

**56 |** Das erklärt, warum wir es zweifelsfrei mit einem extrem körperbetonten Säkulum zu tun haben und warum es so wichtig geworden ist, Bewußtsein als Körperbewußtsein zu stilisieren, also Körper zu elaborieren als Gegenhalt der kommunikativen Adresse. Die Adressabilität wird an der Physis vorgeführt. Dazu liegen hinreichend soziologische Studien vor.

liert an Bedeutung. Soziale Beschreibungen der Binnenzustände des Bewußtseins wie etwa Charakter, Ehre, Tugendhaftigkeit, Verzicht, Gewissen, Anstand, Treue sind zutiefst korrumpiert und sozial kaum noch fungibel.[57] Sie können (wenn man von den Moralschemata der Massenmedien absieht) eigentlich nur sozialen Exoten unterstellt werden, die man ästhetisch goutiert, aber sie sind längst kontraproduktiv, wenn man auf die Polykontexturalität der Adressen in einer funktional differenzierten Gesellschaft achtet.

Dies alles geschieht aber (und damit wird das Argument erst zur Konstruktion eines Problems) in einer Weltgesellschaft, die zugleich in allen wesentlichen (funktionsbezogenen) Kommunikationen dramatisch auf die Körperreferenz verzichtet oder sie extrem ausdünnt.[58] Auf der Ebene der Interaktion imponieren die Körper als Soliditätsersatz für instabiles Bewußtsein; auf der Ebene der Gesellschaft fallen sie weitgehend aus. Zwar muß Kommunikation nach wie vor Mitteilungsinstanzen identifizieren, aber da sie nur mit instabiler Selbstreferenz des Bewußtseins rechnen kann und auf der Ebene der Gesellschaft kaum auf solide Körper stößt (sondern auf Präsentationen, auf strategische Simulationen, unter denen die wirklichen Körper weggezogen werden können),[59] wird die Frage virulent, welche Art von Adressen gesellschaftliche Kommunikation unter diesen Bedingungen erzeugen könnte?

Diese Frage, ich richte sie an die Kolleg/inn/en, die sich mit dererlei Bizarrerien abgeben, könnte sie eine Antwort haben, die besagt: Kommunikation beginnt, sich selbst ins Kalkül der Adressenbildung einzubeziehen? Das klingt zunächst tautologisch. Denn alle Überlegungen, die bis jetzt angestellt wurden, gingen davon aus, daß die Kommunikation natürlich die Adressen konstruiert und ohne die Technik der Adressenbildung nicht funktionieren würde. Aber dabei war vorausgesetzt, daß sie dafür erforderliche externe Selbstreferenz überwiegend an bewußten Systemen identifiziert, obwohl sie das (wie an archaischen Systemen leicht gezeigt werden kann) nicht immer muß. Was wäre, wenn diese Identifikation, die formal

**57** | Es handelt sich dabei um Vorstellungen durchgehaltener Identität, also um zeitlich konstruierte Systemeinheit. Vgl. dazu Fuchs, P., Und wer berät die Gesellschaft? Gesellschaftstheorie und Beratungsphänomen in soziologischer Sicht, in: Fuchs, P./Pankoke, E., Beratungsgesellschaft (hrsg. v. Krems, G.), Veröffentlichungen der Katholischen Akademie Schwerte 42, Schwerte 1994, S. 67-77.

**58** | Eine Ausnahme könnte das System der Intimität sein, aber gerade für dieses System gilt, daß der Körperbezug als Sexualität symbiotisch gefaßt ist, also vorbehalten dem Einsatz in kommunikativen Krisenfällen.

**59** | Zeitlich zum Beispiel, wenn die Mitteilungsinstanz aus Spanien eine Botschaft absendet, aber sich zum Zeitpunkt ihres Empfangs in New York in Casablanca aufhält, unerreichbar für Rückfragen.

als *re-entry* der Unterscheidung von Kommunikation und Bewußtsein auf der Seite der Kommunikation (unter Markierung von Bewußtsein in dieser Unterscheidung) beschrieben wird, wenn in dieser wiedereingetretenen Unterscheidung eine Asymmetrie auftritt, die die Relevanz von Bewußtsein reduziert? Das würde bedeuten, daß es auf der Ebene der modernen Gesellschaft immer weniger auf Bewußtsein ankommt, daß gleichsam nur noch die flüchtige Unterstellung, es gibt ein bewußtes Rauschen, mitgeführt wird, aber dieses Rauschen als nicht mehr strukturiert, als nicht mehr singulär oder individuell konzipiert ist, sondern weitgehend nur noch als Lärm. Interaktion würde immer körperabhängiger, weil sie es mit inkompletter Selbstreferenz polykontexturalen Bewußtseins zu tun bekäme; die Gesellschaft würde immer stärker von Körper und Bewußtsein abkoppeln. Gesellschaftliche Kommunikationsprozesse gerieten, wenn man so sagen darf, in einen Zustand der *Hyperautonomie*. Psychische Systeme, die in nie gekannter Massenhaftigkeit auftreten, wären demgegenüber marginalisiert.

Wenn dies alles so wäre, müßte sich der Soziologie (vielleicht auch nur der soziologischen Systemtheorie) das Problem sozialer Ordnung auf eine neuartige und brisante Weise stellen. Für gründliche Analysen könnte der Grundbegriff der Adressabilität und des operativen Schemas Inklusion/Exklusion von ausschlaggebender Bedeutung sein.

## Das Exerzitium funktionaler Differenzierung – Vorbereitende Überlegungen zu einem gewaltigen Forschungsprogramm

Die Weltgesellschaft ist für psychische Beobachter nicht im besten Zustand. Nicht überall, wo sie sich anschickt, ihre primäre Differenzierungsform (funktionale Differenzierung) durchzusetzen, entstehen Paradiese. Es gibt, wenn man von den konsolidierten Kernbereichen dieser funktionalen Differenzierung aus beobachtet, weite Regionen, die in arge politische, wirtschaftliche, soziale Turbulenzen geraten, wenn sie in den offenbar unvermeidbaren Kontakt mit den Strukturen und Prozessen funktionaler Differenzierung geraten. Diese Bereiche wirken auf den konsolidierten Beobachter wie eine von seismischen Stößen geschüttelte, aufgerissene und bebende Landschaft, von der sogar mannigfache Gefahren ausgehen für die Kernbereiche dieser Differenzierung. Wie immer apokalyptisch und angstsüchtig solche Bilder ausgemalt werden, sie haben eines gemeinsam: Ihnen fehlt die theoretische Führung, Vorstellungen mithin darüber, was eigentlich vorausgesetzt ist, damit funktionale Differenzierung funktionieren kann.

Ich möchte mit den folgenden Überlegungen eine solche Vorstellung entwickeln, die dezidiert theoretisch und dezidiert gesellschaftstheoretisch arbeitet. Es sind abstrakte und spekulative Überlegungen mit weiter und im Blick auf Herkömmliches inkongruenter Perspektive, in der Einzelheiten, gar die einzelnen Nationen verschwinden.[1] Mitunter kann es aber nützlich sein, die Details verschwinden zu lassen, um überhaupt irgend etwas

**1** | Theorien sind Fernsichten. Ihre Leistungsfähigkeit liegt gerade im Ausblenden des Details.

zu sehen. Danach, aber erst danach wird es möglich sein, mit dem gesteigerten Unterscheidungsvermögen auch das Auflösungsvermögen zu steigern.[2] Und im Zusammenhang damit kann man dann ein Forschungsprogramm fordern, daß die Details wieder in die ihnen eigene Würde einsetzt.

## I

Wir gehen von zwei eng zusammenhängenden Ideen aus, nämlich, daß die moderne Gesellschaft funktional differenziert und daß sie Weltgesellschaft sei.[3] Weltgesellschaft ist sie, insofern es kaum noch Kommunikationen gibt, die nicht durchlaufen, unterfüttert, beeinflußt werden von weltweit anfallenden sozialen Kausalitäten. Es dürfte schwer sein, absolut lokale Kommunikationsprozesse zu entdecken, die nicht in Differenz zur Globalität aller wichtigen gesellschaftlichen Prozesse stehen und so, in der Differenz, ihr Kolorit gewinnen. Und funktional differenziert ist diese Gesellschaft, insofern sie alle wichtigen Funktionen (Regulierung von Knappheit, Ermöglichung kollektiv bindender Entscheidungen, Stabilität des Erwartens, Produktion wahrheitsfähiger Aussagen etc.) auf autonome Funktionssysteme verlagert, die sich um einen Code (Haben/Nichthaben bzw. Zahlung/Nichtzahlung, Innehaben/Nichtinnehaben von Ämtern, Recht/Unrecht, wahr/unwahr etc.) selbstreferentiell kurzgeschlossen haben: Sie registrieren und bearbeiten nur noch das, was sich unter diese Codes einordnen läßt, und was nicht, das nicht. Solche Funktionssysteme sind Wirtschaft, Politik, Recht, Wissenschaft, aber auch Kunst, Erziehung, Religion.[4]

**2 |** Siehe zu der Unterscheidung von Unterscheidungs- und Auflösungsvermögen Junge, K., Zur räumlichen Einbettung sozialer Strukturen. Einleitende Überlegungen zu einer Topologie sozialer Systeme, Diss. Gießen 1993, Kap. II.

**3 |** Siehe dazu den Diskussionszusammenhang erörternd und klärend, Stichweh, R., Zur Theorie der Weltgesellschaft, in: Soziale Systeme 1/1, 1995, S. 29-45. Daß damit die Einheit der Gesellschaft selbst fraglich wird, läßt sich am Phänomen des Patriotismus abgreifen. Vgl. Fuchs, P., Vaterland, Patriotismus und Moral. Zur Semantik gesellschaftlicher Einheit, in: Zeitschrift für Soziologie 20/2, 1991, S. 89-103. Siehe zum Theoriehintergrund Luhmann, N., Soziale Systeme, a.a.O. Vgl. ferner Fuchs, P., Die Erreichbarkeit der Gesellschaft, a.a.O. Eine ›lockere‹ Einführung in die moderne Systemtheorie bietet Fuchs, P., Niklas Luhmann – beobachtet. Eine Einführung in die Theorie, Opladen 1994[2]; ferner ders., Das seltsame Problem der Weltgesellschaft. Eine Neubrandenburger Vorlesung, Opladen 1997.

**4 |** Siehe als Beispiele für einschlägige Analysen Luhmann, N., Macht, Stuttgart 1975; ders., Funktion der Religion, Frankfurt a.M. 1977; ders./Schorr, E., Refle-

Alle diese Systeme können sich längst nicht mehr abkoppeln von Prozessen, die in der Welt überall geschehen.[5] Niemand wird eine Tasse Kaffee trinken können, ohne daß in deren Hintergrund weltweit wirtschaftliche, wissenschaftliche und politische Kommunikationsprozesse gelaufen sind. Und kaum ein Ereignis wird geschehen, das nicht prinzipiell in der ganzen Welt via Massenmedien beobachtet werden könnte, und das mittlerweile so, daß die Effekte solcher Beobachtungen antizipiert und in die eigenen Operationen miteingerechnet werden.[6]

Beide Grundannahmen (Weltgesellschaft und funktionale Differenzierung) lassen sich für unser Thema bündeln: Die Operationen (spezifische Kommunikationen) der Funktionssysteme durchfluten die Weltgesellschaft so, daß der Versuch lokaler Freistellung (sei er emanzipativ, sei er national, sei er ideologisch bedingt) unter Druck gerät. Es ist offenbar immer weniger möglich, die Wirtschaft einer Region ohne Referenz auf die Entwicklung der internationalen Finanzmärkte erfolgreich auszugestalten, immer weniger möglich, Wissenschaft ohne Referenz auf das Weltsystem Wissenschaft zu betreiben, immer weniger möglich, Kunst zu schaffen oder zu rezipieren, ohne weltweit Stilentwicklungen im Auge zu haben, gegen die die eigenen Bemühungen kontrastieren.[7]

Aber selbst die Nationen der Weltgesellschaft haben seit Beginn des 19. Jahrhunderts erhebliche Probleme, sich selbst zu stabilisieren und attraktive Selbstbeschreibungen anzufertigen, *weil sie keine klaren Kommunikations-*

xionsprobleme im Erziehungssystem, Stuttgart 1979; ders., Die Wirtschaft der Gesellschaft, Frankfurt a.M. 1988; ders., Liebe als Passion. Zur Codierung von Intimität, Frankfurt a.M. 1982; ders., Die Wissenschaft der Gesellschaft, Frankfurt a.M. 1990. Siehe ferner Mayntz, R., Funktionelle Teilsysteme in der Theorie sozialer Differenzierung, in: dies. et al., Differenzierung und Verselbstständigung. Zur Entwicklung gesellschaftlicher Teilsysteme, New York, Frankfurt a.M. 1988, S. 11-44.

**5 |** Vgl. die theorieessayistische Nachbemerkung in Fuchs, P., Westöstlicher Divan. Zweischneidige Beobachtungen, Frankfurt a.M. 1995.

**6 |** Siehe dazu, daß diese massenmediale Beobachtung dann aufgeheizt wird, wenn es zu spill-over-Effekten von Ereignissen in Funktionssystemen zu kommen scheint, Fuchs, P., Die Reichstagsverhüllung: Ein Spill-over-Ereignis?, in: Klein, A. et al. (Hrsg.), Kunst, Symbolik und Politik. Die Reichstagsverhüllung als Denkanstoß, Opladen 1995, S. 113-122.

**7 |** Das schließt nicht aus, blind zu operieren und im eigenen Sud zu arbeiten, aber sobald die Präsentation der Objekte stattfindet, wird sich niemand mehr gegen weltgesellschaftliche Beobachtung schützen können (oder gar wollen). Die Kritiker und Kenner sind, was sie sind, weil sie sich nicht gegen das, was in der Welt geschieht, isolieren und deshalb diachrone und synchrone Vergleichsmöglichkeiten haben.

*grenzen mehr haben, keine klare Unterscheidung zwischen inneren und äußeren Kausalitäten, zwischen Relevanzen, die intern, und solchen, die extern zu verbuchen sind.*[8] Sie sind zu Stilisierungsleistungen gezwungen (ob kulturell, sportlich, historisch, ob über Hymnen und nationale Gedenkstätten), die zuvor nicht in dieser Weise und nicht zu diesem Zweck notwendig waren. Nationen sind nicht mehr die primären Differenzierungsmomente der Weltgesellschaft. Sie stehen, wenn man so will, quer zur funktionalen Differenzierung.

Der Umstand aber, daß funktionale Differenzierung Weltgesellschaft inszeniert, ist nicht deckungsgleich damit, daß diese Inszenierung störungsfrei oder erfolgreich abläuft. Mitunter ist die Störung erwartbar. Die Klärung der Frage, warum das so ist, bedarf einiger theoretischer Vorbereitungen.

Unter den verschiedenen Möglichkeiten, diese Vorbereitung durchzuführen, greife ich zunächst die Unterscheidung von Inklusion/Exklusion heraus.[9]

## II

Zuerst ist Abschied zu nehmen von der Vorstellung, die Gesellschaft sei ein System, das sich aus Menschen, Individuen, Subjekten zusammensetze. Diese Idee drängte sich über Jahrtausende hin auf (und wird von vielen immer noch durchgehalten), weil sie sich selbst plausibilisiert: Wenn wir uns auf Gesellschaft konzentrieren, sehen wir sie durch einen Mantel von Fleisch und Geräuschen – nicht. Wir sehen nicht die Syntheseakte, in denen sich das genuin Soziale realisiert. Einverständnis herrscht im Fach der Soziologie nur darüber, daß es ein genuin Soziales, eine soziale Realität *sui generis* gebe, die die Einheit der Disziplin garantiere. Was aber diese Einheit sei, ist strittig zwischen letztlich zwei Paradigmen.

Das eine Paradigma bindet soziale Realität (ausgehend von Max Weber) an Handeln und Handlung. Erfreulich klar ist dabei, daß auch hier nicht mehr der Mensch (oder Teile des Menschen wie Fußnägel oder Lippen) Sozialität konstituieren; andererseits schimmern die Subjekte durch, die Motive haben (im Sinne Schopenhauers), Zwecke verfolgen, Strategien realisie-

**8 |** Siehe Kiss, G., Nation als Formel für gesellschaftliche Einheitssymbolisierung, in: Gauger, J.-D./Stagl, J. (Hrsg.), Staatsrepräsentation, Berlin 1992, S. 105-129. Vgl. ders./Fuchs, P., Ungarn, die tragische Nation. Zur Theorie nationaler Selbstbeschreibung, in: Sociologia Internationalis 33/2, 1995, S. 185-198.

**9 |** Siehe Stichweh, Inklusion in Funktionssysteme der modernen Gesellschaft, a.a.O.

ren, sich vom Vollzug einer Handlung überzeugen können. Das Individuum ist immer noch präsent im Begriff der Handlung.

Das andere (systemtheoretische) Paradigma löst den Begriff der Handlung auf oder besser: setzt Handlung zweitrangig und als eine soziale Konstruktion an, gestützt auf konsolidierte Ergebnisse der Attributionsforschung, die letztlich besagen, daß Handlungen *post festum* kreiert werden: Erst im Nachhinein (über soziale Anschlüsse) entscheidet sich, was ein Ereignis als Handlung gewesen ist, und selbst dieser Anschluß ist noch revidierbar.[10] In diesem zweiten Paradigma wird deshalb nicht Handlung, sondern Kommunikation als Einheit des Sozialen favorisiert. Kommunikationen verketten sich im autopoietischen Betriebsmodus, Kommunikationen reproduzieren Kommunikationen in einem Netzwerk von Kommunikationen, dessen umfassendstes Gesellschaft genannt wird.[11]

Wenn man so optiert, ist jedenfalls eines unvermeidbar: Menschen können nicht Bestandteile des Netzwerkes selber sein. Sie finden sich in der Umwelt sozialer Systeme, und deshalb wird man unterscheiden müssen,

**10** | Siehe als Grundlagentexte Jones, E.E./Nisbett, R.E., The Actor and the Observer, a.a.O.; Jones, E.E. et al. (Hrsg.), Attribution: Perceiving the Causes of Behavior, a.a.O. Siehe für den theoretischen Ein- und Umbau der aus dieser Forschung resultierenden Gegenevidenzen Luhmann, N., Autopoiesis, Handlung und kommunikative Verständigung, in: Zeitschrift für Soziologie 11, 1982, S. 366-379; ders., Zeit und Handlung – eine vergessene Theorie, Zeitschrift für Soziologie 8, 1979, S. 63-81; ders., Temporalstrukturen des Handlungssystems. Zum Zusammenhang von Handlungs- und Systemtheorie, in: Schluchter, W. (Hrsg.), Verhalten, Handeln und System. Talcott Parsons' Beitrag zur Entwicklung der Sozialwissenschaften, Frankfurt a.M. 1980, S. 32-67.

**11** | Siehe zum biologischen und konstruktivistischen Ausgangskontext Maturana, H.R./Varela, F.J., Autopoiesis and Cognition. The Realization of the Living, in: Boston Studies in the Philosophy of Science, Vol. 42, Boston, Dordrecht 1980; dies., Der Baum der Erkenntnis, Bern, München, Wien 1987; Maturana, H.R., Biologie der Sozialität, in: Schmidt, S.J. (Hrsg.), Der Diskurs des Radikalen Konstruktivismus, Frankfurt a.M. 1988², S. 287-302; Maturana, H.R., Kognition, in: Schmidt, S.J. (Hrsg.), Der Diskurs des Radikalen Konstruktivismus, Frankfurt a.M. 1988², S. 89-118. Vgl. zur Diskussion des Autopoiesiskonzeptes Benseler, F. et al. (Hrsg.), Autopoiesis, Communication and Society. The Theory of Autopoietic System in the Social Sciences, Frankfurt a.M. 1980. Siehe zum Ansatz einer Übernahme in die Psychologie Brocher, T./Sies, C., Psychoanalyse und Neurobiologie. Zum Modell der Autopoiese als Regulationsprinzip, Jahrbuch der Psychoanalyse, Beiheft 10, Stuttgart, Bad Cannstatt 1986. Kritisch wird das Konzept diskutiert von Lipp, W., Autopoiesis biologisch, Autopoiesis soziologisch. Wohin führt Luhmanns Paradigmawechsel?, in: Kölner Zeitschrift für Soziologie und Sozialpsychologie 39, 1987, S. 452-470.

was diese Menschen (Individuen, Subjekte) für sich selbst (und monadisch) sind, und dem, was sie für und in Kommunikationen sind, mithin: *wie* sie kommunikativ erscheinen. In der soziologischen Tradition findet sich an dieser Stelle der Rollenbegriff. Die Weise, wie in der Kommunikation auf die Sterblichkeit der Rollenträger referiert wird, ist die Weise, wie dann Personen konstruiert werden. Personen sind kommunikative Adressen, was auch bedeutet, daß sie immer nur fragmentarisch aufblitzen, als winzige Ausschnitte dessen, was sie jenseits von Kommunikation in der für sie unerreichbaren Totalität sein mögen.

Wenn man sich darauf konzentriert, wie über Personen in der Kommunikation disponiert wird, wie sie ein- und ausgeschlossen werden, dann redet man vom Schema Inklusion/Exklusion.[12] Auf der Ebene der Interaktion etwa werden Personen ein- bzw. ausgeschlossen durch Disposition über Anwesenheit.[13] In Frage kommt jeweils, wer als anwesend behandelt und wer als nicht anwesend irrelevant gesetzt wird – und dies trotz physischer Präsenz.[14] Organisationen entscheiden über Inklusion/Exklusion durch Mitgliedschaft. Eingeschlossen ist, wer Mitglied, ausgeschlossen, wer nicht Mitglied ist, und insofern sind alle Personen (in diesem Sinne) immer aus mehr Kontexten exkludiert als irgendwo inkludiert.

Auf der Ebene der Gesellschaft liegen die Dinge komplizierter. Wenn man an die stratifizierte Gesellschaftsordnung des Mittelalters denkt, sieht man, daß Inklusion/Exklusion über die Zuordnung zu den Strata reguliert wird, in die man eingeboren ist. Kommunikations- und Lebenschancen (oder moderner: Partizipationschancen) sind an Strata gebunden, deren Grenzen kaum überschritten werden können.[15] Das schafft, gewiß, Orientierungssicherheiten: Man kann immer wissen, wer dazu gehört und wer nicht; aber mit diesen Orientierungssicherheiten wird zugleich ein Un-

**12** | Die positive Seite der Unterscheidung (Inklusion) wird typisch unter dem Titel Partizipation sozial anschlußfähig gemacht, oft auch unter der irreführenden Übersetzung ›Teilhabe‹ statt ›Teilnahme‹. Siehe etwa Kneer, G./Nassehi, A., Niklas Luhmanns Theorie sozialer Systeme. Eine Einführung, München 1993, S. 155-165. Partizipationstheorie, die nicht mit dieser Differenz operiert, sondern den fundamentalen Zusammenhang von Psyche/Sozialsystem thematisiert, betreibt Markowitz, J., Verhalten im Systemkontext. Zum Begriff des sozialen Epigramms, diskutiert am Beispiel des Schulunterrichts, Frankfurt a.M. 1986.

**13** | Siehe Luhmann, N., Einfache Sozialsysteme, in: Soziologische Aufklärung, Bd. 2, Opladen 1975, S. 21-38.

**14** | Siehe zu einem instruktiven Sonderfall Fuchs, P., Die archaische Second-Order Society, a.a.O.

**15** | Vgl. dazu Fuchs, P., Weder Herd noch Heimstatt – Weder Fall noch Nichtfall, in diesem Band auf S. 129ff.

gleichheitsmuster etabliert, das Personen in einer Hierarchie ungleiche Lebenschancen zuweist. Die Ungleichheit wird jedoch ertragen auf dem Hintergrund der Vorstellung metaphysischer Gleichheit zwischen Bettelmann, Kaiser und Papst. Die Gleichheit der Menschen wird zeitlich ver- und aufgeschoben.[16]

Mit der Ausprägung der funktionalen Differenzierung der Gesellschaft (durch die in einem sehr genauen Sinne die Moderne gekennzeichnet ist) werden die zentralen Lebensbewältigungsstrategien (Wirtschaft, Religion, Wissenschaft, Recht, Kunst, Erziehung etc.) aus den Strata herausgenommen und an autonome Funktionssysteme der Gesellschaft delegiert. Die Personen können nicht mehr konstruiert werden als Einheiten innerhalb eines Stratums. Was für sie wichtig ist (alle jene Strategien), streut über die Schicht hinaus. Das Individuum (der sozial diffuse Paramount der kommunikativen Adresse, der Person) wird in wesentlichen Hinsichten ›dividuiert‹. Es wird, wie man noch schärfer sagen könnte, ›Dividuum‹ oder (wie die Frühromantiker sagen würden) ein zur Ganzheit nicht aufrundbares Fragment.[17] Der sozial deutliche Ausdruck dafür ist die spätestens mit der französischen Revolution plakativ verkündete Gleichheit aller Personen, die auf Inklusionsgleichheit hinausläuft: Jeder und jede muß an allen Funktionssystemen partizipieren können. Jeder und jede (und in der gleichen Logik: gleich welche Rasse, welche Herkunft, wie behindert oder nicht behindert) muß Recht in Anspruch nehmen können, zahlungsfähig sein, auf wissenschaftliche Erkenntnisse zurückgreifen können, erzogen werden (so daß gleiche Kulturtechniken verfügbar und erwartbar sind), muß Schönheit schätzen können dürfen etc.[18]

Dabei tritt aber eines der zentralen Probleme der Moderne auf. Die Forderung nach (ja die strukturelle Notwendigkeit zur) Inklusionsgleichheit, wie wir sie ja heute noch in den fatalen Leerformeln der *political correctness* vorfinden, prallen auf die sich wie selbstläufig einstellende Ungleichheit im Inklusionsbereich auf. Gerade dort, wo es um Gleichheit der Inklusionschancen geht, differenziert Ungleichheit aus: *als Ungleichheit der Lebensführung der formal den Chancen nach gleichen Personen.* Die Gleichheit der Inklusionschancen wird parasitär (im Sinne Serres) ausgenutzt, die An-

**16 |** Darauf komme ich zurück.

**17 |** Siehe dazu die entsprechenden Kapitel in Fuchs, P., Moderne Kommunikation, a.a.O.; ders., Die Form der Romantik, a.a.O.; ders., Die kleinen Verschiebungen, in diesem Band auf S. 153ff.

**18 |** In furchtloser Weise geißelt Friedrich Nietzsche diesen Prozeß unter dem Titel der ›Heerden‹-Gleichheit in »Jenseits von Gut und Böse«. Wichtig ist mir jedenfalls hier, daß es jeweils um ein Können oder Sollen geht, nicht um einen faktischen Vollzug.

teile an Lebensmöglichkeiten verschieden verteilt: Taxifahrer führen eine andere Existenz als Milliardäre, ein Lehrer hat andere Freizeiten als ein Bauarbeiter, die Bildung der Kindergärtnerin unterscheidet sich fundamental von der einer Professorin, und mit dieser Unterscheidung differieren auch die Zahlungsmöglichkeiten, damit der Sport, dessen Ausübung man sich noch leisten und den man sich nicht mehr leisten kann, die Zeitschriften, die man sich gönnt, ohne das Familienbudget überzubelasten, die Ärzte, die man sich aussucht, die Urlaubsorte, die vertretbar sind, der Wagentyp, den man fährt, die Ämter, die man innehat, das Maß an Engagement, das zeitlich verkraftbar ist.

Im Exklusionsbereich dagegen (im Extremfall: in den Slums, in den Favelas, in den Schlichthäusern) stellt sich auf Grund des Ausschlusses aus Inklusionsbereichen nicht Ungleichheit, sondern Gleichheit ein: die gleiche Reduktion aller wesentlichen Chancen, Immobilisierung im Prinzip, ein Prozeß, der sich gegenwärtig (sozusagen im Rücken der Errungenschaften funktionaler Differenzierung) auszubreiten beginnt.[19] Das Erfordernis der Inklusionsgleichheit wirft, könnte man sagen, zugleich Inklusionsungleichheit und Exklusionsgleichheit aus. Oder anders ausgedrückt: Der Inklusions(meta)code der Moderne ist inkompatibel mit der faktischen Verteilung von Gleichheit/Ungleichheit, die durch die Form der funktionalen Differenzierung ermöglicht wird.

Man hat das nicht in diesen Begriffen wahrgenommen und diskutiert, sie standen nicht zur Verfügung; man hat sich statt dessen leiten lassen durch die starke Selbstplausibilisierungstendenz, die das Forcieren der Gleichheitsidee mit sich führte: Wer Gleichheit will, sieht immer nur Ungleichheit. Gleichheit ist (in der Logik funktionaler Differenzierung) entropisch, sie zerfällt ständig.[20] Deswegen steht zu erwarten, daß dort, wo funktionale Differenzierung zu greifen beginnt, sich etwas daran ändert, *wie über Personen disponiert wird, oder anders gesagt: etwas daran, wie Inklusion/Exklusion (und damit auch: Gleichheit/Ungleichheit) sozial bearbeitet werden.* Darüber kann man gegenwärtig nur in der Form der Spekulation reden, weil die Fragestellung einschlägiger Forschung noch nicht jenen Grad an Raffinesse (an délicatesse) erreicht hat, der es gestatten würde, empirisch gehaltvoll über die Konstruktion von Personen im Zusammenhang mit den Inklusions/Exklusionsschema zu reden.

**19** | Siehe dazu Fuchs/Schneider, Das Hauptmann-von-Köpenick-Syndrom, a.a.O.

**20** | Sie ist ein ebenso entropischer Begriff wie beispielsweise ›Gesundheit‹, dessen phänomenales Korrelat Krankheitslagen sind.

## III

Inklusionsungleichheit ist, könnte man sagen, gewöhnungsbedürftig. Sie startet unter dem Banner der Gleichheit, sie löst die schichtgebundene Ungleichheit der Ständeordnung ab, mit ihr aber auch die Plausibilität jenes temporalen Schemas, das die Ungleichheit hienieden mit der Gleichheit aller Individuen vor Gott rechtfertigte. Die Gleichheit aller Individuen im Blick auf die Nutzungschancen funktionaler Differenzierung (Partizipation an den Errungenschaften aller Funktionssysteme) fällt, wie wir sagten, Inklusionsungleichheit aus, später dann und fatal heute: Exklusionsgleichheit. Auf der Folie der Gleichheit differenziert sich mannigfaltig Ungleichheit aus, die ertragen werden, die plausibel sein muß. Das Nichtertragen führt in die Revolution, deren Ergebnis sich aber gegen die *structural drift* der Weltgesellschaft behaupten muß; das Ertragen dessen, daß der eine einen Jaguar fährt und der andere kaum einen neuen Schlauch für sein Fahrrad kaufen kann, daß der eine gebildet, der andere ungebildet ist, der eine am Plattensee Urlaub macht, der andere in New York, muß an soziale Routinen geknüpft sein, an eine Art Unschädlichkeitsvermutung, die sich auf diese Art der Ungleichheit bezieht. Zwar wird man sagen können, daß die Gegenwartsgesellschaft (vor allem die amerikanisch geprägte) eine hohe Sensibilität für Ungleichheit, eine Ungleichheitsreizbarkeit entwickelt hat; aber diese Sensibilität ändert ja nichts daran, daß der Professor, die Lehrergattin, die sie sich leisten können, sich im Blick auf Lebens- und Partizipationschancen erheblich von der Raumpflegerin, dem Müllmann, dem Taxifahrer unterscheiden. Selbst die Chance zur Emanzipation ist schichtungsbedingt.

Die Differenz zwischen Professor und Raumpflegerin wird, könnte man sagen, in den westlich geprägten Domänen der Weltgesellschaft *natural* genommen. Aber auch dieser Umstand läßt sich erklären, wenn man einen Grundmechanismus der funktional differenzierten Gesellschaft ins Auge faßt, nämlich den, daß fast alle Funktionssysteme *symbolisch generalisierte Kommunikationsmedien* entwickelt haben. Solche Medien sind Transformationshilfen, die die Akzeptanz unwahrscheinlicher Kommunikation in der Kommunikation wahrscheinlicher, erwartbarer machen. Es geht um die Ratifikation von Sinnzumutungen, die von Alter Ego nicht ohne weiteres vollzogen würde, wenn es nicht jene symbolisch generalisierten Kommunikationsmedien gäbe wie (als Prototyp) Geld, wie Macht, wie Wahrheit, wie Recht, wie Glaube, wie Liebe.

Der uns interessierende Gesichtspunkt ist, daß diese Medien einerseits unwahrscheinliche Kommunikation wahrscheinlicher machen (man hat Geld und bekommt deshalb ein Auto, man hat Macht und kann deshalb die Durchsetzung kollektiv bindender Entscheidungen erzwingen, man setzt auf Liebe und darf deshalb erwarten, daß die eigenen individuellen Idiosynkrasien vom anderen ertragen und sogar geschätzt werden etc.). Andererseits liegt es in der Logik dieser Medien, daß sie immer auch sicherstellen müssen, daß die anderen, die nicht unmittelbar involvierten Personen das Funktionieren der Medien auch dann ertragen, wenn dadurch Ungleichheiten entstehen, wenn also ich mir etwas kaufen kann, was du dir nicht leisten kannst, wenn ich durchsetzen kann, was du nicht durchsetzen kannst, wenn ich geliebt werde und du einsam bist, wenn ich über Wahrheitskontrollmöglichkeiten verfüge, die dir nicht zugänglich sind.

Symbolisch generalisierte Kommunikationsmedien müssen (in gewisser Weise im Rücken ihrer Funktion) auch ertragen werden. Sie können nur unter der Bedingung der *Konzessivität* (der Toleranz für gelingende Inklusion) wirksam sein. Sie sind es schließlich, die laufend Ungleichheit induzieren, die für Beobachter feststellbar, aber (solange es um diese Medien geht) unvermeidbar ist. Das Funktionieren der modernen Weltgesellschaft hängt davon ab, daß die medieninduzierte Ungleichheit toleriert wird, und genau deshalb ist Inklusionsgleichheit kontrafaktisch und illusionär, genau hier stoßen sich Gleichheitsansinnen und die Faktizität der Ungleichheit im Inklusionsbereich hart im Raume. Man kann auch sagen, ohne es in diesem Rahmen vertiefen zu können, daß hier eine der schwierigsten strukturellen Paradoxien der Moderne mit erheblichen morphogenetischen Auswirkungen liegt.

Festhalten wollen wir nur, daß mindestens die westlich orientieren Domänen der Weltgesellschaft soziale Routinen und Strategien eingeschliffen haben, die die Toleranz der alltäglichen Ungleichheit ermöglichen, begleitet mitunter von einem emanzipatorischen Pathos, der dies nicht wahrhaben will und doch gleichzeitig davon lebt, daß ihn nicht alle in der *gleichen* Weise haben, weil die Notwendigkeiten der Lebensbewältigungsarbeit vielen keine Zeit lassen, sich in tragischen oder idealisierenden Attitüden zu gefallen. Die Konstruktion der sozialen Adresse (via Inklusion/Exklusion) unter der Bedingung funktionaler Differenzierung setzt jedenfalls Personen voraus, die in gewisser Weise inklusionstüchtig und exklusionstolerant sind.[21] Und eben diese Tüchtigkeit oder Toleranz fällt nicht vom Himmel.

**21 |** Siehe zu dieser begrifflichen Disposition Fuchs, P., Adressabilität als Grundbegriff der soziologischen Systemtheorie, in diesem Band auf S. 37ff.

## IV

Nun könnte man einwenden, daß die Strategien der Konzessivität, des Tolerierens von Ungleichheit dort erfolgreich sind, wo eine lange Geschichte der Feudalität, der Stratifikation beobachtet werden kann. Das soziale Gedächtnis (sagen wir einmal: Kultur) stellt dann Schemata zur Verfügung, in denen die vergessene Ungleichheit der Stratifikation ausagiert wird, ohne erinnert zu werden. Oder schlichter: Funktionale Differenzierung würde dort am besten funktionieren, wo ein soziales Exerzitium des Ertragens von Ungleichheit durchlaufen worden wäre. Sie würde den Feudalismus, also Jahrtausende der Subordination zur Bedingung haben. Das könnte man vielleicht für Europa geltend machen, aber man geriete in Schwierigkeiten, wenn man etwa an die USA und deren auf Gleichheit getrimmte Geschichte dächte.

Will man diesem Einwand gerecht werden (und wir werden ihn als heuristischen Hinweis nehmen), ist es zunächst erforderlich, Ungleichheiten zu unterscheiden. Die Ungleichheit stratifizierter Verhältnisse ist hierarchie-bedingte Ungleichheit. Sie hängt ab vom Zufall der Geburt und der damit gegebenen (weitgehend irreversiblen) Situierung in einer Schicht. Das Legitimationsprinzip liegt in den Inversionsmöglichkeiten, über die die metaphysische Instanz verfügt. Inversion heißt dabei gerade nicht, daß die immanente Ungleichheit zur transzendenten Gleichheit wird, sondern daß die Ungleichheit anders verteilt wird, wobei dann sogar (die Ordnung der immanenten Gesellschaft spiegelnd) ein Exklusionsbereich, die Hölle, vorgesehen wird, in der die Exkludierten in hoher Integration gleichen Leiden unterzogen werden – für die Ewigkeit, also für das Unterschiede Vernichtende schlechthin.[22]

Die Ungleichheit im Kernbereich funktionaler Differenzierung ist dagegen heterarchisch organisiert, also nicht zurückführbar auf einen ersten Grund, auf einen letzten Abschluß, und das Legitimationsprinzip liegt in der Potentialität der Inklusion in alle Funktionssysteme (nicht: in der Realität der Inklusion). Die Ungleichheit ist, wie man sagen könnte, unter stratifizierten Bedingungen faktisch, die Gleichheit durch den metaphysischen Aufschub potentiell, aber (unter den Weltdeutungsvoraussetzungen etwa des europäischen Mittelalters) gleichwohl faktisch – *sub specie aeternitatis.*

**22** | Dantes *Divina Comedia* hat einen ihrer eigentümlich genialen Züge dann darin, Ungleichheiten im Leiden vorzuführen, also den Exklusionsbereich noch einmal zu differenzieren. Man sieht übrigens schon hier, daß diese Konstruktion am Christentum hängt und nicht ohne weiteres auf Buddhismus oder Hinduismus etc. übertragen werden kann.

Die Ungleichheit der funktionalen Differenzierung ist im Kernbereich faktisch, aber im Blick auf die Chance der Partizipation potentielle Gleichheit.

Worin die hierarchische Ungleichheit der Stratifikation und die heterarchische Ungleichheit funktionaler Differenzierung vergleichbar sind, das ist, daß in beiden Fällen ein *Aufschub* wirksam wird, die Idee eines Nachtrags, der das aktuelle Erleben von Ungleichheit an die potentielle (Wieder)Herstellung von Inklusionsgleichheit bindet. Die Ungleichheitstoleranz der Stratifikation hängt an der metaphysischen Inversion, die immanent wirksam wird als das Versprechen, daß das Ertragen von Ungleichheit im Leben unter der Bedingung einer adäquaten Lebensführung durch die Gleichheit vor Gott ausgeglichen und überausgeglichen wird bis hin zur Umkehrung: Die Ersten werden die Letzten sein.

Der Aufschub, der Nachtrag funktionaler Differenzierung im Blick auf das Gleichheits/Ungleichheitsproblem ist strikt an Immanenz gebunden. Die Gleichheit der Inklusionschancen in Hinsichten, auf die es jemandem ankommt, ist, wenn man so will, eine Imagination oder eine Projektion, vor der jede aktuelle Ungleichheit als revidierbar erscheint – auf ein immanentes *Morgen* verschoben werden kann. Sie ist sozusagen die Pflege einer diesseitigen Hoffnung auf eine diesseitige Erfüllung. Oder: Sie ist die Pflege eines Daueranspruches und der kaskadenförmigen Filiation von weiteren Ansprüchen, die sich aus dem generellen Anspruch ergeben.

Gerade das macht noch einmal sichtbar, wie sehr Totalinklusion unter dem Gesetz ihrer Potentialität steht, zugleich aber, daß Konzessivität (Ungleichheitstoleranz im Moment) an das Erlernen des Aufschubschemas geknüpft ist, das ohne metaphysische Implikationen sozial wirksam wird.[23] Damit wird aber auch deutlich, daß Aufschubschemata dieses Typs prekär werden, wenn sie auf sich selbst angewandt werden, wenn die Möglichkeit des Aufschubs (und damit der immanenten Inversion) selbst aufgeschoben wird. Das Schema bleibt plausibel, solange sozial noch vorgeführt werden kann, daß Aufschübe hin und wieder das Aufgeschobene erbringen: Der Tellerwäscher wird zum Millionär, die Raumpflegerin gewinnt im Lotto, der Querschnittgelähmte heiratet eine attraktive Frau, der Junge aus dem sozialen Brennpunkt wird ein Boxstar.

Das Aufschubschema setzt, wenn es aus seinen metaphysischen Zusammenhängen herausfällt, das Schema des Gelingens, des Glückens, die Präsentation entsprechender Fälle voraus, und der Zirkel ist dann der, daß das Gelingen selbst an das Sprengen der Ständeordnung, also an die funktionale Differenzierung geknüpft ist. Erst dann werden überraschende Kar-

**23** | Ich würde, um weitere Assoziationen möglich zu machen, davon sprechen, daß Konzessivität auf einem Kreditschema aufruht.

rieren möglich.[24] Mit dieser Differenzierungsform sind jedenfalls fatalistische (und fundamentalistische) Weltsichten inkompatibel. Die Potentialität der Veränderbarkeit aller Lebenslagen durch Inklusion muß als Dauerstimulans erhalten bleiben. Ungleichheit darf nicht festgeschrieben werden. Dies ist nicht in einem normativen oder gar moralischen Sinne gesagt, sondern in einem analytischen: Eine der Bedingungen der Möglichkeit funktionaler Differenzierung ist der immanente Aufschub, also die Potentialität der Totalinklusion, und es ist eben dieser Aufschub, der beherrscht werden muß, damit Konzessivität funktioniert.

Es ist schnell zu sehen, daß sich daraus heuristische Hypothesen über das Verhältnis unterschiedlicher Kulturen zu diesem Aufschub ergeben. Er muß ja irgendwie gelernt sein, und wo er nicht gelernt, nicht eingeübt wurde, wird man mit erheblichen sozialen Turbulenzen rechnen müssen, wenn funktionale Differenzierung sich anschickt, je lokale Verhältnisse mit ihren Bewandtnissen zu überziehen. Man wird sich also auf die Suche begeben müssen nach den Mechanismen, die etwa in Amerika, in Japan, in Frankreich, in Portugal, in Südafrika jenes Aufschubschema verfügbar gehalten haben, und dann fragen, wie es jeweils modifiziert ist, und natürlich: ob es überhaupt vorausgesetzt werden kann.

Ein erstes Ergebnis dieser Überlegungen ist jedenfalls die Vorstellung, daß funktionale Differenzierung sozial tradierte (selbst nicht beobachtete, also vergessene und deswegen ausagierbare) Schemata voraussetzt. Diese Schemata beziehen sich nicht nur auf den weiten Erfahrungsbereich der Ratifikation unwahrscheinlicher Sinnzumutungen. Im Blick darauf dürften alle Kulturen Erfahrungen gesammelt haben, die es erleichtern, mit der spezifischen Form symbolisch generalisierter Kommunikationsmedien umzugehen. Aber eines dieser Schemata gerät seltener in den Blick, nämlich das Schema der Konzessivität, das die Bedingung der Möglichkeit dafür darstellt, daß die Beobachter gelingender Inklusionen dieses Gelingen nicht verhindern oder nachträglich torpedieren, obwohl sie selbst von diesem Gelingen aktuell nicht betroffen sind.[25]

Dieses Schema der Konzessivität ist ein Zeitschema, in dem der immanente Aufschub eingeübt ist, und wir nehmen an, daß diese Einübung in direktem Zusammenhang steht mit der allmählichen Ablösung der stratifi-

**24 |** Im Kontext des deutschen Patriotismus ist dieses Freigesetzt-sein für Karrieren abgreifbar an den Hauslehrerschicksalen etwa ab Mitte des 18. Jahrhunderts. Diese Freistellung birgt zugleich das Risiko des Scheiterns. Vgl. Fuchs, P., Vaterland, Patriotismus und Moral, a.a.O.

**25 |** Es würde sich also lohnen, der Semantik des Neides nachzugehen, aber ebensosehr der Semantik der Resignation.

zierten Ordnung durch Funktionssysteme, die diesen Aufschub mehr und mehr voraussetzen. Historisch gesehen, werden die Funktionssysteme, die relativ früh ausdifferenziert sind bzw. mächtige Vorformen hatten wie Geldwirtschaft oder Religion, eine dabei paradigmatische Rolle gespielt haben, dies dann in Formen, die im Blick auf unsere These noch eingehender untersucht oder gefunden werden müßten – Versicherungsentwicklung (im Kontext der Seefahrt), Kredit- und Zinswesen im Rahmen der Wirtschaft etwa oder für Religion die Einführung von Ideen, die immanente Glückszustände verheißen, wenn man sich auf den Glauben einläßt.

Ein zweites (implizit gewonnenes) Ergebnis ist, daß – wenn erst einmal deutlich geworden ist, daß funktionale Differenzierung erlernter Schemata bedarf – man mit einer Mehrheit solcher Schemata, solcher Bedingungen rechnen muß.

## V

Die Funktionssysteme der Gesellschaft gewinnen ihre scharfen Weltzugriffe über binäre Codes. Sie haben auf der Basis dieser Codes eine totalisierende Weltsicht, jedes für sich eine Spezialtotalisierung, und alle zusammen eben deshalb keine irgendwie verfügbare Einheit, keine gemeinsame Universalkontextur (im Sinne Gotthard Günthers), keine Möglichkeit, eine Einheit zu finden, die die Totalisierungen umgreift oder übergreift. Die moderne Gesellschaft ist deswegen mit Recht *polykontextural* genannt worden. Daß aber jene Codes (wie Haben/Nichthaben, Recht/Unrecht, wahr/unwahr, Kunst/Nicht-Kunst, bestanden/nicht-bestanden, Immanenz/Transzendenz etc.) funktionieren, daß sie sich evolutionär bewähren können, hängt wiederum an nicht selbstverständlichen (und vor allem: nicht universal voraussetzbaren) Bedingungen.

Die Codes sind binäre Unterscheidungen, durch die unbestimmte Neigungen, unwahrscheinliche Selektionszumutungen zu akzeptieren oder teilweise zu akzeptieren oder abzulehnen oder teilweise abzulehnen, *digitalisiert* werden durch ein hartes Zweierschema.[26] Nimm an oder lehne ab! – Eine dritte Möglichkeit ist jeweils ausgeschlossen. Damit solche klaren Unterscheidungsleistungen eingesetzt und anschlußfähig werden, bedarf es aber der Digitalisierungsmöglichkeit selbst. Nicht nur ein Schema der

**26** | Vgl. dazu Luhmann, N., Die Gesellschaft der Gesellschaft, a.a.O., S. 360ff. In der letzten Zeit wird die Härte der Unterscheidung (das Tertium-non-datur) zum Gegenstand von Überlegungen, die auf dritte Werte, ausgeschlossene Bereiche etc. achten. Wichtig hier ist, daß wir uns auf die sozial fungierende Härte konzentrieren, also auf ein Entweder/Oder, das die Funktionssysteme organisiert.

Transformation von analogen Verhältnissen in digitale (diskrete) Informationen muß eingeführt sein, sondern ein Schema der strikten Binarität, der Zuspitzung auf eine Unterscheidung, deren je angesteuerte Seite exklusiv ist im Blick auf die damit angezeigte andere Seite derselben Unterscheidung. Es müssen, wie man sagen könnte, Routinen einer extremen Vereinfachung kompakter oder opaker Weltverhältnisse erworben worden sein, damit derart unwahrscheinliche Codierungsleistungen sozial einsetzbar werden und so sehr eingesetzt werden können, daß das jeweils dadurch Ausgeschlossene entweder invisibilisiert wird oder in komplexen Sozialformen gerinnt, die dann wieder zuständig sind für die Unterscheidung von Nichtunterscheidungen, für die Suche nach der eigentlichen, der opaken, der zweiwertig nicht unterscheidbaren Realität.[27]

Vermuten läßt sich, daß die okzidentale Universalunterscheidung von Sein und Nichts dabei die eigentliche Vorreiterrolle gespielt hat, eine Unterscheidung, die zugleich eine zweiwertige Logik auf den Weg bringt, die wahre Werte und falsche Werte kennt, und wiederum: keine dritten Möglichkeiten.[28] In hoher Zuspitzung würde das bedeuten, daß die aristotelisch oder in diesem Sinne zweiwertig geprägten Kulturen weniger Mühe hätten, mit Kontexturen überhaupt, also mit Domänen strenger Binarität umzugehen als solche Kulturen, die diese Unterscheidungstechnik nicht auf gleiche Weise gepflegt haben oder pflegen.[29] Kulturen dagegen, die nicht oder kaum mit aristotelischem Maße gemessen werden können, dürften Schwierigkeiten haben, mit den binären Selektionsmustern der Funktionssysteme und entsprechend mit dem Problem der Polykontexturalität ein sofort gelingendes, turbulenzfreies Arrangement einzugehen.[30]

**27 |** Vgl. dazu die Studien in Luhmann/Fuchs, Reden und Schweigen, a.a.O.

**28 |** Vgl. dazu und zum Versuch der Sprengung dieses Schemas Günther, G., Idee und Grundriß einer nicht-Aristotelischen Logik. Die Idee und ihre philosophischen Voraussetzungen, Hamburg 1978[2]; ders., Life as Poly-Contexturality, in: ders., Beiträge zur Grundlegung einer operationsfähigen Dialektik, Bd. II, Hamburg 1979, S. 283-306; ders., Die Theorie der »mehrwertigen« Logik, in: ders., Beiträge zur Grundlegung einer operationsfähigen Dialektik, Bd. II, Hamburg 1979, S. 110-202.

**29 |** Selbstverständlich haben die aristotelischen Kulturen ihre Ausschlußbereiche. Schon Plato hatte schon das Problem der unbestimmten Zweiheit und Aristoteles das Problem *de futuris contingentibus*, aber wir gehen hier ja von Dominanzen aus.

**30 |** Ich denke, die Geschichte und die Gegenwart der Entwicklungsländer kann diese These schnell plausibilisieren. Längere Gespräche mit Alois Steinmann (WU-Wien) und Rodrigo Jokisch haben mich darin bestärkt, daß Mexiko, aber auch die lateinamerikanischen Länder überhaupt sich im Blick auf dieses Problem studieren lassen.

Eine weitere Eigentümlichkeit von Codes ist, daß ihre Binarität das Kreuzen der Barre der Unterscheidung, das Wechseln von der einen Seite auf die andere Seite der Unterscheidung leichtgängig gestaltet. Man hat es immer auf der je anderen Seite mit dem Gegenteil zu tun, mit einem klar profilierten Gegenwert, der von der Seite aus, auf der man operiert, ohne jede Mühe erschlossen werden kann: Entweder ... Oder! Oder ... Entweder! – Man gerät im Kreuzen der Seiten nicht in den prekären Bereich des Weder-Noch und bleibt deshalb in der Kontexur – in *perfect continence*.[31]

Daraus folgt unter anderem, daß das Überschreiten der Barre nichts aus dem Bereich des Weder-Noch der Unterscheidung mitführen muß. Im Hin-und-Her-Kreuzen der Grenze lädt sich die Unterscheidung nicht auf mit sonstigen Weltverhältnissen, sie bleibt *logisch rein*, sie ist nicht kontaminierbar, sie hat gleichsam kein Gewicht. Das ist ja die eigentliche Abstraktionsleistung von Codes. Und gerade weil die Codes rein bleiben, bedarf es der Programme der Systeme: als Instrumente des Weltimports.

Daß es aber sehr unwahrscheinlich ist, mit Unterscheidungen zu operieren, deren Binarität, wenn eine Seite einmal angesteuert ist, nicht verlassen werden kann, ohne in etwas ganz anderes zu geraten, liegt auf der Hand. Auch hier wird man annehmen müssen, daß die Sein/Nichts-Unterscheidung eine wesentliche Vorreiter-Rolle spielt, zu der sich (der Form nach) die Codes der Funktionssysteme filial verhalten, die sie aber als eine Mehrheit solcher Filiationen zugleich sprengen. Dies ist ein Argument, von dem her sich noch besser, weil systematisch versteht, inwiefern die funktionale Differenzierung in Europa ihren Ausgangspunkt hat. Es bedurfte dazu der Möglichkeit des *Nihilismus*, der A-nihilation, des Kappens des Weltbezugs in universalen Unterscheidungen.[32]

Die Inhaltsleere der Codes garantiert auch, daß die durch den Code instruierten Operationen des Systems moralfrei arbeiten. Selbstverständlich können Beobachter auf Moral achten, wenn es um diese Operationen geht, aber die code-instruierte Autopoiesis des Funktionssystems kann davon absehen: Die Codes bleiben intakt, und sie sprengen eben deswegen die Einheit jedes *unum bonum*. Die Integrität der Codes (eben ihre *perfect continence*) schließt aus, daß diese Unterscheidungen ihrerseits instruierbar wären durch eine höhere, eine gleichsam universalere Instanz, in der Moral, Ethik oder Vernunft residierten, um von dort aus ihre Weisungen zu ertei-

**31** | Dieser Ausdruck ist in der deutschen Übersetzung vorzüglich mit *perfekter Be-inhaltung* wiedergegeben worden. Vgl. Spencer-Brown, Gesetze der Form, a.a.O., S. 1.

**32** | Ich bin sehr sicher, daß eine Version der Erzählung der Gesellschaft im Hinblick auf diesen europäisch gestimmten Nihilismus möglich wäre. Sie wäre zugleich die Geschichte des Irrtums der Präsenz, den Derrida aufdeckt.

len. Und immer dort, so wird man annehmen können, wo solche Weisungsmöglichkeiten unterstellt oder aus der Geschichte mitgeführt werden, dürften Probleme mit jener Integrität der Codes auftreten. Die Codes sind nicht super-codierbar, sie sind es logisch nicht, und eben deshalb kann man ihre Funktionsweise *technisch* nennen.[33]

## VI

Die Codes der avancierten Funktionssysteme (und nicht alle erreichen diesen Stand) sind technisch, insofern sie ihre Medien *technisieren*. Technisierung ist das, was wir eben als Purifikation beschrieben haben, als die Reinheitsmöglichkeit, die sich aus dem intern folgenlosen Kreuzen der Unterscheidung des Codes ergibt. Technisierung, das heißt: Absehen-können von konkreten Weltverhältnissen oder Sinnbezügen, die in jeder sozialen Operation eigentlich mitanfallen, mitimpliziert sind. Kommunikation (also auch die Operation der Zahlung, der Liebe, der Entscheidung etc.) arbeitet im Medium Sinn, also niemals ohne Sinnverweisungsschläge, die irgendwohin führen, irgend etwas meinen, mitbedacht oder dezidiert ausgeschlossen werden müssen. Sinn hat die Struktur des Mehrwerts, könnte man sagen, und die Technisierung liegt darin, den Mehrwert auszublenden, vom Mehrwert zu entlasten.[34]

Aber das heißt; daß diese Codeleistung eine extreme Simplifikation darstellt. Die Codes tanzen gleichsam nur in sich selbst, und wer den Tanz sehen will (sagen wir: die Einheit der Unterscheidung), stößt dann auf logisch nur sehr schwer aufzulösende Verhältnisse. Die Unterscheidung reflektiert nicht ihre eigene Einheit, sondern legitimiert ihre Gebrauchsfähigkeit dadurch, daß sie eine ihrer Seiten als Präferenzwert einsetzt, an dem sich das dann blinde Engagement des Beobachters einhängen kann.[35]

Wie auch immer, die Bedingung der Möglichkeit funktionaler Differenzierung ist die Technisierung der Medien, also extreme Komplexitätsreduktion, und ferner: daß die Invisibilisierung dieser Reduktion die Struktur

**33 |** Vgl. Luhmann, Die Gesellschaft der Gesellschaft, Bd. 1, a.a.O., S. 367ff.

**34 |** Luhmann, ebenda, macht darauf aufmerksam, daß manche Medien sich darauf kaprizieren, nicht technisierbar zu sein, Kunst oder Liebe etwa. Aber im Unterschied zu Luhmann halte ich das nicht für das Phänomen einer Gegenstrukturbildung (wiewohl es das gewesen sein mag), sondern für den Effekt einer zu starken Nähe zur Selbstbeschreibung der auf diesen Medien aufruhenden Systeme. Ich sehe dagegen doch ein sehr starkes Moment der Technisierung. Aber das wäre gesondert zu diskutieren.

**35 |** Luhmann, ebenda, S. 365f.

des Präferenzwerts/Rejektionswerts nutzt. Man hat es also keineswegs mit einer Selbstverständlichkeit zu tun, mit einer natural oder anthropologisch identifizierbaren und erwartbaren Funktionsmöglichkeit, sondern wiederum damit, daß auf eine hoch unwahrscheinliche Weise von der Kompaktheit der Welt abgesehen wird. Wir wollen das hier nicht durchführen, gehen aber davon aus, daß in Europa die Technik unbedingter Präferenz (etwa in der zentralen Unterscheidung der christlich orientierten Religion) eingeschliffen war und ist, und auch dies ist gleichbedeutend mit einer aristotelischen Tradition, die den Einschluß dritter Werte oder das Verwerfen universaler Unterscheidungen nicht zuläßt.

Die Zumutungen der Codes (Haben besser als Nichthaben, Liebe besser als Nichtliebe, Macht besser als Ohnmacht, Wissen besser als Nichtwissen etc.) fallen kaum auf: Die Präferenzen organisieren den Beobachter in die Blindheit hinein, deren es bedarf, damit derart abstrakte Unterscheidungen funktionieren. Dies muß man nicht kulturkritisch sehen, aber es erklärt den Bedarf für Konzepte, die aus dem Weder-Noch kommen, das Ansteuern von Bereichen des Weder-Habens-noch-Nicht-Habens, des Weder-Liebens-noch-nicht-Liebens, des Weder-Macht-noch-Ohnmacht, des Weder-Wissens-noch-nicht-Wissens, im weitesten Sinne solcher Bereiche, die man esoterisch nennt, aber vielleicht exoterisch nennen sollte, wenn und insoweit die Codes auf der Basis ihrer logischen Integrität esoterisch genannt werden dürften.[36]

Die Lage verschärft sich dadurch, daß das Eingeübt-sein in derart esoterische Codes auch ein spezifisches Verhältnis zur Zeit erfordert. Wir hatten gesagt, daß binäre Unterscheidungen dieses Typs das Kreuzen ihrer internen Grenze leicht machen. Entscheidend dabei ist, daß dabei Zeit vorausgesetzt ist, daß also codierte Medien eine besondere Zeitlichkeit auswerfen. Dies ergibt sich zwar schon daraus, daß symbolisch generalisierte Kommunikationsmedien *Heider-Medien* sind, nur befristet Formbildungen zulassen.[37] Aber die Codes garantieren jene zeitliche Bewegung, die ein aktuelles Bezeichnen einer Seite ihrer Unterscheidungen insofern folgenlos macht, als in anderen Aktualitäten die andere Seite angesteuert werden

**36** | Dies ist kein Plädoyer für Esoterik, nur eine Erklärung des Bedarfs. Mir scheint, daß sich das Kalkül Spencer Browns (wie auch seine gesamte esoterische Attitude) hier einordnen läßt. Und es ist aus meiner Sicht alles andere als ein Zufall, daß die deutschen Übersetzungen Spencer Browns in einem reinen Esoterik-Verlag erschienen sind.

**37** | Vgl. zum Ausgangstext der Unterscheidung von Medien Heider, F., Ding und Medium, in: Symposion. Philosophische Zeitschrift für Forschung und Aussprache 1, 1926, S. 109-157. Siehe insbesondere zu den zeitlichen Implikationen Fuchs, Der Mensch – das Medium der Gesellschaft?, a.a.O.

kann. Geschichte bildet sich dann auf der Ebene der Programme, der Code selbst bleibt geschichtsfrei. Die Folge ist jedenfalls, daß *mediale Eigenzeiten entstehen, eine Pluralität von Zeitgebrauchsroutinen in einer polykontextural organisierten Gesellschaft*. Und das setzt soziale Adressen voraus (und einen psychischen Hintergrund), die durch diese Pluralität nicht irritiert werden. Wir könnten sagen: Benötigt werden auch in zeitlicher Hinsicht Fragmentarisierung tolerierende Dividuen. Schwierigkeiten sind zu erwarten, wo eine Einübung in diese Zeit nicht historisch eingeübt wurde, wo also das Schema der Mehrzeitigkeit nicht zur Verfügung steht. Dies hinge wahrscheinlich eng zusammen mit dem Problem der Kreditfigur oder des Aufschubs. Aber diese Klärung müßte weiterer Forschung überlassen werden, die sich auf die hier skizzierte Heuristik stützt.

## VII

Worauf es bei den vorangehenden Überlegungen ankam, das war, daß funktionale Differenzierung keinen voraussetzungsfreien Erfolg haben kann. Sie basiert auf Schemata (also auf einem Gedächtnis), das nicht ubiquitär in gleicher Weise beschaffen ist. Einige Beispiele habe ich genannt, es gibt weitere, aber diese Beispiele zeigen, daß die Bedingung der Möglichkeit funktionaler Differenzierung in einer Art sozialem Exerzitium eben dieser Schemata zu suchen ist, in einem historischen Propädeutikum, das (gewiß nicht turbulenzfrei) den Übergang in diesen Gesellschaftstyp als einen sozusagen gleitenden Transit ermöglicht. Aber eben: nicht überall, oder wenigstens: nicht überall auf die gleiche Weise. Wenn man dies in den Blick nimmt, wird ansatzweise sichtbar, daß die Forschung über funktionale Differenzierung durchaus ein höheres Auflösungsvermögen erreichen könnte, und mit ihr auch die Forschung über die heftigen Störungen, die diese Differenzierungsform produziert. Diese Forschung wird Umwege gehen müssen, und sie wird zu weiten Teilen Kultur-, also Gedächtnis,- also Vergessenheitsforschung sein. In ihr können ganz verschiedene Disziplinen zusammengeführt werden. So wird man das Zeitverhalten afrikanischer Kulturen nicht nur aus soziologischer Perspektive bearbeiten können. Und Studien über Konzessivität werden ihrerseits nicht nur psychologisch oder semantisch sein können. Die Chance für das Zusammenführen liegt in den Problemstellungen, die eine zwischen den Residenzen der Disziplinen entwickelte Systemtheorie liefern kann. Wie immer man das einschätzen mag, durch sie wird jedenfalls ein Forschungsprogramm über Weltgesellschaft möglich, in dem man auf die Vereinfachungen von Globalisierungstheorien verzichten könnte.

# Moderne Identität – im Blick auf das europäische Mittelalter

Es geht in diesem Text um Identität, sogar um moderne Identität, also um etwas sehr Anspruchsvolles, um so etwas wie die Frage, wer wir sind. Will man diese ontologisch einherkommende Frage entschärfen, so könnte man formulieren, daß es um die Frage gehe, in welches Register von Selbstbeschreibungen sich Menschen der modernen Weltgesellschaft einhängen können. Aber auch dies ist eine anspruchsvolle Frage in Zeiten, in denen Identifikationsangebote in Massen bezogen werden können, Identität also wählbar und unter Gesichtspunkte der Austauschbarkeit geraten ist. Die dazugehörige Emblematik könnte die der Molluske oder des Proteus sein. Identität, so sagt man, gibt es nur als Zitat von Zitaten, und wenn dann noch jemand darauf insistiert, Identität zu haben oder zu sein, dann wird ihn Freud (und alles, was auf ihn folgt) darüber belehren, daß er das, was er zu sein glaubt, nur durch das ist, was er nicht zu sein glaubt.

Die Soziologie plaziert an die Stelle des Lamentos die Einsicht, daß alle Identität an sozialen Konstruktionen hängt, an dem, was sozial an Selbstbeschreibungsmöglichkeiten des Bewußtseins angeboten, zugelassen, ausgeschlossen wird.[1] Auch hier gilt, daß die Identität des Bewußtseins zustande kommt durch das, was das Bewußtsein selbst nicht ist: durch den Ande-

1 | Dies wäre aus der Sicht der Soziologie der Kommentar zur unüberbietbaren Sentenz von Rimbaud: *Je est un autre.* Siehe zur Durchschlagskraft dieser Formulierung Steiner, G., Von realer Gegenwart. Hat unser Sprechen Inhalt?, Hamburg 1990, S. 134ff. Wir würden vorweggreifend hinzufügen, daß dieses Sprechen (wie das Mallarmés) selbst schon in den Struktureffekten der Umstrukturierung des Gesellschaftssystem zustande kommt und glänzend scheitert. Siehe dazu die Studie über moderne Lyrik in Luhmann/Fuchs, Reden und Schweigen, a.a.O.

ren, also durch soziale Intervention. Das Selbst, so hat man formuliert, wird weitgehend sozial gewonnen. Die Theorie von George Herbert Mead hat in genau diesem Sinne soziologische Karriere gemacht.[2] Die Soziologie kann in den Worten von Alois Hahn formulieren: »Der Sinn, den meine Identität darstellt, ist also von Anfang an verwoben mit einem Sinn, der nicht von mir stammt.«[3] Dieser Befund, in lapidarer, nicht nur soziologisches Wissen zusammenfassender Metapher ausgesprochen, scheint von ubiquitärer Gültigkeit: Es war so, es ist so, und es wird so sein. Das macht die Frage zwingend, was denn das Moderne an moderner Identität sei. Ein Wechsel der für Selbstbeschreibungen verfügbaren sozialen Angebote? Deren Pluralität? Oder könnte es doch sein, daß sich das Schema der Identität selbst geändert hat?[4]

Die folgenden Überlegungen beschäftigen sich mit diesen Fragen. Dabei kann auf Theorie nicht verzichtet werden. Tröstlicher- und vielleicht kurioserweise führt sie ins europäische Mittelalter, das als Kontrastfolie für Prozesse genutzt wird, die in der Moderne Identität konstituieren.

## I

Moderne Formen der Theoriebildung verhindern zunächst, daß geklärt werden muß, was Identität war, ist oder sein wird. Verhindert wird also, wie man sagen könnte, das Grübeln.[5] An seine Stelle tritt die Konstruktion

2 | Siehe vor allem Mead, G.H., Mind, Self and Society. From the Standpoint of a Social Behaviorist, Chicago 1934.

3 | Hahn, A., Identität und Selbstthematisierung, in ders./Kapp, V. (Hrsg.), Selbstthematisierung und Selbstzeugnis. Bekenntnis und Geständnis, Frankfurt a.M. 1987, S. 9-24, hier S. 11.

4 | Es geht, wenn so gefragt wird, ersichtlich um eine gesellschaftstheoretische Bearbeitung des Identitätsproblemes, eine Bearbeitung, die sich nicht auf sehr viele Vorbilder stützen kann. Siehe aber Giddens, A., Modernity and Self-Identity, Stanford 1991. Zu erinnern ist hier aber auch an Habermas, J., Können komplexe Gesellschaften eine vernünftige Identität ausbilden?, in ders., Zur Rekonstruktion des Historischen Materialismus, Frankfurt a.M. 1976, S. 92-125.

5 | Statt dessen entstehen, wie man vielleicht sagen könnte, Ontosemantiken der Identität. Sie wären die Kehrseite einer Auto-Ontologisierung psychischer und sozialer Systeme. Siehe zum Problem Nassehi, A., Wie wirklich sind Systeme? Zum ontologischen und epistemologischen Status von Luhmanns Theorie sozialer Systeme, in: Krawietz, W./Welker, M. (Hrsg.), Kritik der Theorie sozialer Systeme. Auseinandersetzungen mit Luhmanns Hauptwerk, Frankfurt a.M. 1992, S. 367-371. Im übrigen hat Grübeln auch eine Funktion. Vgl. Fuchs, P., Vergipste Balgkamera fährt

von Unterscheidungen. Ein Begriff wie Identität benutzt eine Unterscheidung und unterscheidet etwas. Die Unterscheidung, die er benutzt, ist ein Zeitschema. Es stellt Dauer gegen Wandel, das, was sich in der Zeit fixieren läßt, gegen das, was sich in einem fort verändert.[6] In diesem Schema wird die Dauer bezeichnet. Identität kommt mithin als Selektion dessen zustande, was unter Bedingungen der Transformation jeweils als zeitfest behandelt werden kann. Eben diese Annahme deontologisiert Identität. Es ist eine soziologische Binsenweisheit, daß die Gesichtspunkte der Selektion bzw. selektiven Zurechnung von Identität diachron und synchron erheblich variieren.

Identität als Zeitschema ist aber nicht nur eine Unterscheidung, sie unterscheidet auch etwas, zum Beispiel: Lebenslauf von Biographie.[7] Der Lebenslauf als prinzipiell unüberschaubare Gemengelagen von Ereignisreihen wird unterschieden von der selektiven Vereinfachung, die das Individuum vornimmt, wenn es Selbstbeschreibungen anfertigt. Diese Form der Selbstsimplifikation kann man beziehen auf die Notwendigkeit, in sozialen Situationen Wiedererkennbarkeit, Verläßlichkeit, Kontinuität zu sichern, kurz: Zurechenbarkeit auch im Wechsel der Zeit zu garantieren – für beide, für soziale und psychische Systeme. Auch das darf als längst bekannte und weitgehend elaborierte Erkenntnis vorausgesetzt werden, in der soziale Zurechnungsroutinen mit persönlichen Zurechnungsroutinen kombiniert werden.

Diese Abbreviatur des Identitätsproblems (Zeitschema und Selbstsimplifikation) läßt sich beziehen auf eines der universalen Ordnungsprobleme sozialer Systeme. Dessen Analyse setzt voraus, daß soziale Systeme als autopoietische Systeme begriffen werden, deren Betrieb an die Produktion von Kommunikationen gebunden ist.[8] Soziale Systeme, so konzi-

Schlitten. Über moderne Kunst als soziales Grübeln, in: Der Alltag. Die Sensationen des Gewöhnlichen 65, 1994, S. 133-139.

**6 |** Zum Zeitschema vgl. hier einschlägig Kant, I., Kritik der reinen Vernunft, transzendentale Dialektik, 2. Buch, 3. Paralogismus, in dem das Zeitschema und der Personbegriff kombiniert wird; siehe auch Wolff, Ch., Psychologia rationalis, 1734, Paragraph 741. Siehe zu einem modernen Anwendungsfall Döbert, R./Habermas, J./Nunner-Winkler, G. (Hrsg.), Entwicklung des Ichs, Köln 1977, S. 9.

**7 |** Vgl. Hahn, Identität und Selbstthematisierung, a.a.O., S. 12ff.

**8 |** Weil wir so optieren, koppeln wir uns in der Argumentation weitgehend ab von soziologischen Theorien der Identitätsbildung, der Identitätsbalance, der Identitätsdiffusion etc. Das ist keine Mißachtung der Tradition, sondern nur dem einfachen Umstand geschuldet, daß der theoretische Hintergrund aller Überlegungen in diesem Text Autopoiesis ist. Es geht nicht um Theorienvergleich oder um Reformulierung bekannter Theorien bzw. Theoriestücke.

piert, ›enthalten‹ kein Bewußtsein. Sie produzieren nichts Bewußtes, und sie werden nicht durch Bewußtsein produziert. Daraus folgt, daß sie für psychische Systeme externe Systeme sind, und umgekehrt, daß psychische Systeme für Sozialsysteme Umwelt darstellen. Das bedeutet unter anderem, daß psychische Systeme soziale Prozesse nur bewußt, daß soziale Systeme psychische Systeme nur sozial beobachten können.[9] Und dieses Phänomen läßt sich seinerseits als das einer fundamentalen *méconnaisance*, einer Verkennung, eines Ur-Schismas beobachten, oder weniger anspruchsvoll: als das Phänomen, daß beide Systemtypen in sich immer Artefakte des anderen Systemtyps produzieren.

Entscheidend ist, daß jenes Ordnungsproblem sich damit nur und ausschließlich auf Kommunikation beziehen kann. Niemand wird bestreiten wollen, daß psychische Systeme im hohen Maße Turbulenzen für soziale Systeme produzieren können, aber soziale Systeme brechen, solange psychische Systeme noch irritieren (also in einem genauen Sinne existieren), nur dann zusammen, wenn dabei ihre eigenen Ordnungsbewandtnisse berührt werden, wenn also Kommunikation in den Bedingungen ihrer Möglichkeit beschädigt wird.[10] Das wäre insbesondere dann der Fall, wenn es ihr nicht gelänge, *Weltvorkommnisse irgendwelcher Art als Mitteilungen zu beschreiben, die sich von den mitgeteilten Informationen unterscheiden.* Die Beschreibung, das ist der Anschluß, eine weitere Äußerung, die festlegt, daß es jene Differenz zwischen Information und Mitteilung gegeben hat. Dieses Festlegen in einem bestimmten Format ist soziales Verstehen im Unterschied zu dem, was man psychisches Verstehen nennen könnte.[11]

*Alles kommt mithin darauf an, daß eine Mitteilung identifiziert wird, und das kann nur heißen: ein Mitteilungshandeln. Jemand/Etwas muß begriffen, muß konstruiert werden als Quelle einer Verlautbarung.*[12]

**9** | Dabei kommt es zu einer seltsamen Asymmetrie. Denn offenbar kann sich das Bewußtsein mit psychischen Operationen nur beobachten mit Unterscheidungen, die aus der Sozialität stammen. Das ist jedenfalls das Thema von Fuchs, Das Unbewußte in Psychoanalyse und Systemtheorie, a.a.O.

**10** | Siehe für entsprechende Studien Luhmann/Fuchs, Reden und Schweigen, a.a.O. Vgl. ferner die Studie über Autismus in Fuchs, Die Umschrift, a.a.O.; Fuchs, P., Weder Herd noch Heimstatt – weder Fall noch Nichtfall, in diesem Band auf S. 129ff.

**11** | Vgl. zur zugrundegelegten Kommunikationstheorie das Kapitel über Kommunikation in Luhmann, Soziale Systeme, a.a.O.; ferner Fuchs, Moderne Kommunikation, a.a.O. Siehe insbesondere zum Verstehensbegriff Luhmann, N., Systeme verstehen Systeme, in: ders./Schorr, K.E. (Hrsg.), Zwischen Intransparenz und Verstehen. Fragen an die Pädagogik, Frankfurt a.M. 1986, S. 72-117.

**12** | Vgl. Luhmann, Soziale Systeme, a.a.O., S. 229. Hier ist dann auch eine

Wer oder was mitteilt bzw. überhaupt als mitteilende Instanz in Frage kommt, divergiert beträchtlich in der sozialen Evolution.[13] Daß aber Weltvorkommnisse von Kommunikation als Instanzen der Mitteilung aufgefaßt werden müssen, dürfte unstrittig sein. Dies ist ein Problem, das sich nicht aufbraucht, das sich in jeder Kommunikation erneut stellt, also ein Problem vom Typ der Katalyse, und es ist ein Problem, das einen reichen Formenkanon von Lösungen auswirft, die sich quer durch alle Kulturen und Zeiten nicht nur um ein Weniges unterscheiden. Von der Kommunikation her gesehen, läßt es sich als das *Problem der Adressabilität von Weltvorkommnissen* bezeichnen, vom psychischen System her als diejenige Lebensnotwendigkeit, die sich daraus ergibt, daß die Bedingung der Möglichkeit von Bewußtsein an Adressabilität geknüpft ist.[14] Wer nicht als Adresse in Frage kommt, entwickelt nicht einmal ein *Wer*. Wer in Frage kommt, strukturiert sein *Wer* an den sozial je gültigen Formen, in denen Adressabilität möglich ist. Wenn man sagen kann, daß das Schema, das den Begriff Adressabilität konstituiert, das von Inklusion/Exklusion ist, dann wird man auch sagen können, er entwickelt ein Inklusion/Exklusion-Profil.[15] Es ist dieses Profil, das im Zuge der Ermittlung von Mitteilungsinstanzen Rückschlageffekte auf das psychische System hat. Die Adresse form(at)iert das, was als Identität psychisch in Frage kommt und ausagiert werden kann.[16]

Soziale Systeme offerieren, so könnte man diese Überlegungen bündeln, auf der kommunikationsbedingten Suche nach Mitteilungsinstanzen zahllose Adressierungszumutungen für psychische Systeme. Identität ist das Zeitschema, das diese massenhaft anfallenden Zumutungen unter Gesichtspunkten der Zeitresistenz (also der Wiederholbarkeit) ordnet, und wieder: sozial und psychisch. Sie ist der Prozeß der Kreation von Verläßlichkeiten, von Abstützpunkten für Kommunikation und Bewußtsein, also simplifizierende Konstruktion im Dienste der Strukturbildung.

selten beachtete Bifurkation, nämlich die zwischen sozialer Disposition über das, was als Handeln gelten kann oder als Erleben, und der durch Kommunikation immer mitgeführten Notwendigkeit, sich selbst zu vereinfachen, indem sie Mitteilungshandelnde konstruiert. Siehe auch Luhmann, Erleben und Handeln, a.a.O.

**13 |** Siehe als eine Fallstudie Fuchs, P., Adressabilität als Grundbegriff der soziologischen Systemtheorie, in diesem Band auf S. 37ff.

**14 |** Siehe für eine Diskussion dieser Begriffe ebenda.

**15 |** Siehe zu diesem Schema Luhmann, Inklusion und Exklusion, a.a.O.; Stichweh, Inklusion in Funktionssysteme der modernen Gesellschaft, a.a.O.; Fuchs/Buhrow/Krüger, Die Widerständigkeit der Behinderten, a.a.O.; Fuchs/Schneider, Das Hauptmann-von-Köpenick-Syndrom, a.a.O.

**16 |** Oder auch nicht zustande kommt. Siehe dazu die Fallstudie über Japan in Fuchs, Die Umschrift, a.a.O.

*Identität ist aus dieser Perspektive ein Adressenproblem, nicht weniger, nicht mehr.*

## II

Es hat sich eingebürgert, das europäische Mittelalter als Epoche zu beobachten, in der das Identitätsproblem sich nicht in derselben Weise stellte wie für die Moderne. Das Mittelalter konstruiert den Menschen nicht als singuläre, sondern als Allgemeinadresse, nicht spezifisch, sondern als Derivation im Rahmen einer Typologie: Bettler, Bürger, Bauer, Edelmann, Ritter und Mönch, als Ableitung aus zugleich kollektiven und universalen Formen wie »Rasse, Volk, Partei, Korporation, Familie«.[17] Wenn man darauf den Begriff Identität beziehen will, müßte man von einer *filialen* Identität sprechen oder von Identität als *Flachrelief*.[18] Das Identitätsmanagement ist in einem sehr weitgehenden Sinne Angelegenheit der sozialen Systeme, in diesem Fall mithin Angelegenheit der Schicht, in die man über Familienzugehörigkeit eingeboren wird. Identität ist nicht wählbar. Die Kommunikation konstruiert, wenn man so will, Typen, und reagiert hoch empfindlich auf Abweichungen, die dann in einer mühsamen (und viele Menschen vernichtenden) Typologie devianter Adressen gleichsam eingefangen werden.[19]

**17 |** Burckhardt, J., Die Kultur der Renaissance in Italien, ein Versuch (hrsg. von Kaegi, W.), Berlin, Leipzig 1930, zweiter Abschnitt, S. 95-123. In der Mediävistik lassen sich Versuche beobachten, Gegenplausibilitäten zu finden, etwa unter dem Gesichtspunkt Individualität im Mittelalter. Vgl. als Überblick zur einschlägigen Diskussion Aertsen, J.A./Speer, A. (Hrsg.), Individuum und Individualität im Mittelalter (Bd. 24 der Miscellanea Mediaevalia), Berlin, New York 1996. Aus soziologischer Sicht gibt es so etwas wie punktuelle Sensibilitäten für Identitäts-, dann für Individualitätsprobleme, ablesbar an der Institution der Beichte. Vgl. Hahn, Identität und Selbstthematisierung, a.a.O. Historisch gesehen, ist die Renaissance des 12. Jahrhunderts auf der Ebene der ›Intellektuellen‹ eine Zeit, in der die Selbstreferenz des Individuums befristet in den Blick kommt. Abelaerd wäre hier zu nennen mit seiner Devise des *scito te ipsum*, die die Moralität von Handlungen an ein Selbstverhältnis (an Zustimmung/Ablehnung) knüpft. Der Briefwechsel mit Heloisa ist ein Dokument entsprechender (und hoch modern anmutender) Sensibilität. Aber wir haben es hier mit relativ zeitfrei gesetzten Theologen zu tun.

**18 |** Vgl. zu dieser Metapher den Klassiker Huizinga, J., Herbst des Mittelalters. Studien über Lebens- und Geistesformen des 14. und 15. Jahrhunderts in Frankreich und in den Niederlanden, Stuttgart 1987, S. 59.

**19 |** Vgl. dazu Fuchs, P., Weder Herd noch Heimstatt – weder Fall noch Nichtfall, in diesem Band auf S. 129ff.

Dieser summarische Eindruck läßt sich beziehen auf die Form der mittelalterlichen Gesellschaft. Sie ist die der Stratifikation, in der die Schichtzugehörigkeit die soziale Adresse zurichtet und deswegen mit einem Minimum an unterstellter Selbstreferenz auskommen kann. Die Adresse ist, bezogen auf die oben zitierte Metapher Huizingas, *flach* oder, wie ich formulieren würde, sie ist *kontinent* oder vollständig in dem Sinne, daß alle Momente der Adresse in der Horizontale der Schicht orientierungssicher zusammenhängen. In der Umkehrung läßt sich formulieren, daß diese Form der Adressenbildung die Bedingung der Möglichkeit stratifizierter Sozialstrukturen ist: Inkontinenz der Adresse (also etwa Ambitionen auf Wechsel der Schichtzugehörigkeit) würde diese auf Ungleichheit basierende Ordnung gefährden. Bezeichnend ist dafür, daß die Simulation einer verkehrten Welt als Karneval im Mittelalter möglich ist. Die Ordnung kann befristet invertiert werden, aber die Inversion wirft offensichtlich nicht ernsthafte Kommunikationen über die Realisierung alternativer Möglichkeiten *derselben* Gesellschaft aus.[20]

Mit dem Begriff der *kontinenten Adresse* ist jedenfalls bezeichnet, daß im Kernbereich der mittelalterlichen Gesellschaft (dort also, wo die stratifizierte Ordnung realisiert ist) die soziale Adresse und die zu ihr filialen Möglichkeiten von Identitätsbildungen in der jeweiligen Schicht, in die man eingeboren ist, reguliert werden und nicht: *in irgendeiner anderen Schicht.* Die Inklusion ist vollständig in der Schicht, woraus auch folgt, daß diese Inklusion die Inklusion in andere Schichten ausschließt.[21] Komplettinklusion ist identisch mit einer Totalexklusion der Adresse aus allem, was jenseits der Schicht geschieht. Wenn das aber so ist, läßt sich ein für das Mittelalter bezeichnendes Problem konstruieren, das zugleich die eher hygienische Skizze einer flachen Adresse und dann einer flachen Identität des mittelalterlichen Menschen auflöst.

Die Form dieser Gesellschaft erzeugt nämlich einen Bereich in derselben Gesellschaft, der nicht die Form dieser Gesellschaft hat. *Denn wenn die Komplettinklusion identisch ist mit der Inklusion in eine Schicht, dann ist die Exklusion aus der Schicht identisch mit der Exklusion aus dem Inklusionsbereich*

**20** | Siehe für Hinweise in dieser Richtung Bachtin, M., Literatur und Karneval. Zur Romantheorie und Lachkultur, München 1969. Zu Beginn der Neuzeit wird dann die verkehrte Welt tatsächlich de-stabilisierend. Vgl. Heimann, Über »Verkehrte Welt« in der »Reformatorischen Öffentlichkeit«, a.a.O.

**21** | In der Schicht kann man dann mehr- oder minder berechtigte Personen unterscheiden: Frauen, Männer, Kinder, Gesinde, Gesindekinder etc. Aber das ist erwartbar so. Im Inklusionsbereich der Stratifikation ist Ungleichheit normal. Vgl. Hergemöller (Hrsg.), Randgruppen der spätmittelalterlichen Gesellschaft, a.a.O., S. 13; siehe auch Ennen, E., Frauen im Mittelalter, München 1999.

*der stratifizierten Gesellschaft.* Sie ist deckungsgleich mit der Komplettdestruktion der sozialen Adresse in der Domäne der Stratifikation. Das erklärt, warum das Mittelalter so empfindlich für die Metapher des Fallens ist.[22] Wer aus seiner sozialen Lage, seiner schichtförmigen ›Beheimatung‹ gekippt wird, stürzt ganz ab, und vor diesem Schicksal ist niemand geschützt – in jeder Schicht.[23]

Daraus läßt sich eine interessante These ableiten: Die kontinente Adresse (und vielleicht darf man sagen, die aus ihr hergeleitete kontinente Identität) ist in einem unglaublichen Ausmaß eine prekäre Adresse. Sie führt den Schatten katastrophischer Exklusion mit sich. Wer aus der Schicht fällt (nur derjenige, nicht der, der ehrbar arm ist und bei aller Jämmerlichkeit der Existenzführung gleichwohl in den Inklusionsbereich gehört), fällt in die Vagabondage, in die Welt des *ni lieu ni feu,* der *demeurants partout.*[24] Er wird zum negativen *Homo viator,*[25] er ist schmutzig (pannosus), von Schwären bedeckt, struppig wie die Waldleute. Der Gipfel an Luxus ist die *domuncula,* ein Verschlag aus Brettern, Ästen, Laub. Der aus dem Inklusionsbereich Gefallene ist zugleich kriminell, verdächtig, gefährlich, ruhelos. Er wird von dort, wo er beheimatet war (wenn er nicht gleich in die Vahabondage hineingeboren wurde), argwöhnisch beobachtet, mit Mißachtung überzogen, die tödliche Folgen haben kann. Im Exklusionsbereich sind die Körper leicht eliminierbar.

Die mittelalterliche Gesellschaft ist aus dieser Sicht *doppelt differenziert*: Sie fällt, indem sie die Stratifikation ausbaut, einen Kernbereich der Inklusion und im selben Zuge einen Bereich der Komplettexklusion aus. Der Mechanismus, der aus dem Inklusionsbereich in den Exklusionsbereich führt, ist leichtgängig, er ist einer des kurzen und zugleich irreversiblen Weges.[26] Und er ist sinnlich präsent: Die katastrophalen Effekte der De-

**22 |** Mollat, M., Die Armen im Mittelalter, München 1984, S. 13.

**23 |** Zweifelsfrei besteht in den unteren Schichten ein höheres Gefährdungspotential als die Oberschichten. Allerdings hat die einschlägige Forschung auch eine Präferenz für die Beobachtung von sozialen Problemlagen in Unterschichten. Tatsächlich fehlt es nicht an Beispielen, daß in jeder Schicht das Verhängnis der Komplettexklusion drohen kann.

**24 |** Mollat, Die Armen im Mittelalter, a.a.O., S. 226ff.

**25 |** Es fügt sich, daß das Wort *Devianz* hier in einen hoch sinnlichen Kontext einrückt.

**26 |** Er muß im wesentlichen dann gegangen werden, wenn die Adresse ›verunehrlicht‹ wird im Sinne der *infamia iuris* oder der *infamia facti* – im Verlust der Ehre und der Rechtsfähigkeit bzw. im Ausdünnen oder Vernichten des sozialen Ansehens. Vgl. Hergemöller (Hrsg.), Randgruppen der spätmittelalterlichen Gesellschaft,

struktion der sozialen Adresse im Inklusionsbereich kann man sehen, auf den Straßen, in den Wäldern, vor den Städten.[27]

## III

Die Adresse des mittelalterlichen Menschen im Inklusionsbereich ist eine gefährdete Adresse. Sie ist *systematisch* prekär.[28] Geht man davon aus, daß die Form der Adressenbildung streng gekoppelt ist mit Identitätsbildungsprozessen psychischer Systeme, also mit einem Zeitschema und einer Strategie der Selbstsimplifikation, dann kann die allgegenwärtige Drohung der Komplexklusion (also des Zerreißens aller schichtspezifischen Zeithorizonte) im Blick auf jene Prozesse nicht folgenlos geblieben sein. Die Annahme eines identitären *Flachreliefs*, einer wohlgeordneten, typenfesten, unproblematischen Identitätsbildung im Inklusionsbereich wäre dann zu einfach; denn zumindest müßte man annehmen, daß die schichtspezifische Identität unter Aufwand stabilisiert werden muß gegen die Möglichkeit des Absturzes, die in der Vagabondage sinnlich präsent ist.[29] Oder anders ausge-

a.a.O., S. 1ff. Ursprünglich hat man es durchaus mit räumlicher Entfernung zu tun, mit Deportation, mit Verbannung (*insulae vinculum*), mit Gastfreundschaftsverboten (*interdictio aquae et ignis*) etc. Die Lex Salica formuliert, daß der Geächtete ein Wolf sei (*wargus sit*), der von menschlichen Siedlungen fernzuhalten sei. Vgl. Geremek, B., Der Außenseiter, in: Le Goff, J. (Hrsg.), Der Mensch des Mittelalters, Frankfurt a.M., New York 1994[3], S. 374-401, hier S. 375f. Siehe auch Schnitzler, N., »Vunformliche zeichen« und »freche Vungeberden«. Zur Ikonographie der Schande in spätmittelalterlichen Passionsdarstellungen, in: Dülmen, R.v. (Hrsg.), Körper-Geschichten. Studien zur historischen Kulturforschung, Frankfurt a.M. 1996, S. 13-42.

**27 |** Zum Ende des Mittealters wird die Vagabondage überall in Europa verboten. Vgl. zu den Folgen Fuchs, P., Weder Herd noch Heimstatt – weder Fall noch Nichtfall, in diesem Band auf S. 129ff.

**28 |** Es ist vielleicht wichtig, noch einmal festzuhalten, daß wir von einer Adresse, also einer Struktur der Kommunikation reden, und nicht vom Menschen des Mittelalters, der in seiner physischen Existenz in vielerlei Hinsicht bedroht war, durch die schwarze Pest, durch die Hunnen, durch Räuberbanden, Raubritter und Hungersnöte und sehr viel mehr.

**29 |** Der Grenzfall par exellence ist der Selbstmord, dessen Radikalität darin besteht, daß er die Adresse im Inklusionsbereich (also auch das Totengedenken) vollständig löscht und zugleich die *excommunicatio maxima* darstellt, insofern die Adresse des Selbstmörders auch für Gott gelöscht ist. Gerade dann stellt sich die Frage in der retrospektiven Verhandlung des Selbstmordfalles, ob der Selbstmörder jemand

drückt: Identität muß auffällig geworden sein, was nichts anderes heißt als: daß sie sich der Beobachtung exponiert haben muß, gerade weil sie nicht unproblematisch war, weil es die Kontrastfolie der Totalexklusion gab.

Geht man von der Unterscheidung (Komplett)Inklusion/(Komplett)Exklusion aus, dann könnte man formal sagen, daß das Problem an der *Barre*, am *Schied* des Unterschieds auftritt, dort also, wo die Grenze nah, das Kreuzen der Grenze möglich erscheint und wo zugleich die Irreversibilität des *crossings* einleuchtet, die Unmöglichkeit eines *re-crossings*. Es muß so etwas geben wie die Konstruktion grenznaher Lagen, eine Form von Differenzierungsarbeit oder eine Art von Amplifikation von Unterscheidungen, die sich auf krisenhafte (im Sinne von *krinein*) Adressen beziehen, Unterscheidungen, deren Kenntnis unverzichtbar ist, wenn es um die Stabilisierung der Schichtidentität geht. Tatsächlich ist für das Mittelalter kaum etwas typischer als die Entwicklung eines umfangreichen, tiefendifferenzierten Registers von Möglichkeiten für die Stigmatisierung sozialer Adressen, die die Grenzzone des Übergangs ins Unzuhause der Vagabondage markieren. Im Rahmen eines Aufsatzes können nur Ausschnitte aus diesem Register aufgezählt werden:[30]

Die berufsbezogene *infamia facti* umfaßt Lohnkämpfer, deren Kinder, Spielleute, Artisten, Tänzer, Musiker, Prostituierte, Bader, Bademädge, Badeknechte, Barbiere, Bartscherer, Wunderheiler, Tierverschneider, Hebammen, Henker, deren Mitarbeiter, Totengräber, Schinder, Abdecker, Hundefänger, bisweilen Schäfer und Schuster, Latrinen- und Kloakenreiniger, Müller, mitunter Schneider, die Zeidlerei, die Töpfer, gegen Ende des Mittelalters auch die Zolloffizianten, die Nachtwächter, die Büttel, Boten. Dazu kommen die illegitimen Kinder, die Gruppe der *debilitas corporis* bzw. der *defectus scientiae*, die Leprakranken, die Wahnsinnigen (Tobsüchtigen), die Rothaarigen, die Grünäugigen, die Buckligen. Dann und mit dramatischen Folgen sind dazu zu rechnen ethnische und religiöse Gruppierungen, die Juden, die Wenden, die Esten, die Sinti und Roma. Schließlich berühmt und berüchtigt die Ketzer, zum Beispiel die Katharer und Waldenser, die Hexen und Hexer, die Sodomiter, die *maleficae* schlechthin.[31]

war (also ein WER) oder nicht. Vgl. dazu die Beiträge in Signori, G. (Hrsg.), Trauer, Verzweiflung und Anfechtung in mittelalterlichen und frühneuzeitlichen Gesellschaften, Tübingen 1994.

**30** | Wir orientieren uns größtenteils an der Aufzählung in Hergemöller (Hrsg.), Randgruppen der spätmittelalterlichen Gesellschaft, a.a.O., S. 3ff. et passim.

**31** | Die Liste ist bei weitem nicht vollständig, und sie zeigt auch nicht die komplizierten Differenzierungen für jede der genannten Gruppen. Sie dient hier nur der Plausibilisierung des Gedankens, daß die Grenzzone durch die Konstruktion beschädigter Adressen erzeugt wird.

Entscheidend ist, daß schon diese Beispiele zeigen, daß das Mittelalter (und gegen sein Ende hin zunehmend mit immer feineren Differenzierungen innerhalb der Gruppen der Verunehrlichten) eine Art *Transitorium* konstruiert, das zwischen ihrem Inklusions- und Exklusionsbereich liegt und dann in der Folge der Konstruktion sozial präsent ist. Das sozial fungierende Schema (das soziale *a priori*) ist die Unterscheidung von *Ehre und Schande*.[32] Ehre, Ehrbarkeit, ein guter Leumund, das bedeutete die Inklusion, Verminderungen dieser Merkmale die Möglichkeit, in jenes Transitorium abzudriften, in die Zone des Übergangs in den Exklusionsbereich. Nichts wurde so sehr gefürchtet wie die *infamia facti*, entsprechend war jede Gelegenheit, die Schande des Anderen auszurufen, identisch mit der Stabilisierung der eigenen Adresse, die dann ausgestattet war mit *innerer* und *äußerer* Ehre.

Die Aberkennung der äußeren Ehre geschah aufgrund der Unterstellung mangelnder oder fehlender innerer Ehre.[33] Das ist, wie man sagen könnte, ein klarer Durchschluß von der Adresse auf die Identität, eine Innen/Außen-Unterscheidung durch die Konstruktion einer Adresse, in der durchgerechnet wird auf einen psychischen Hintergrund, der in sich selbst ehrenhaft oder nicht ehrenhaft sein kann. Die Ehre ist das Gravitationszentrum der Identität, die aus der Adresse abgezogen wird, Ehre vor den Menschen, Ehre vor Gott, und sie ist zugleich das zentrale Turbulenzzentrum, wenn und insoweit wir Identität als Zeitschema begreifen dürfen. Rechtschaffenheit, Ehrbarkeit (die *bona* fama) ist sozial an Dauer geknüpft, also an Gedächtnis, also an Zeit.[34] Die Ehre als (ein) Zeitschema der Identität ist aufwendig, sie muß in einem fort sichergestellt werden, sie ist die Obsession mittelalterlicher Identitätsbildung.[35] Als Zeitschema ist sie zu-

**32** | Hergemöller, Randgruppen der spätmittelalterlichen Gesellschaft, a.a.O., S. 1f., verweist darauf, daß dieses Schema in Doppelformeln mit entsprechenden Negationen eingesetzt wurde: recht und echt; frei und ehrlich; rechtlos und echtlos; unfrei und unehrlich. Vgl. ferner Schwerhoff, G., Verordnete Schande? Spätmittelalterliche und frühneuzeitliche Ehrenstrafen zwischen Rechtsakt und sozialer Sanktion, in: Blauert, A./Schwerhoff, G. (Hrsg.), Mit den Waffen der Justiz. Zur Kriminalgeschichte des späten Mittelalters und der frühen Neuzeit, Frankfurt a.M. 1993.

**33** | Die *vis contumeliosa*, die Kraft der Verächtlichung konnte auch die treffen, die sich ihre Ursache nicht erklären konnten wie etwa die Weber, die in der Chronik von St. Trond 1133 genannt sind. Vgl. Hergemöller (Hrsg.), Randgruppen der spätmittelalterlichen Gesellschaft, a.a.O., S. 49.

**34** | Vgl. dazu, daß entsprechende Zeitfiguren sich dann in der Moderne auflösen Fuchs, Und wer berät die Gesellschaft?, a.a.O.

**35** | Es gibt weitere Obsessionen in dieser Hinsicht, aber sie gehen in die gleiche Richtung der Drohung der *excommunicatio maxima*, also des Adressenverlustes

gleich eine Strategie identitärer Selbstsimplifikation, die stabilisiert werden muß gegen das gewaltige Transitorium der Verunehrlichung, das in der doppelten Differenzierung der mittelalterlichen Gesellschaft entsteht.

All das ist nicht einfach, es ist so komplex, daß die Rede von der Typenfestigkeit, von der Kategorialität des mittelalterlichen Menschen hinfällig wird.[36] Sie ist es (wir kämpfen hier im Blick auf die Forschungslage nicht gegen Windmühlenflügel an) längst geworden. Nimmt man diese komplexen Adressen- und Identitätsbildungsstrategien genauer in den Blick, wird aber sorgfältiger geprüft werden müssen, was entsprechende Strategien in der Moderne kennzeichnet.

## IV

Der Unterschied ist auf den ersten Blick nicht sehr beträchtlich. Prekäre Identität, die nur mühsam stabilisiert werden kann, ist so sehr Thema unserer (intellektuell darüber verhandelnden) Moderne, daß man der Nachweispflicht enthoben ist, wenn man diesen Topos berührt. Die Bedrohungen der Identität, so sagt man, sind vielleicht vielfältiger geworden, die Anforderungen an Strategien der Stabilisierung aufwendiger, als das Mittelalter es sich hat träumen lassen, aber dem Grunde nach dreht es sich damals wie heute um die Erosion des Zeitschemas der Identität, damit dann nur noch um eine Differenz der Anstrengungen, die aufgebracht werden müssen, um sozial orientierende und orientierte Selbstsimplifikation in Szene zu setzen. Wir werden uns aber hier nicht auf diese schwache Fassung moderner Problematisierung von Identität einlassen, sondern zunächst nur wie im vorangehenden Duktus der Argumentation die Differenzierungsform der modernen Gesellschaft erörtern, um von dort aus dann auf eine Form der Adressenbildung zu schließen, die Hinweise geben könnte, unter welchen Voraussetzungen moderne Identität gesellschaftstheoretisch diskutiert werden könnte.

Im Gegensatz zur stratifizierten Ordnung des europäischen Mittelalters werden die wesentlichen Lebens- und Sozialbewandtnisse der Menschen nicht mehr schichtintern reguliert, sondern geknüpft an eine Reihe auto-

vor Gott. Im übrigen müssen wir hier darauf verzichten, dieses Zeitschema der Ehre über seine mannigfaltigen Transformationen bis in die Gegenwart hinein zu verfolgen. Aber sie ist jedenfalls noch immer ein fungierendes soziales Schema – gegen alles, was dagegen spricht, moderne Identität mit einem gleichsam charakterologischen Zeitschema auszustatten.

36 | In diese Richtung gehen auch meine Untersuchungen zur Komplexität archaischer Gesellschaften. Vgl. Fuchs, Die archaische Second-Order Society, a.a.O.

nom operierender Funktionssysteme, die gesellschaftsweit eine spezifische Funktion bedienen und intern indifferent (wiewohl auf der Ebene der Infrastruktur sehr wohl empfindlich) gegenüber den je anderen funktionssystemspezifischen Zumutungen sind.[37] Das hat zur Folge, daß die schichtspezifische Inklusion abgelöst wird durch einen Inklusionsmechanismus, der prinzipiell vorsieht, alle Menschen (via Adresse, versteht sich) in alle Funktionszusammenhänge zu inkludieren. Jeder muß an Recht, an Wirtschaft, an Religion, an Erziehung, an Wissenschaft, an Kunst, an Sport etc. partizipieren können. Oder genauer: Niemand darf als Adresse nicht in Frage kommen. Genau das macht ja die Empfindlichkeit der modernen Gesellschaft gegenüber ungleichen Partizipationschancen aus, die mitunter die Form der moralischen Raserei annehmen kann.[38]

Was es mithin nicht mehr gibt, ist (jedenfalls dort, wo die funktionale Differenzierung ihre Vollform erreicht) die direkte Komplettexklusion. Es existiert kein Mechanismus, der eine Partialinklusion identisch setzt mit einer Komplettexklusion. Statt dessen findet sich das Phänomen der Möglichkeit sich generalisierender Teilexklusionen, eines *spill-over*-Effekts, bei dem Ausschlußtendenzen in einem Funktionssystem ähnliche Tendenzen in anderen nach sich ziehen: Eben dies ist der Effekt des Hauptmann-von-Köpenick-Syndroms.[39] Die Adressenkatastrophe (Destruktion im Inklusionsbereich) ist allenfalls gestaffelt, sie ist nur auf einem langen Wege möglich, und sie wird noch aufgehalten durch die Funktion eines eigenen Systems sozialer Hilfe, das *spill-over*-Gefährdete mit der Unterscheidung von Fall/Nichtfall bearbeitet und unter der Bedingung, daß *Fall* bezeichnet werden kann, Programme ablaufen läßt, die sie (substitutiv oder supplementär) im Inklusionsbereich halten.[40]

Das heißt aber, daß Adressen- und damit Identitätsprobleme nicht pri-

**37** | Siehe als Beispiele für entsprechende Fallstudien Fuchs/Schneider, Das Hauptmann-von-Köpenick-Syndrom, a.a.O.; vgl. auch die Beiträge in Mayntz et al., Differenzierung und Verselbstständigung, a.a.O.

**38** | Siehe dazu Fuchs, P., Das Phantasma der Gleichheit, in: Merkur 570/571, 1996, S. 959-964.

**39** | Fuchs/Schneider, Das Hauptmann-von-Köpenick-Syndrom, a.a.O. Jener *spill-over*-Effekt kann auch als negatives Matthäus-Prinzip gedeutet werden: Wer aber nicht hat, dem wird genommen werden, was er hat (Matth. 13,12), hier zit. nach Berger, P.A., Individualisierung, Statusunsicherheit und Erfahrungsvielfalt, Opladen 1996, S. 22 mit dem obligatorischen Hinweis auf Merton.

**40** | Vgl. Fuchs, P., Weder Herd noch Heimstatt – weder Fall noch Nichtfall, in diesem Band auf S. 129ff. Dort wird unterschieden zwischen dem Inklusionsbereich und dem supplementären Inklusionsbereich, bezogen auf das Medium der Inklusion: Arbeit.

mär durch einen möglichen Absturz ausgelöst werden, durch die Dauerpräsenz eines Transitoriums unmittelbar bevorstehender Adressenkatastrophen. Die Adresse kann beschädigt sein, aber sie ist im Inklusionsbereich eingeschlossen, der vielfältige Routinen der ›Heilung‹ vorsieht: von sozialer Hilfe bis zur Psychotherapie. Gleichwohl dürfte Identitätsbildung nicht unabhängig geblieben sein von der Form der Adresse, die durch funktionale Differenzierung begünstigt ist.

Mit der Form funktionaler Differenzierung nämlich wird die Gesellschaft *polykontextural.*[41] Sie zerlegt, sagt das, die Gesellschaft in codierte Funktionssysteme, deren Autopoiesis über zweiwertige Codes geschlossen gehalten wird. Diese Systeme sehen, was sie sehen (und sehen nicht, was sie nicht sehen) durch das Filter streng binärer Unterscheidungen, deren wesentliches Merkmal ihr *totalisierender Weltzugriff* ist. Was immer die Welt sein mag, sie zerfällt je nach Systemreferenz in ein Entweder/Oder der absoluten Art: Zahlung oder Nichtzahlung (Haben/Nichthaben), wahr oder unwahr, bestanden/nichtbestanden, ein Amt innehaben/nicht innehaben, Kunst/Nichtkunst, immanent/transzendent (Heil/Verdammnis). Dritte Werte sind nicht vorgesehen und okkupieren allenfalls als Parasiten das System. Vom jeweiligen Referenzsystem her gesehen, ist die Welt unter der Projektion des Codes vollständig (kontinent).[42] Sie ist in diesem Sinne eine *Kontextur,* für die keine transzendierende Operation angegeben werden kann. Sie ist durch ihre Unterscheidung totalisiert, und das gilt, gleichsam rundum, für den Reigen der Funktionssysteme.

Die moderne Gesellschaft kennt eine Mehrheit totalisierender Weltzugriffe und erzwingt genau damit den Ausfall eines legitimen Totums der Weltbeobachtung, den Ausfall eines Systems, das die Codierungen (diese Totalisierungen) der Funktionssysteme in irgendeiner Weise universal *supercodieren* könnte.[43] Die Gesellschaft findet in sich viele Beschreibungen ihrer selbst vor, aber keine davon ist eine *repraesentatio identitatis* in einem irgend denkbaren strengen Verständnis. Sie hat keine innere Landschaft,

**41** | Vgl. umfangreich Fuchs, Die Erreichbarkeit der Gesellschaft, a.a.O.

**42** | Ich erinnere daran, daß wir hier von sozialen Systemen sprechen, nicht von psychischen Systemen, die genau nicht diese Kontinenz mitmachen müssen und möglicherweise deshalb parasitär (im Sinne Serres) zu allen Funktionssystemen stehen. In jedem Fall entziehen sie sich der Binarität, wiewohl jede Partizipation an einem System binäre Operationen erzwingt.

**43** | Dies ist die Crux aller theoretischen, ethischen, ideologischen Programme, die sich Supercodierungen der Weltgesellschaft ausdenken oder wünschen, zum Beispiel eine universal angesetzte Vernunft, die über voll sozialisierte psychische Systeme gleichsam den Sozialsystemen injiziert würde, oder das Projekt Weltethos in seinen vielfältigen Variationen.

über der sie kreisen könnte, keinen internen Referenzrahmen, in dem sich die Kontexturen überschreiten ließen. Der Vollständigkeit (Kontinenz) der Funktionssysteme im Blick auf die Welt korreliert die Unvollständigkeit (Inkontinenz) der Gesellschaft. Sie hat keine zusammenhängende Perspektive.[44] Polykontexturalität ist der Begriff für diese Inkontinenz, die das Ergebnis einer Pluralität von Kontexturen ist, die in keiner Einheit mehr verrechnet werden können.[45]

Auf diesem Hintergrund kann man eine starke und eine schwache Fassung des Problems der Adressabilität (und dann: Identität) unter modernen Bedingungen gewinnen. Die schwache Fassung setzt eine Einheit an, die fragmentiert werden kann.[46] Das Individuum ist eine quasi apriorische Angelegenheit, eine Vorgängigkeit, die zu Strategien greifen kann, die Identitätsspannungen austarieren oder kalibrieren.[47] Die Adresse (und wieder: die Identität) zerfällt in Segmente einer Einheit (einer »EINS«), und dieses Zerfallen kann dann zu Selbstsimplifikationen dieser EINS führen, die in verschiedene Richtungen gehen: Konstitution eines fundamentalistischen (religiösen) Selbst, Konstruktion einer Form von Personalität, die azentrisch ist (Neuer Individualismus bzw. »relationales Selbst«), Ausprägung einer multiplen Personalität, Bindung an Körper und Sexus, an Raum, an Oszillationen zwischen diesen verschiedenen Formen, Narrativität der Selbstkonstruktion etc.[48]

**44 |** Diese Begriffsbildung führt auf das Spencer-Brownsche Formkalkül zurück, in dem die Unterscheidung perfekt kontinent ist. Siehe zu diesem Kalkül Spencer-Brown, Laws of Form, a.a.O.

**45 |** Wir sprechen von der Beobachtung der Welt. Geht man auf die Operationen zurück, ist die Einheit selbstverständlich Kommunikation. Aber wenn man das (wie hier) formuliert, dann kommt eine Beobachtung zustande, die lokal (hier wissenschaftsgebunden) erzeugt wird und genau deshalb nicht die Grenzen der Kontextur überschreitet, ohne unter andere Bedingungen zu geraten. Siehe für ein Experiment in dieser Richtung Fuchs, P./Schmatz, F., »Lieber Herr Fuchs, lieber Herr Schmatz«. Eine Korrespondenz zwischen Dichtung und Systemtheorie, Opladen 1997.

**46 |** Das ist das »dilemma of unification versus fragmentation«. Vgl. Giddens, Modernity and Self-Identity, a.a.O. Gegen die schwache Fassung habe ich meine Japanstudie (Fuchs, Die Umschrift, a.a.O.) geschrieben.

**47 |** Ich danke hier André Brodocz, der mit einem Arbeitspapier Anregungen gegeben hat, die trotz bestreitbarer Ergebnisse fruchtbar waren. Brodocz, A., Identität und Adressabilität. Hypothetische Überlegungen in Anschluß an Peter Fuchs »Adressabilität als Grundbegriff der soziologischen Systemtheorie«, Ms. 1997.

**48 |** Die Liste folgt Brodocz, Identität und Adressabilität, a.a.O. Vgl. entspre-

Aber vielleicht läßt sich eine stärkere Fassung des Identitätsproblemes gewinnen, wenn man die eben diskutierte Form der Polykontexturalität direkt auf die soziale Adresse bezieht, die ja hier als Struktur der Kommunikation behandelt wird.

## V

Daß die Adresse eine Struktur der Kommunikation ist, läßt sich zumindest im Blick auf ihren Einheitsgesichtspunkt, auf den *Namen,* schnell plausibel machen. Niemand *ist* sein Name.[49] Jedem wird ein Name zugeschrieben, keiner gibt sich (außer in Riten der Passage) selbst einen Namen. Der Name ist der Attraktor, an den sich die Strategien der Adressenbildung in ganz unterschiedlichen Formen anlagern. Dabei ist es leicht, sich vorzustellen, daß diese Anlagerungen, um in einer gewissen Analogie zur Rollentheorie zu formulieren, Segmente ausprägen: das familiale Segment, das Vereinsegment, das Berufssegment, das Parteisegment etc. Problematisch ist allerdings die Rede vom Segment, die suggeriert, es gehe um einen Ausschnitt aus einer Einheit, um ein Teil einer Ganzheit, um die interne Verrechenbarkeit einer Unität. Das Bewußtsein ist in solchen Formulierungen schon mitgedacht, es hat sich eingeschlichen als in gewisser Weise uniformer Hintergrund der Adressierung. Wenn man das nicht will, wird man darauf insistieren müssen, daß es nicht *die* singuläre Adresse gibt, sondern eine über den Namen allein gebündelte und in sich disparate Adressenpluralität. In keiner Kommunikation kommt eine andere als nominelle Einheit der Adresse zur Geltung, immer wird der Mitteilende spezifisch konstruiert, niemals in irgendeiner Totalität.[50]

chend Lifton, R.J., The protean Self, New York 1993; Gergen, K.J., The Saturated Self, New York 1991; Deleuze, G./Guattari, F., Anti-Ödipus, Frankfurt a.M. 1979.

**49** | Vgl. zur Bedeutung der ›Vertäuung‹ des Menschen schon durch seinen Eigennamen Benjamin, Gesammelte Schriften, a.a.O., S. 292. Bezeichnend ist, daß Gott sich selbst keinen Namen gibt außer jener flammenden Tautologie des Dornbusches. Das Auslöschen des Namens ist die Tilgung der Adresse, sei es im alten Ägypten, sei es in den totalen Institutionen, die Goffman uns beschreibt. Ironische Spiele mit jemandes Namen sind das alltägliche Brot ironischer Rhetorik. Im übrigen haben auch Sozialsysteme ohne Namen keine Adresse, weswegen denn auch sehr viel Zeit auf das Finden von Namen gelegt wird. Das Wort *nomen est omen* gewinnt in diesem Zusammenhang einen neuen Sinn.

**50** | Natürlich gibt es seltsame soziale Versuche, auf die Ganzheit der Adresse (aber im Durchgriff auf die Psyche) zu referieren, aber das geschieht selbstverständlich lokal und (wie man seit der Psychoanalyse weiß) im Modus der Unabschließbar-

Für jene Disparitäten (das ist ein Notbehelfsbegriff, mit dem wir jetzt den des Segmentes ersetzen) gilt, daß sie nicht zusammenhängen müssen. Sie lassen sich mitunter koppeln (zum Beispiel, wenn der Psychotherapeut die familiale Adresse zu eruieren sucht), aber diese Kopplung ist nicht typisch. Mitunter sind Entkopplungen zwingend (wie etwa in Organisationen) in der Form, daß von einem Adressensegment (etwa Familie) zugunsten eines anderen Segments (Organisation) ganz abgesehen werden muß.[51] Die Kommunikation wallt, wenn ich diese etwas ungebührliche Metapher benutzen darf, mal hier, mal dort adressenförmig auf, sie arbeitet disparitätsspezifisch, und *das Gedächtnis der Verschiedenheit oder der Alterität der Adressierungszumutungen liegt typisch nicht auf ihrer Seite, sondern auf der Seite des psychischen Hintergrundes, der das Gemeinsame des Verschiedenen erinnert – via Körper, müßte man sagen, der durch alle Zumutungen hindurchspaziert und den Zusammenhang des Disparaten mnemotechnisch garantiert.*[52]

Polykontexturalität kommt dann ins Spiel, wenn man mitsieht, daß eine Reihe von Adressierungszumutungen nicht nur heterogen, nicht nur disparat sind, sondern in einem präzisen Sinne inkompatibel. Das sind eben die Zumutungen, die aus der Kommunikation der Funktionssysteme soziale Adressen ausfällen – in jener binären und totalisierenden Schematisierung, die die Einheit des Verschiedenen systematisch verhindert. Die Adressendisparität, die nur über den Namen verbunden ist, steht unter dem Regime einander ausschließender Codierungen. Die Kontexturen der Funktionssysteme entwerfen Disparitäten, deren Verrechnung in der EINS schlechthin unmöglich erscheint. Die Wirtschaftsadresse ist nicht die Liebesadresse, diese nicht die Rechtsadresse, diese nicht die Kunstadresse, diese nicht die Religionsadresse etc. Und dieses »Nicht-Sein« ist die Exklusivität der jeweiligen Adressenkonstruktion. Die Verbindung dieser Unver-

keit. Dort, wo es um die Komplettbetreuung der Person geht, in der Familie, wird natürlich nicht die soziale Adresse komplett betreut.

**51 |** Und vice versa. Daß im Blick auf mich eine wissenschaftliche Adresse kondensiert, muß familial dann ausgeblendet werden, wenn die familiale Adresse angesteuert wird.

**52 |** In meiner Studie über japanische Kommunikation habe ich versucht, zu zeigen, daß das Problem auf andere Weise auftritt, wenn die Segmentarität oder die Disparität sozial gewürdigt wird, Identität deshalb keine Rolle spielt – und der Körper gleichsam eine problematische Restkategorie wird. Im übrigen bezieht sich eine Menge an Forschung über Identität in der Moderne auf den Wandel der Kopplungsdichte der Adressendisparitäten. Die Fragmentierung der Adresse wird als Problem der modernen Identitätsbildung behandelt. Die Forschung referiert unter welchen Problemtiteln auch immer auf die Entkopplung eines in der Vormoderne eng gekoppelten Verhältnisses der Adressendisparitäten.

bindbarkeiten stiftet wiederum der Name, der als Symbol in der Kommunikation verweist auf den psychophysischen Hintergrund, der in der Umwelt des Sozialsystems als Referenzpunkt aller Disparitäten fungiert. In der Kommunikation gibt es, entsprechend dem Polykontexturalitätstheorem, kein Konvertierungsprogramm, mit dem die Zahlungsdisparität in eine Liebesdisparität übersetzt werden könnte. Im Moment, indem in der Liebe Zahlungen auftauchen, findet sich Prostitution und nicht: Liebe. Die Konstruktion der Adresse des Gläubigen ist abgrundtief verschieden von der Konstruktion der Adresse des Wissenschaftlers, und zwar auch dann, wenn beide Konstruktionen auf denselben Namen referieren.

Vielleicht darf man daraus folgern, daß die Kommunikation disparate Mitteilende konstruiert (und kein weiteres Zusammenhangsmoment außer dem Namen benötigt, um in dieser Hinsicht zu funktionieren) und daß die Besonderheit der Moderne darin besteht, daß die zentralen Disparitäten polykontextural sind. Knapper formuliert: *Die soziale Adresse unter der Bedingung funktionaler Differenzierung ist polykontextural. Sie ist in dieser Hinsicht inkontinent wie die Gesellschaft selbst.* Darin dann würde sich die kontintente, aber eben deshalb hoch prekäre Adresse des Mittelalters von der Form der modernen Sozialadresse unterscheiden. Die inkontinente Adresse ist nicht die Komplettheit, die von der Tafel der Gesellschaft gewischt werden könnte. Ihre Inkontinenz garantiert, daß Adressenprobleme nicht sofort eine Gesamtadresse tangieren, denn eben diese (die ganze Adresse) gibt es nicht mehr.

Was folgt daraus für das, was als psychische Identität dann zustande kommen kann?

## VI

Die Rede ist ja nicht die von einer ontologisch gemeinten Identität, sondern von einem Zeitschema und einer Selbstsimplifikation. Psychische Identität ist die Konstruktion, die bei Prozessen der Selbstbeobachtung und Selbstbeschreibung des Bewußtseins im Schema Dauer/Wandel Dauer bezeichnet und in dieser Hinsicht dann nur selbstsimplifikatorisch sein kann, insofern die Gegenseite des Schemas, die laufende Transformation, ausgeblendet wird. Die Unterscheidungen allerdings, die das Bewußtsein für jene Selbstbeobachtungsprozesse einsetzen kann, sind zweifelsfrei selbst: sozial. Niemand kann *Ich, Selbst, Identität, Bewußtsein* sagen oder denken, ohne daß ihm diese Unterscheidungen sozial angesonnen worden wären, und selbst die Bezeichnung idiosynkratischen Erlebens nutzt noch immer das berühmte *Je ne sais quoi – ich weiß nicht, was soll es bedeuten.*[53] Der Selbstkontakt des Bewußtseins ist zutiefst begründet in sozialer Alterität. Was als Dauer bezeichnungsfähig ist, hängt mithin weitgehend von sozialen Plausibilitäten ab, die dann ihrerseits unserer These nach in der jeweiligen gesellschaftlichen Differenzierungsform verankert sind.

Das läßt sich verkürzen auf die hier bedeutsame Annahme, daß Prozesse der Identitätskonstruktion unmittelbar geknüpft sind an die Adressierungszumutungen, die aus jener sozialen Alterität kommen und psychisch verrechnet werden. Nur in der psychischen Verrechnung disparater Zumutungen kann es um den Zusammenhang der Disparitäten gehen, nur das Bewußtsein ist so etwas wie ein externer Referenzpunkt, der durch die Effekte dieser sozialen Konstruktionen erreicht wird.[54] Das Problem moderner Identität würde dann auftreten, wenn die soziale Forderung (Identität zu sein, zu haben) konterkariert wird durch *die Unmöglichkeit der In-Eins-Verrechnung jener Zumutungen, durch die Polykontexturalität der Adresse(n).* Das Bewußtsein hat es dann mit der *Heterarchie* der Adressendisparitäten zu tun, und: Heterarchien sind nicht einheitsfähig. Sie sind auch nicht einheitsfähig im Blick auf Zeit, im Blick auf die Konstruktion von Dauer, die einem Bewußtsein angesonnen werden kann. In den heterarchen Disparitäten der Adresse finden sich keine Anhaltspunkte für das, was als dominant durchhaltefähig angesehen werden kann. Und es ist offenkundig, daß die Bezeichnung der Dauer (Identität) unter solchen Voraussetzungen in extreme Selbstsimplifikationszwänge treibt – in ein Hintrimmen, das schließlich nur noch den Körper benutzen kann, der zur *mémoire involontaire* wird.[55]

**53** | Vgl. Köhler, E., »Je ne sais quoi«. Ein Kapitel aus der Geschichte des Unbegreiflichen, in ders.: Esprit und arkadische Freiheit, Frankfurt a.M. 1972, S. 52-74. Die Referenz auf Phänomene wie das déjà vu ist hier obligat, ebenso der Verweis auf das Ineffabile. In all dem wird immer mitgedacht, daß das, was sich entzieht, von besonderer, von existentieller Bedeutung sei. »Ce qui n'est pas ineffable n'a aucune importance«, formuliert Paul Valéry (Mon Faust).

**54** | Nicht durch die Konstruktivität selber, müßte man sagen, wenn man wie ich davon ausgeht, daß Kommunikation durch Bewußtsein nur in der Form der *méconnaissance* beobachtet werden kann. Im übrigen ist selbst die Idee, daß es um einen Zusammenhang geht, um eine Verrechnung des Disparaten, sozial konditioniert und eine typisch europäische Angelegenheit. In Japan liegen die Dinge anders. Vgl. noch einmal die Fallstudie über japanische Kommunikation in Fuchs, Die Umschrift, a.a.O.

**55** | Er wird zu einer Art Tafel, auf der Identität eingeschrieben und gleichsam physisch aufrechterhalten werden kann. Vgl. dazu instruktiv Hahn, A., Handschrift und Tätowierung, in: Gumbrecht, H.U./Pfeiffer, K.L. (Hrsg.), Schrift, München 1993, S. 201-217.

Das ist ein hoher Aufwand, der dazu berechtigt, danach zu fragen, ob die Moderne nicht im Blick auf die Stabilisierung psychischer Identität und deren Kommunikation Mittel der Ersparnis gefunden und begünstigt hat. Man müßte, so könnte eine logische Antwort lauten, Identität haben, ohne sie zu haben. Sie müßte aufwandfrei behauptet bzw. psychisch inszeniert werden können – gegen polykontexturale Adressierungszumutungen. Und doch müßte sie zugleich als etwas extrem Gefährdetes, ja Unmögliches vorführbar sein – eine Art Mythologie der Identität, die das Zeitschema aushebelt und doch benutzt.

Tatsächlich finden sich im Moment, in dem die funktionale Differenzierung die Reste der Ständeordnung auflöst, die Anfänge einer Mythologie, die ihren einsamen Gipfelpunkt in Freud hat, in der Psychoanalyse. Deren Erfolg hängt unmittelbar zusammen mit dem, was er selbst die kopernikanische Wende nannte, mit der Konstruktion eines gekammerten psychischen Systems, in dem das Bewußtsein zur Projektion einer Oberfläche wird.[56] Das Entscheidende (in der ersten und der zweiten Topik) ist die Idee unterschiedlicher Domänen des Psychischen, aus der dann folgt, daß das Bewußtsein keinen vollständigen, ja einen nur rudimentären Selbstzugang hat. Dabei entsteht eine Dämonologie, eine Mythologie des Psychischen, in der die Möglichkeit der Identität in die Zeit vor der Zeit, ins Differenz- und Zeitlose des Unbewußten verlegt wird, hinter eine Zeitmauer, die für kein Bewußtsein erreichbar ist. Die Dauer, die es im Identitätsschema zu bezeichnen gilt, sie ist schon bezeichnet – lange bevor das Bewußtsein eine Chance dazu hat. Identität gewinnt eine schicksalshafte, weil nicht zugriffsfähige Tiefendimension. Sie wird, auch das, fundamental tragisch, insofern sie durch die Not des Lebens, durch den Umweg erzeugt wird, der ein Weg ist, der nicht mehr gegangen werden kann. Jeder Mensch erhält eine für jeden Menschen unkontrollierbare Identität, deren Vorteil auch darin liegt, daß auftretende Irritationen (auch Selbstüberraschungen) an die Determination durch diese unerreichbare Identität geknüpft werden.

In etwas despektierlicher Redeweise kann man sagen, daß die Psychoanalyse (und alle ihre Derivate), daß der gesamte Psychoboom der modernen Gesellschaft *parasitiert* an der Dislokation oder der polykontexturalen Komplikation der sozialen Adresse. Die Singularität des Individuums ist garantiert, gleichgültig mit welchen Adressierungszumutungen es überschüttet wird. Es nimmt mithin nicht Wunder, daß die Psychoanalyse (und alle Psychologien, die mit dem Konstrukt des Unbewußten arbeiten) vorrangig eingeschaltet wird, wenn Identität als prekär, als verloren, als zu Suchendes thematisiert wird. Sie kehrt das Zeitschema der Identität um: Im Transitori-

56 | Vgl. die umfangreiche Freudstudie in Fuchs, Das Unbewußte in Psychoanalyse und Systemtheorie, a.a.O.

schen, im Wandel verbirgt sich die Dauer, und diese Dauer ist nicht erreichbar, sie ist transempirisch.

Die Kommunikation von Identität läuft dann auf das seltsame Problem der Inkommunikabilität auf. Im Moment, wo sie kommuniziert wird, ist sie als artifiziell erkennbar, wie forciert diese Kommunikation auch immer erscheinen mag. Aber gerade dadurch (durch diese Krisenlage) wird sie, wie man sagen könnte, augmentiert und amplifiziert. Über Identität kann endlos und unabschließbar geredet werden. Die Crux der Moderne ist, daß dies gewußt werden kann und gleichwohl geschieht. Identität ist deswegen unter den Bedingungen funktionaler Differenzierung ein hyperkomplexes Problem.[57]

Vielleicht lohnt es sich, das Problem deswegen unter gesellschaftstheoretischen Voraussetzungen zu behandeln. Schließlich geht es um die Adresse des Menschen.

57 | Vgl. Fuchs, Die Erreichbarkeit der Gesellschaft, a.a.O.

# Von Jaunern und Vaganten – Das Inklusions/Exklusions-Schema der A-Sozialität unter frühneuzeitlichen Bedingungen und im Dritten Reich

Probleme der Inklusion und Exklusion werden mittlerweile intensiv diskutiert.[1] Das Interesse daran verdankt sich einmal der eher soziologischen Theoriefrage, wie denn dieses Beobachtungsschema als *Schema-im-autopoietischen-Betrieb* zu denken sei, dann der Frage, wie man es in diesem sozialen Betrieb so beobachten könne, daß Aufrisse für empirisch gehaltvolle Forschung zustande kämen, schließlich der Annahme, daß mindestens zwei Funktionssysteme der modernen Gesellschaft direkt auf Inklusions/Exklusions-Probleme bezogen seien, nämlich das System der Sozialen Arbeit[2] und das der Erziehung[3]. Daneben, und oft damit vermengt, findet sich ein eher moralisch konditioniertes Interesse, das sich von diesem Schema weitere Munition in der Ungleichheitsdebatte verspricht oder scharf bestrei-

**1 |** Ausgangspunkte der Diskussion waren wesentlich Luhmann, Inklusion und Exklusion, a.a.O.; Stichweh, Inklusion in Funktionssysteme der modernen Gesellschaft, a.a.O.; Fuchs/Buhrow/Krüger, Die Widerständigkeit der Behinderten, a.a.O.; Fuchs/Schneider, Das Hauptmann-von-Köpenick-Syndrom, a.a.O.

**2 |** Vgl. direkt dazu Fuchs, P., Systemtheorie und Soziale Arbeit, in: Merten, R. (Hrsg.), Systemtheorie sozialer Arbeit, Neue Ansätze und veränderte Perspektiven, Opladen 2000, S. 157-175.

**3 |** Das wird nicht immer so deutlich gesagt, aber mir scheint, daß das Erziehungssystem eine spezifische Inklusionsfunktion unter funktional differenzierten Gesellschaftsbedingungen hat.

tet, daß eine solche Munitionierung von der Systemtheorie her möglich sei.[4]

Die folgenden Überlegungen sind zwar auch gesellschaftstheoretisch interessiert, legen aber den Akzent auf die Frage, ob sich etwas ausmachen läßt (sozusagen in hoher Dichte und Nähe) über Inklusions/Exklusionsprozesse, die in den Turbulenzen der Umstellung des Gesellschaftssystems auf funktionale Differenzierung anfallen. Die These ist einerseits, daß diese Umstellung das Adressenmanagement der Kommunikation entschieden mitverändert,[5] daß aber andererseits soziologische Präzisierungsarbeit noch aussteht, die die Verschiebung vom Inklusions/Exklusions-Modus des europäischen Mittelalters zum dominanten Modus funktionaler Differenzierung nachzuzeichnen sucht – anhand der Quellen und anhand der Ergebnisse forschungsintensiver Quellenwissenschaften.

Eben ein solcher Versuch steht im Mittelpunkt dieser kleinen Studie. In einer guten soziologischen Tradition bezieht sie sich auf Leute, die *de via* gehen. Sie orientiert sich an dem, was man heute wohl Devianz und Delinquenz nennen würde, und nimmt sich des differenzierungstheoretisch spannenden Zeitraums zwischen 1500 und 1800 an. Dabei wird schließlich die Annahme vertreten, daß der dabei identifizierte Typ von Adressenarbeit als Schema hineinkopiert wird in das 20. Jahrhundert, unter anderem in der fatalen Form, die ihr das *Dritte Reich* gibt.

## I

Inklusion/Exklusion ist ein Beobachtungsschema, mittels dessen beobachtet wird, wie Kommunikation, die nicht beobachtet werden kann, sich durch Handlungszurechnungen ein griffiges (simplifiziertes) Profil gibt.[6] Den Ansatz dazu liefert die Unterscheidung von Fremd- und Selbstreferenz in

**4 |** Vgl. aber Fuchs, P., Armut – ein Spill-over-Effekt oder ein Over-kill-Phänomen? – Plenarvortrag bei den Schweriner Wissenschaftstagen 1998, in: Ministerium für Bildung, Wissenschaft und Kultur Mecklenburg-Vorpommern (Hrsg.), Armut – die Herausforderung. Welche Strategien entwickeln Wissenschaft und Politik?, Schwerin 1999, S. 50-59.

**5 |** Siehe zum Zusammenhang von Inklusion/Exklusion und der Adressabilitätstheorie Fuchs, P., Adressabilität als Grundbegriff der soziologischen Systemtheorie, als Detailstudie ders., Weder Herd noch Heimstatt – Weder Fall noch Nichtfall; ders., Moderne Identität – im Blick auf das europäische Mittelalter, in diesem Band auf S. 37ff., S. 129ff. und S. 83ff.

**6 |** Vgl. dazu das Kapitel über Kommunikation und Handlung in Luhmann, Soziale Systeme, a.a.O.

der Kommunikation, operativ gesehen also: die vom *sozialen* Verstehen her aufgespannte Differenz von Information und Mitteilung. Inklusion/Exklusion ist im Spiel, wenn man mitsieht, daß in dieser Differenz immer zugleich ein Mitteilender (als Handelnder) ermittelt oder projiziert wird. Es geht also um einen Selektionsprozeß, in dessen Rahmen bestimmte Umweltprozessoren der Kommunikation als Mitteilende so ausgezeichnet (oder ausgeschlossen) werden, daß in der Kommunikation eine soziale Adresse entsteht (oder nicht entsteht), die limitiert, wer als Mitteilender überhaupt und wenn, wie er in Frage kommt.

Das ist eine durchaus geläufige soziologische Vorstellung, wenn man etwa an die Rollentheorie denkt in all ihren vielfältigen Ausprägungen und/oder an Theorien prekären Identitätsmanagements, in denen I and Me in einen Zusammenhang gebracht werden, bei dem alles darauf ankommt, wie psychische und soziale Erwartungslagen austariert und kalibriert werden. Die soziologische Systemtheorie fügt dem nur hinzu, daß zwischen den Adressen (Rollen, Personen) als Strukturmomenten der Kommunikation und den psychischen Systemen die System/Umwelt-Grenze verläuft, und sie verschärft diese Separation durch Theoriestücke wie Autopoiesis und operative Geschlossenheit, eine Zuspitzung, deren Effekt es ist, daß man die Probleme und die Analyse jener Kalibrierung nicht in die Leute hineinvermuten muß. Damit verknüpft sind Emphaseverluste und Analysegewinne. Die Emphaseverluste beziehen sich darauf, daß von vornherein klar ist, daß es nicht Menschen sind, die aus sozialen Systemen exkludiert werden, sie waren niemals Bestandteile solcher Systeme, man kann sie weder herausnehmen noch hineinstecken. Und genau darin liegt auch der Analysegewinn: Man muß nicht mehr auf das Binnenleben der Leute achten und kann sich statt dessen mit sozialen Strukturen befassen.

Diese Grenzziehung wird von Beobachtern der Systemtheorie häufig dramatisiert oder gar skandalisiert, so als würden die Menschen aus dem Spiel der Sozialität herausgenommen, als ginge es um eine Exkommunikation. Bei genauem Hinsehen wird man aber schnell dessen gewahr, daß die Verbindung von Sozialem und Psychischem in der Systemtheorie durch das Theorem struktureller Kopplung (klassisch: Wechselwirkung – oder moderner: konditionierte Koproduktion[7]) bezeichnet ist, das ausschließt, daß soziale Strukturen wie etwa soziale Adressen, Rollen, Personen psychisch folgenlos bleiben, und vice versa.

Postuliert wird eine überaus innige psychisch/soziale Konnektivität, die aber keine anthropologisch/soziale Konstante ist, sondern sich der Evolution ausgesetzt findet. Man hat es dann mit den Effekten einer soziostrukturellen Drift zu tun, die sich auf eine Differenz (Bewußtsein/Sozialsystem)

7 | Vgl. dazu Fuchs, Die Metapher des Systems, a.a.O.

auswirkt und nicht auf eine Einheit, die aprioristisch angesetzt wäre als *Mensch mit Eigenschaften*, dessen theoretische Fixierung es gestattet, auf Variationen *Desselben* zu achten.[8] Mit der Evolution verändern sich, wie man sagen könnte, primär Kopplungsprozesse, also auch die Modi der je fungierenden Inklusion/Exklusion. Die Vermutung ist, daß diese Veränderungen dramatisch werden, wenn gravierende Evolutionsschübe auftreten. Sie müßten spezifischen Druck ausüben auf die Differenz von Inklusion/Exklusion, und dieser Druck müßte rekonstruiert werden können anhand der Strukturen, die sich stabilisieren, bzw. an Strukturen, die sich erheblich verformen.

Einer dieser Schübe ist die (wesentlich in Europa stattfindende) Umstellung einer primär stratifizierten sozialen Welt (Mittelalter) auf funktionale Differenzierung. Die Annahme, daß diese Transformation den Übergang in die Moderne kennzeichnet, ist vielfach diskutiert worden. Die theoretische Figur, um die es geht, ist die Auslagerung wesentlicher gesellschaftlicher Funktionen aus den *strata* des Mittelalters in autonom operierende Funktionssysteme, die je für sich ein Funktionsmonopol entwickeln, das gesellschaftsweit greift eben unter der Voraussetzung, daß weitere Funktionssysteme andere Funktionsmonopole generiert haben, so daß jedes dieser Funktionssysteme entlastet ist um die Mitberücksichtigung weiterer Funktionen. Jedes operiert als Solitär.

An diese Figur, bezogen auf Inklusion/Exklusion, wird gemeinhin die These angeschlossen, daß diese makrodiverse Lage[9] (eine polykontexturale Mehrheit von Funktionssystemen) die Einheit der schichtgebundenen Adresse des Mittelalters sprengt. Sie wird fragmentarisiert. Der Eigenname bezeichnet nicht mehr eine durchrechenbare Struktur, ein Kontinuum, das durch die Zuordnung in die Familie in einer Schicht zustande kommt (im wesentlichen durch E*ingeboren-sein*). Die Nennung der Familien- und Schichtzugehörigkeit läßt sich nicht mehr nutzen, um von dort aus die Einheit der Adresse zu bestimmen. Die Adresse ähnelt eher einem sich unentwegt faltenden Netzwerk von Erwartungserwartungen (Strukturen), deren

**8** | Hier geht es also um die Beobachtungen von »Wolken«, denen keine »Wolke an sich« vorausliegt. Die Wolke ist-in-Transformation, sie ist nichts, dem ein Subjekt »Wolke« inhärent wäre. Weniger metaphorisch gesagt: Autopoiesis kann nicht kondensieren.

**9** | Dieser Begriff ist in Analogie gebildet zu dem der Mikrosiversität. Siehe Luhmann, N., Selbstorganisation und Mikrodiversität. Zur Wissenssoziologie des neuzeitlichen Individualismus, in: Soziale Systeme 3/1, 1997, S. 23-32, der selbst zurückgreift auf Mai, St.N./Raybaut, A., Microdiversity and Macro-Order. Toward a Self-Organization Approach, in: Revue Internationale de Systémique 10, 1996, S. 223-239.

psychischer Gegenhalt dann auch ›dämonisiert‹ wird: ein Unruheherd sozusagen, dem nahegelegt wird, sich als Individuum zu beschreiben, das Teil von nichts ist.

Wie immer sich das auch verhalten mag, es müßte jedenfalls interessant sein, diese Sprengung der Einheit der Adresse sachhaltig nachzuzeichnen.[10] Dem kommt von der Systemtheorie her entgegen, daß sie Strukturen als dasjenige auffassen kann, was in die Sicht kommt, wenn Irritationen auftreten. Struktur, so würde die Zuspitzung lauten, ist Irritabilität, und Strukturanalyse setzt entsprechend die Fahndung nach Irritationen voraus. Es käme also darauf an, auf Krisen zu achten (die auch als Krisen beschrieben werden), die in den Zeitraum fallen, von dem man annimmt, daß er wesentlich die Strukturdrücke der beginnenden funktionalen Differenzierung zu verkraften hat.[11]

## II

In lockerer Einstellung kann man eingeübte Unterscheidungen übernehmen, die die Formierung frühneuzeitlicher Verhältnisse an das 16. und 17. Jahrhundert binden. Seit 1580 häufen sich Untertanenaufstände in der oberdeutschen Region, wird Mitteleuropa von städtischen Unruhen erschüttert, kommt es zu den ersten großen Hexenverfolgungen.[12] Es ist möglich, von einer generellen Krise des 17. Jahrhunderts zu reden[13] oder von kri-

**10** | Diese Heuristik koinzidiert (allerdings mit entschieden anderer Begrifflichkeit) mit dem Projekt des Aufspürens von Ego-Dokumenten. Vgl. Schulze, W. (Hrsg.), Ego-Dokumente. Annäherungen an den Menschen in der Geschichte, Berlin 1996.

**11** | Siehe als Forschungsüberblick Blickle, P., Unruhen in der ständischen Gesellschaft 1300-1800, München 1988.

**12** | Interessant ist beiläufig, daß alle drei großen Hexenverfolgungen in die frühe Neuzeit fallen, obgleich das Hexenmuster schon weit früher verfügbar war. Der *Malleus maleficorum* (Hexenhammer) der Dominikaner Heinrich Institoris und Jakob Sprenger datiert vom Jahre 1486 (hier zit. nach der Ausgabe Berlin 1906). Und in die frühe Neuzeit hinein fällt auch die *Cautio Criminalis* Friedrich von Spees (1631), also die Registratur des Geschehens. Siehe dazu Battafarano, I.M., Hexenwahn und Dämonopathie in der frühen Neuzeit am Beispiel von Spees *Cautio Criminalis*, in: Hahn, A./Kapp, V. (Hrsg.), Selbstthematisierung und Selbstzeugnis: Bekenntnis und Geständnis, Frankfurt a.M. 1987, S. 110-123.

**13** | Siehe etwa Koenigsberger, H.G., Die Krise des 17. Jahrhunderts, in Zeitschrift für Historische Forschung 9, 1982, S. 143-165.

senhaften Zuständen im Übergang vom 16. zum 17. Jahrhundert,[14] bei denen sowohl rationale Formen der Krisenbewältigung wie irrationale Formen unterscheidbar sind: diese als Hexenverfolgung und Judenpogrome, jene als Unruhen in der Stadt und auf dem Land.[15]

Vom Theorem funktionaler Differenzierung her gesehen, ist interessant, daß es in diesem Zeitraum (insbesondere nach dem Bauernkrieg) zu Verrechtlichungsprozessen kommt, die die sozialen Konflikte so abstrahieren und in juristische Instanzenzüge verlagern, daß sie nicht mehr unverzögert und explosiv, also unmittelbar zerstörerisch wirken können.[16] Damit zusammen hängt die Bedeutungssteigerung der Reichsgerichte und der Versuch der Obrigkeit (in Kriminalitätskontexten), zunehmender Devianz sowohl durch Rechtssetzung als auch durch Vermehrung von Sanktionsmechanismen zu begegnen bzw. durch Augmentation von Rechtssetzungen Abweichungen (etwa durch Widerstand gegen Obrigkeit) in Devianz und Delinquenz zu transformieren.[17] Jedenfalls läßt sich beobachten, daß die

**14 |** Vgl. Schilling, H., The European Crisis of the 1590s: The Situation in German Towns, in: Clark, P. (Hrsg.), The European Crisis of the 1590s. Essays in Comparative History, London 1985, S. 135-156.

**15 |** Hier sind einschlägig die Arbeiten von Winfried Schulze. Siehe etwa von diesem Autor: Untertanenrevolten, Hexenverfolgungen und »kleine Eiszeit«: eine Krisenzeit um 1600?, in: Roeck, B. et al. (Hrsg.), Venedig und Oberdeutschland in der Renaissance. Beziehungen zwischen Kunst und Wirtschaft, Sigmaringen 1993, S. 289-309. Vgl. auch die Beiträge in Hagenmaier, M./Holtz, S. (Hrsg.), Krisenbewußtsein und Krisenbewältigung in der frühen Neuzeit. Festschrift für Hans-Christoph Rublack, Frankfurt a.M. 1992. Siehe kritisch im Blick auf die Rationalitäts/Irrationalitäts-Unterscheidung Häberlein, M., Einleitung zu ders. (Hrsg.), Devianz, Widerstand und Herrschaftspraxis in der Vormoderne. Studien zu Konflikten im südwestdeutschen Raum (15.-18. Jahrhundert), Konstanz 1999, S. 9-32, hier S. 16.

**16 |** Zu dieser Verrechtlichungsthese vgl. Schulze, W., Die veränderte Bedeutung sozialer Konflikte im 16. und 17. Jahrhundert, in: Wehler, H.-U. (Hrsg.), Der deutsche Bauernkrieg 1524-1526, Göttingen 1975, S. 277-302. Man kann auch von einer Art Ordnungssuche sprechen, die auf Krisenregistratur beruht. Siehe etwa Robisheaux, Th., Rural Society and the Search for Order in Early Modern Germany, Cambridge 1989. Die Verrechtlichung läßt sich beobachten auf Reichsebene (Reichstagsabschiede 1526, 1529, 1530, 1548, *Constitutio Criminalis Carolina* 1532), auf Kreisebene in der Reichsexekutionsordnung von 1555, auf territorialer Ebene in den Empörer- und Policeyordnungen. Vgl. Blickle, Unruhen in der ständischen Gesellschaft 1300-1800, a.a.O., S. 93f.

**17 |** Vgl. Häberlein, Einleitung, a.a.O., S. 17. Solche Vorgänge können dann als Krisenmanagement gedeutet werden. Vgl. Blauert, A., Kriminaljustiz und Sittenreform als Krisenmanagement? Das Hochstift Speyer im 16. und 17. Jahrhundert, in

wesentlich auf interaktiver Konfliktebene anfallende (destruktive) Komplexität mehr und mehr Aufschubs- und Abstraktionsprozessen unterzogen wird, die ein wesentliches Strukturmoment funktionaler Differenzierung darstellen.[18]

Zugleich läßt sich ein Prozeß beobachten, in dem das normenregulierte mittelalterliche Verhältnis zwischen Obrigkeiten und Untertanen zwar beibehalten wird, aber einer Subversion unterliegt, die sich daraus ergibt, daß diese Normen plötzlich auf beiden Seiten der Unterscheidung von oben/unten als Normen *beobachtet* werden: Sie instruieren Widerstände, Ansprüche, Forderungen, sie legitimieren, wie man heute sagen würde, Protestbewegungen lokalen und übergreifenden Typs. Aber sie instruieren durch *Unbestimmtheit-im-Einzelnen*, und das legt tatsächlich nahe, ihnen eine Art *Codefunktion* beizumessen[19] oder sie als noch nicht binarisierte *preadaptive advances* für die später erst trennscharfen Codes der Funktionssysteme aufzufassen.

Solche Unbestimmtheitswerte werden angesteuert durch die Referenz auf den *gemeinen Nutzen*[20] oder etwa auf die *Auskömmlichkeit der Nahrung*.[21] Wenn sie nicht mehr einfach *tacit knowledge* sind, verlieren sie an Überzeugungskraft und Bindungswirkung.[22] Man kann jetzt sehen, daß der *gemeine Nutzen* zu Eigennutz ausgenutzt werden kann oder daß die *Auskömmlichkeit der Nahrung* eine schichtbezogen variierende Dimension darstellt, also für die Oberschicht und die Obrigkeit etwas anderes bedeutet als für die Unterschichten oder Untertanen. Die Normensubversion liegt, kurz gesagt, darin, daß die Fundamentalnormen in Ansprüche übersetzt werden,

ders./Schwerhof, G. (Hg.), Mit den Waffen der Justiz. Zur Kriminalgeschichte des späten Mittelalters und der frühen Neuzeit, Frankfurt a.M. 1993, S. 115-136.

**18** | Siehe zu dieser Abstraktionsthese Fuchs, Die Metapher des Systems, a.a.O; ferner ders., Das Weltbildhaus und die Siebensachen der Moderne, Konstanz 2001. Offen scheint noch die Antwort auf die Frage zu sein, ob diesen Abstraktionsleistungen eine vermehrte Inklusion der Bevölkerung (etwa im Anzeige- bzw. Kooperationsverhalten) entspricht.

**19** | Häberlein, Einleitung, a.a.O., S. 18 unter Verweis auf den paradoxen Code der Ehre (Martin Dinges).

**20** | Heute entspräche dies der Kontingenzformel des Politiksystems: Wohlfahrt.

**21** | Hier ließe sich eine Beziehung knüpfen zum symbiotischen Mechanismus des Wirtschaftssystems: körperliche Bedürfnisse, oder zur Kontingenzformel *Knappheit*.

**22** | In der Sprache der Systemtheorie: Sie werden als Unterscheidungen beobachtbar (*second-order observation*) und sind nicht mehr nur Unterschiede, die die Dinge und Verhältnisse strukturieren.

die nicht mehr schichtspezifisch gelten, sondern über Schichtgrenzen hinaus eingeklagt werden können und tatsächlich eingeklagt werden.[23]

Beides, die zunehmende Verrechtlichung wie die Normensubversion, wollen wir hier weniger im Sinne der historischen Widerstandsforschung begreifen, sondern als deutliche Indizien dafür, daß die mittelalterliche Schicht- bzw. Standesverankerung der sozialen Adressen unter den Abstraktionsdruck funktionaler Differenzierung gerät.[24] Dafür spricht auch, daß etwa der bäuerliche Widerstand sich nicht einfach nur auf ein antagonistisches Machtspiel zwischen Obrigkeit und Untertanen zurückführen läßt, sondern schichtintern selbst einem Ressourcen- und Machtkampf aufruht, etwa zwischen der bäuerlichen (gemeindlichen) Oberschicht und den Tagelöhnern, die selbst massiv drangsaliert werden.[25]

Als heuristische Leitlinie für die weiteren Überlegungen dient dann die Annahme, daß dieser Abstraktionsdruck sich scharf auswirkt (oder sich gut beobachten läßt im Hinblick) auf die Konstruktion der sozialen Adressen der Leute, die wir heute als deviant oder delinquent auffassen würden.[26] Einerseits kann die Komplettexklusion von Personen nicht mehr zugelassen werden[27] (sie widerspricht dem sich langsam durchsetzenden Inklusionsgebot der Moderne); andererseits müßte die, wenn man so sagen darf, Re-Adressierung der vormals ausgeschlossenen Personen (etwa der Vaganten, der Vogelfreien etc.) den Abstraktionsnotwendigkeiten Tribut zollen, die

**23** | Damit beginnt vielleicht die für die Moderne typische Anspruchs- und Anspruchsfiliationskultur. Siehe jedenfalls Fuchs, Das Phantasma der Gleichheit, a.a.O.

**24** | Die These wäre, daß dies generell geschieht, aber im Interesse von Detailgenauigkeit gelten die Überlegungen in dieser Studie eher den Effekten dieses Drukkes auf die unteren Schichten.

**25** | Siehe zu dieser differenzierteren These Sabean, D.W., Das zweischneidige Schwert. Herrschaft und Widerspruch im Württemberg der Frühen Neuzeit, Berlin 1986.

**26** | Das ist natürlich ein selektiver Zugriff, der sich dem einfachen Umstand verdankt, daß die Forschung über Devianz/Delinquenz intensiver gelaufen ist als diejenige, die sich mit dem mindestens genauso wichtigen Abstraktionsdruck des Zivilrechts befaßt. Erbrecht, Ehegüterrecht, Contract- und Handelsrecht etc. haben vermutlich massivere Folgen für die Ausdifferenzierung des Rechtssystems als das Strafrecht gehabt. Vgl. Coing, H. (Hrsg.), Handbuch der Quellen und Literatur der neueren europäischen Privatrechtsgeschichte, Bd. 2, Neuere Zeit (1500-1800), das Zeitalter des gemeinen Rechts, 2. Teilband, Gesetzgebung und Rechtsprechung, München 1976.

**27** | Vgl. zu dieser Komplettexklusion noch einmal, Fuchs, P., Weder Herd noch Heimstatt – Weder Fall noch Nichtfall; ders., Moderne Identität – im Blick auf das europäische Mittelalter, in diesem Band auf S. 129ff.,S. 83ff.

durch die Ausdifferenzierung des Rechtssystems (zunehmende Verrechtlichung) impliziert sind.[28] Als eines der Vehikel dieser Ausdifferenzierung kann ja die *Kriminalisierung durch Rechtsverordnung* gesehen werden, die eine der Folgen des deutschen Bauernkrieges (1525) gewesen zu sein scheint.[29]

Die Beobachtung dieser Re-Adressierung kann nahezu nur auf Quellen zugreifen, die schon für Rechtszwecke präparierte Schriftstücke darstellen, zum Beispiel auf die sogenannten *Mordbrennerakten*.[30] Deren *Urgichten* übermitteln die von Gerichtsschreibern protokollierten Geständnisse überwiegend nicht seßhafter Personen, die (so die Geständnisse) nicht selten ihre Verbrechen deswegen durchführen, weil sie dafür bezahlt wurden von Geldgebern, die ein Interesse daran hatten, persönliche und politische Gegner auszuschalten.[31]

In den Frage-Schemata der Verhöre fällt das Interesse an den Biographien der Delinquenten auf.[32] Die Aufmerksamkeit gilt (bei den Verhö-

**28** | Die im Hintergrund leitende These ist die, daß es diese Abstraktionsdrükke aus allen sich entwickelnden Funktionssystemen gibt. Im Grunde ist hier von einem Forschungsprogramm die Rede.

**29** | Vgl. neben den schon zitierten Arbeiten von Winfried Schulze Blickle, P., The Criminalization of Peasant Resistance in the Holy Roman Empire. Toward a History of the Emergence of High Treason in Germany, in: Journal of Modern History 58, 1986, Supplement, S. 88-97.

**30** | Ich beziehe mich in diesem Teil wesentlich (also nicht mehr im Detail nachweisend) auf Spicker-Beck, M., Räuber, Mordbrenner, umschweifendes Gesind. Zur Kriminalität im 16. Jahrhundert, Freiburg 1995; dies., Mordbrennerakten. Möglichkeiten und Grenzen der Analyse von Folterprozessen des 16. Jahrhunderts, in: Häberlein (Hrsg.), Devianz, Widerstand und Herrschaftspraxis in der Vormoderne, a.a.O., S. 53-66. Daß diese Analysen ihrerseits Rekonstruktionen aus dem Wissenschaftssystem sind (also ebenfalls: Konstruktionen), blende ich als weitere Irritationsquelle aus, allerdings mit dem Hinweis, daß die durch diese Beobachtungsbeobachtungen entstehenden Verwerfungen ihrerseits Gegenstand einer spannenden Untersuchung sein könnten.

**31** | Spicker-Beck, Mordbrennerakten, a.a.O., S. 55, weist daraufhin, daß sich in diesen Verpflichtungen die Konfliktherde des 16. Jahrhunderts widerspiegeln. Als Exponenten für die Auftraggeber der *Mordbrennergesellschaften* nennt sie anonyme Türken und Franzosen, den Landsknechtsführer Sebastian Schertlin (religiöse Ebene) und Herzog Ulrich von Württemberg (territorialstaatliche Ebene).

**32** | Das ist insofern auffällig, als zur gleichen Zeit (Spätmittelalter, frühe Neuzeit) eine Mythologie des *gemeinen* Mannes entsteht (des nicht-vaganten Bürgers), die durch hohe Adressenunsicherheit, von der Hierarchie aus gesehen, gekennzeichnet ist. Vgl. Lutz, R.H., Wer war der gemeine Mann. Der dritte Stand in der Krise des

renden wie bei den Verhörten) weniger dem Versuch, die oft grausamen Taten zu verstehen, sondern den Adressenverwerfungen, die den sozialen Abstieg zum Vagantentum begleiten.[33] Diesen Positionsveränderungen entspricht interessanterweise dann die Möglichkeit, Zugehörigkeit zu bestimmten Gruppen zu simulieren, also Utensilien mit sich zu führen, die befristet über die eigentliche Adresse täuschen.[34] Im Bündel des Jakob Krehenberger (aus Bitzenhofen) wurde eine Aussätzigenklapper gefunden, mit deren Hilfe er sich im Fall des Falles als Aussätziger aufführte, »diweil er ein arm Gesell, wan ime zerung ußgon wurde, sich damit bis heim zuerneren.«[35] Die Frage der Schicht-Verankerung bzw. Lösung aus der Schichtzugehörigkeit wird ebenfalls gestellt (und beantwortet) unter Rekurs auf das Thema Ehe, Familie, Partnerschaft. Die mordbrennenden Vaganten erweisen sich als Leute, die die einschlägigen Normen nicht einmal sachgerecht verstehen, geschweige denn: nach ihnen leben. Sie fallen aus dem Normenbereich heraus, etwa dadurch, daß Doppelehen für sie kein Problem darstellen oder Scheidungen durch einfaches Weggehen vom Partner vollzogen werden.

Dieses Herausfallen führt aber im Moment, in dem das Rechtssystem die Vaganten erfaßt, nicht nur zur Feststellung, daß jemand nicht in den Inklusionsbereich der tragenden Ordnung gehört. Es geht nicht mehr einfach nur darum, daß er aus der stratifizierten Sozialordnung heraus ins Bodenlose getrudelt ist.[36] Ihm muß, wie man sagen könnte, Recht gesche-

Spätmittelalters, München, Wien 1979. Das oben erwähnte spezifische Biographie-Interesse gehört in den allgemeinen Kontext der Verschiebung von der schematischen Biographie (Heldengeschichten, Legenden etc.) hin zu einer individuellen Spezifik.

**33 |** Spicker-Beck referiert den Fall Silvester Pfefferleins (zit. nach den Archives municipales Sélestes, FF 28, 1596), einem Bürger aus Fischingen, der gelobt hatte, Schulden zu bezahlen, sie aber längere Zeit nicht bezahlen konnte. Als er einen Brief der Obrigkeit bekommt, den er wahrscheinlich nicht lesen konnte, verläßt er das Dorf. Er habe »die gefencknuß geforchtet, den Brief in seinem hauß liegen lassen« (S. 62). Danach begeht er schlimme Mordtaten.

**34 |** Solche Täuschungsmöglichkeiten werden, so eine mögliche Hypothese, im Übergang zur frühen Neuzeit mehr und mehr zunehmen. Hier müßte eine Arbeit über Hochstapelei Aufschluß geben können, deren Zielrichtung darin bestünde, die Mechanismen zu beschreiben, durch die Schichtgrenzen sabotierbar oder besser *parasitierbar* werden, etwa im Sinne von Serres, M., Der Parasit, Frankfurt a.M. 1981.

**35 |** Stadtarchiv Ravensburg, Bü 447c/7, zit. nach Spicker-Beck, Mordbrennerakten, a.a.O., S. 63.

**36 |** Dieses Herausgestürzt-Sein war kennzeichnend für den Exklusionsbereich des Mittelalters, die Angst davor massiv. Vgl. noch einmal Fuchs, P., Weder Herd

hen, einmal durch die rechtsförmige Dokumentation seines *Falles*, dann dadurch, daß die Fallbearbeitung ihrerseits nicht rechtsfrei ablaufen darf. Das läßt sich deutlich daran erkennen, daß übergeordnete Rechtsinstanzen anfangs zuweilen, später mehr und mehr, Kontrollanfragen durchführen, die sich auf die Ermittlung selbst beziehen.[37] Worum es sich letztlich bei diesen Kontrollanfragen dreht, das ist offenbar die Notwendigkeit, die Beamten der Obrigkeit an der Basis der Hierarchie in ihren Entscheidungen situativ zu entkoppeln, und das ist nur ein anderer Ausdruck dafür, daß Abstraktion nötig wird: rechtsförmige Fallkonstruktion statt Berücksichtigung von sozialer Spezifik, Bildung von Kategorien anstelle situationsnaher Entscheidung.[38]

Was sich erwarten läßt, ist, daß diese Entkopplung von Spezifik und

noch Heimstatt – Weder Fall noch Nichtfall; ders., Moderne Identität – im Blick auf das europäische Mittelalter, in diesem Band auf S. 129ff.,S. 83ff.

**37** | Ein schönes Beispiel dafür ist die An- und Nachfrage des württembergischen Hofjuristen Dr. Koder. Er fragt nach dem Verfahren einer Fallexploration, gibt in der Anfrage normativ vor, wie korrekt zu verfahren sei, führt aus, wie rechtsschädlich Suggestivfragen seien etc. Der vor Ort mit dem Fall befaßte Amtmann rechtfertigt sich in Briefen, die dann wieder erweisen, wie notwendig die Kontrolle tatsächlich war Zit. nach Spicker-Beck, Mordbrennerakten, a.a.O., S. 65f.

**38** | Dabei entsteht die Elite juristisch gebildeter Obrigkeitbeamter. Siehe etwa Schnabel-Schüle, H., Rechtssetzung, Rechtsanwendung und Rechtsnutzung, in: Häberlein, Devianz, Widerstand und Herrschaftspraxis in der Vormoderne, a.a.O., S. 293-315, hier S. 297. Aus dieser Perspektive stellt die »Peinliche Gerichtsordnung Kaiser Karls V. und des heiligen Römischen Reichs« (*Constitutio Criminalis Carolina*, 1532, Reichstag zu Regensburg) eine raffinierte Kompromißbildung dar. Einerseits enthält sie die berühmte salvatorische Klausel: »Doch wollen wir durch diese gnedige Erinnerung Churfürsten, Fürsten und Stenden an iren alten wohlhergebrachten, rechtmessigen und billichen Gebreuchen nichts genommen haben.«; andererseits drückt sich im Artikel 218 der Carolina der Inklusionsdruck dadurch aus, daß bestimmte Mißstände kraft kaiserlichen Willens eliminiert werden sollen und nicht wieder eingeführt werden dürfen: »die Konfiskation von Diebesgut durch die Obrigkeiten anstelle der Rückerstattung an den Geschädigten, die unmenschliche Behandlung der Gefangenen in den Gefängnissen, allzu leichtfertige Inhaftierung verdächtiger Personen, Urteilsverkündung durch den Nachrichter anstelle des Richters und die Vermögenskonfiskationen, die beim Delikt der Majestätsbeleidung Bestandteil der Strafe waren und durch die die Gefahr bestand, daß an manchen Orten Kinder und Frauen Verurteilter an den Bettelstab gebracht würden. Außerdem mußte es sich um altes Recht handeln, die Schaffung von neuem abweichendem Recht war also nicht gestattet« (Schnabel-Schüle, a.a.O., S. 300; dort findet sich auch das Zitat der salvatorischen Klausel aus der Carolina).

Abstraktion mit der weiteren Ausdifferenzierung des Rechtssystems zunimmt und Formen ausprägt, die weitaus systematischer sind als die gelegentlicher Kontrollen. Ein sehr schönes Beispiel findet sich in den *Jauner- und Diebslisten* des 18. Jahrhunderts.

## III

Das Besondere an diesen Jauner- und Diebslisten ist, daß sie als eine Art ›Dateien‹ verstanden werden können, die Beschreibungen von Tätern enthalten, die durch die Befragung schon inquirierter Verbrecher gewonnen wurden.[39] Sie sind also begreifbar als Extraktionsleistungen anhand rechtsförmig etablierter Muster aus vorgegebenen Dokumenten (Verhörsprotokollen), mithin als eine Art Steckbriefkonstruktion.[40] In einem ziemlich genauen Sinne kann man deshalb auch sagen, daß diese Listen, bezogen auf die »herumschwärmende« Gesellschaft der *Jauner und Vaganten*, tatsächlich Adressenkonstruktionen darstellen.

1781 wurde, um ein Beispiel zu nennen, die »Erzdiebin« Theresia Kalckschmidin (auch: *Schinder Pertusen Resel* genannt) hingerichtet. Sie hatte vor ihrem Tod Auskunft gegeben über ihre Kumpanei, und diese Auskünfte wurden integriert in die Heiligenberger »Jauner=Beschreibung« desselben Jahres.[41] Sie wurde ausgestellt von der *Hochfürstlich Fürstenbergischen Oberamtskanzley Heiligenberg*, und sie enthält auf 20 Seiten Angaben über 55 Männer und 58 Frauen, Angaben, die allesamt aus den Verhörsprotokollen selegiert wurden.

»78) Die Kochen Resel habe ein Alter von mehr dann 30. Jahren, eine kleine rahne Postur, ein langes bleiches Angesicht, graue Augen, und schwarze Haare; trage immer sogenannte Jack oder Kontusche; gebe sich für eine Krämerin aus, und verkaufe jene Waaren, welche sie und ihr Kerl auf den Märkten hin und wieder stehlen. Man habe nicht nur ihro selbst vor 2. Jahren in dem Graubündtnerland den Galgen auf den Buckel gebrannt, sondern es seyen auch schon 2. von ihren Beyschläferen zu

**39 |** Ich stütze mich nahezu durchgängig auf Wiebel, E./Blauert, A., Gauner- und Diebslisten. Unterschichten- und Randgruppenkriminalität in den Augen des absolutistischen Staates, in: Häberlein, Devianz, Widerstand und Herrschaftspraxis in der Vormoderne, a.a.O., S. 67-96. Dort ist weiterführende Literatur genannt.

**40 |** Vgl. Seidenspinner, W., Unterschichtliche Alltagskleidung. Steckbriefe als Quelle zur Kleidung und zum Kleidungsverhalten der vagierenden Bevölkerung, in: Anzeiger des Germanischen Nationalmuseums 1991, S. 185-215.

**41 |** Alle Zitate und das Fallbeispiel nach Wiebel/Blauert, Gauner- und Diebslisten, a.a.O., S. 68f.

Oehningen, und Schafhausen hingerichtet worden. Vorgedacht ihren itzigen Kerl nenne man

79) Des Klemenzen Hannes, welcher noch ganz jung = und der Kalckschmidin nicht bekannt seye, sonsten aber nebst seinem Mensch sich by Schwiz aufhalten solle.

80) Der schöne Franz, welcher aber als ein von Angesicht wüster Mensch dieses Beywort nicht verdienen solle, seye ohngefehr 29. Jahre alt, langer besetzter Postur, weißen langen Angesichtes, und grauer Augen; habe einen dicken Bauch, braune = wie eine Nudel um den Kopf herumgehende krause Haare, schaue mit beden Augen auf eine seltsame Art über seine gebogene Nase hinaus, und rede mehr bayerisch, als pfälzisch.

81) Veron, dessen Weib, seye ohngefehr 36 Jahre alt, mittelmäßiger dicker Postur, langen blechen Angesichtes, grauer Augen, schwarzer Haaren, und werde dermalen vermuthlich 3. Kinder haben. Diese seye vorigen Jahrs zu Biberach ingelegen. Vid. wegen beden die buchauische, sigmaringische und münsingische Diebslisten respective sub Nro. 50. 28. & 32. Item sub. Nro. 51. 29. & 33.«[42]

Listen wie diese wurden typisch generiert aus den Verhörsprotokollen einer abgeschlossenen (größeren) Inquisition. Relativ selten sind Sammel- oder einstellen. In den meisten Fällen läßt sich als Beschreibungsschema beobachten:

»Der Name, selten der Nachname, der Spitzname, das Alter, die Herkunft, eine Charakterisierung des Äußeren und der Kleidung, eine mögliche Bewaffnung, der Familienstand, verwandtschaftliche Beziehungen, bevorzugte Begleitung und Aufenthaltsorte, der Beruf, besondere Verdienst- und Überlebenstechniken, die jeweils vorgeworfenen Delikte, vorausgegangene Verhaftungen, Verurteilungen und Brandmarkungen und hin und wieder der Hinweis auf die Erwähnung der betreffenden Person in anderen Gauner- und Diebslisten.«[43]

Diese Beschreibungen bilden nun kaum die ›Wirklichkeit‹ von wirklichen Leuten ab. Einerseits standen die Inquisiten, von denen diese Beschreibungen erfragt wurden, alles andere als in Freiwilligkeitslagen. Sie gehörten (als Gefangene) zum »herum vagirenden Diebst= und Jauners=Gesinde«, sie standen unter dem Druck peinlicher Verhöre, und sie mußten sich darauf einstellen, mit dem Tode bestraft zu werden. Man darf vermuten, daß dies zu einem Anpassungsdruck führte im Blick auf das, was als Aussage oppor-

**42** | Vor allem die Verweise am Schluß zeigen deutlich, daß es hier schon um geradezu moderne Adressen-Vernetzungsversuche geht.

**43** | Ebenda, S. 69/70.

tun war.[44] Andererseits passierten die Aussagen mehrere Filterstellen, sie wurden verschriftlicht durch protokollierende Schreiber, dann zum Zweck der Listenbildung noch einmal in das jeweilige Listenschema hineinarrangiert, wobei dann die Obrigkeitsschemata zur Selektion genutzt wurden. Sie gerieten, wie man heute sagen würde, unter andere Anschlußbedingungen.

Das läßt vermuten, daß die Funktion dieser Listen nicht darin bestand, weitere Ergreifungen von Vaganten zu sichern. Sie dienten nicht primär Fahndungs- und Kontrollzwecken. Die dafür notwendige Infrastruktur (Paßwesen, Grenzwachen, einsatzfähige Polizei, hinreichend aufnahmefähige Zucht- und Arbeitshäuser etc.) war vor allen in den kleineren Territorien nicht oder kaum entwickelt.[45] Zudem wurden die Listen nur in kleiner Auflage publiziert und zwar gerade nicht mit dem Ziel der Verbreitung unter der Bevölkerung. Der Adressatenkreis wurde entschieden kleingehalten. So soll eine Liste (nach der Basler Überlieferung) »in den Corps de Garde unter allhiesigen Stadt-Thoren und nicht ausserhalb/ so dann nicht in den ordinari Gast= sondern Privat=Stuben der allhiesigen Würthen/ wie auch nicht an den offentlichen Plätzen oder Wachthäuseren der Landschafft/ sondern in den Häuseren der Unter=Beamten affigiret werden.«[46]

Wenn die Funktion der Listen nicht primär Fahndung ist, dann kann man vermuten, daß sie Identifikationsleistungen *nach* der Ergreifung verdächtiger Personen dient. Sie hätten also eine Art Post-Festum-Funktion. Dagegen spricht, daß die Listen Informationen in Fülle enthalten, die über die bloße Beschreibung von Personen hinausgehen, ja, daß sich sogar Listen finden, die auf die Deskription der körperlichen Merkmale wenig Wert legen. Das wiederum ließe vermuten, daß die Listen im Dienst einer Inquisitionstechnik standen, die die Verschiedenheit und Vielfalt der Listeninformationen dazu nutzte, diejenigen Inquisiten, die ihre Identität bestritten, von verschiedenen Perspektiven her »aufzubrechen«.[47]

Von einem eher lokalen (historischen) Funktionsverständnis her mag

**44** | Wiebel/Blauert, Gauner- und Diebslisten, a.a.O., S. 72, weisen darauf hin, daß diese Selektivität zugleich aber erzwang, relativ authentische Details aus dem Milieu einzubauen, damit die Aussagen glaubwürdig blieben.

**45** | Wiebel/Blauert, Gauner- und Diebslisten, a.a.O., S. 72f.; vgl. auch die ebenfalls dort zitierten Nitschke, P., Verbrechensbekämpfung und Verwaltung, Die Entstehung der Polizei in der Grafschaft Lippe, 1700-1814, Münster, New York 1990; Schubert, E., Mobilität ohne Chance. Die Ausgrenzung des fahrenden Volkes, in: Schulze, W. (Hrsg.), Ständische Gesellschaft und soziale Mobilität, München 1988, S. 113-164.

**46** | Zit. nach Wiebel/Blauert, Gauner- und Diebslisten, a.a.O., S. 73.

**47** | Darin sehen Wiebel/Blauert, Gauner- und Diebslisten, a.a.O., S. 74 die Hauptfunktion der Listen.

das seine Richtigkeit haben. Von einer evolutions- und differenzierungstheoretisch interessierten Soziologie aus gesehen, ist die Frage offen, wie es denn zu einer textlich sedimentierten Beobachtung dieses Typs gerade im Übergang zur Moderne kommen kann. Immerhin erwähnt die Studie, auf die wir uns stützen, 122 Gauner und Diebslisten zwischen 1692 und 1812 in einem relativ begrenzten Gebiet im Südwesten des alten Reiches mit über 13.000 Personenbeschreibungen.[48]

## IV

Soviel ist bei diesen Listen deutlich: Sie entstehen als Schriftdokumente *nach* einem Prozeß der Informationsbeschaffung. Sie sind mithin mehrfach selektiv. Als Dokumente werden sie in relativ geordneter Form aufbewahrt und zugriffsfähig gehalten. Sie ähneln Karteien oder Datenbanken, die auch schon über Vernetzungstechniken in der Form von Querverweisen verfügen. Für den Typus der Datenbank spricht auch, daß die Listen teilweise um Zusatzinformationen über Bettler, *Jauner* und Zigeuner erweitert wurden, die eher allgemeiner Natur waren.[49] Die Ähnlichkeit mit einer wissenschaftsförmigen »Erforschung einer kriminellen Lebenswelt« in einem geradezu ethnographischen Sinne ist frappierend.[50] Es scheint sich letzt-

**48 |** Diese Beobachtungsform nimmt dann bis ins 19. Jahrhundert zu und wird immer mehr verfeinert. Gipfelpunkt dieser Entwicklung mit schon eher enzyklopädischen Interesse dürfte sein Avé-Lallemant, F.C.B., Das deutsche Gaunerthum in seiner socialpolitischen, literarischen und linguistischen Ausbildung in seinem heutigen Bestande, 4 Bde., Leipzig 1858-1862.

**49 |** Wiebel/Blauert, Gauner- und Diebslisten, a.a.O., S. 74, zitieren den Fall des Sulzer Oberamtmanns Jakob Georg Schäffer, der darüberhinaus ungewöhnlich detaillierte Beschreibungen anfertigte. Festzuhalten ist, daß die Listen mitunter von monomanisch besessenen Amtsleuten generiert wurden, aber daß dies nicht der Normalfall war. Die meisten Listen wurden behördenförmig erzeugt. Immerhin gab es aber Amtsleute, die über die Maßen engagiert waren. Ein sehr schönes Beispiel (S. 94): »Ewr. Liebden, Was will er denn von mir. Glaub er nur ja nicht, ich gehe nochmals dahin zurück. Was er schreibt, ist zu wenig charmant, um possible zu scheinen. Die Vagants gehören nicht zu einem Chevalier, laß er sie endlich laufen. Il est raisonable, auf die Pürsch zu gehen, mais Menschen sind keine Jagdtiere. Niemand versteht Ewr. Liebdens Passiones. Philippine«, antwortet Philippine von Hutten ihrem Gatten, dem *Malefizschenken*, auf seine Bitte um ihre Rückkehr.

**50 |** Becker, P., Kriminelle Identitäten im 19. Jahrhundert. Neue Entwicklungen in der historischen Kriminalitätsforschung, in: Historische Anthropologie 2,

lich um die *Adressenkartographie* eines Milieus zu handeln, um ein *Adressengedächtnis*, in dem, wie man vielleicht sagen könnte, die Strukturen von Strukturen (in diesem Fall: Personen) archiviert sind.

Will man das zuspitzen im Sinne einer Gedächtnistheorie, die die Funktion des Gedächtnisses in der Verhinderung der Notwendigkeit des Sich-Erinnern-Müssens sieht,[51] müßte, damit von Gedächtnisfunktion die Rede sein kann, etwas dem Vergessen so anheimgegeben werden, daß fungierende Schemata verbleiben, die sozial einsetzbar sind, ohne eigens erinnert werden zu müssen. Dem Vergessen überliefert sind aber offensichtlich die Leute, die den Anlaß zur Listenbildung darstellten. Sie können, wenn man so will, wissenschaftlich ausgegraben werden, aber sie sind (außer in dieser Sondersituation) nicht mehr präsent als »schöner Franz«, »Schinder Pertrusen Resl«, als »Julianensepple« oder als »Anna Maria Reichlerin«.

Das verbleibende fungierende Schema, das dieses Vergessen möglich macht, ist dann das der »Jauner/Gauner, Vaganten, Zigeuner«, ein Adressentyp, in den auch Leute, die an der Erzeugung des Schemas nicht beteiligt waren, eingerückt werden können. In schärferer Formulierung: Jene Listen prägen ein spezifisches Inklusions/Exklusionsschema aus.[52] Inkludiert wird zunächst durch das Rechtssystem (flankiert durch das Wissenschaftssystem); exkludiert wird durch die Stigmatisierungsleistungen ebendieser Inklusion. Verhindert wird im Zuge des Inklusionsdruckes der Moderne eine *Generalexklusion*.[53] Das Mittel dazu ist: Abstraktion im Sinne einer

1994, S. 142-157, hier S. 147. Das ganze Phänomen ordnet sich insgesamt ein in die *Verdatung*, die mit der Neuzeit im Blick auf Personen progredient wird.

**51 |** Luhmann, N., Zeit und Gedächtnis, in: Soziale Systeme 2, 1996, S. 307-330; Baecker, D., Überlegungen zur Form des Gedächtnisses, in: Schmidt, S.J. (Hrsg.), Gedächtnis. Probleme und Perspektiven der interdisziplinären Gedächtnisforschung, Frankfurt a.M. 1991, S. 337-359. Siehe grundlegend: Foerster, H.v., Das Gedächtnis. Eine quantenphysikalische Untersuchung, Wien 1948; ders., What is memory that it may have Hindsight and Foresight as well?, in: Bogoch, S. (Hrsg.), The Future of the Brain Sciences, New York 1969, S. 19-64. Vgl. ferner Fuchs, P., Wie lernen autopoietische Systeme und Wie ändert sich dieses Lernen, wenn sich die Zeiten ändern, in: Soziale Wirklichkeit, Jenaer Blätter für Sozialpsychologie und angrenzende Wissenschaften 1/2, 1997, S. 119-134.

**52 |** Unsere Beispiele sind selektiv, aber in diesem Kontext gehören natürlich auch die Theorien, die das Körperschema von Straffälligen abziehen und die ebenfalls im hier beschriebenen Zeitraum als sich wissenschaftlich gerierende Theorien arbeiten, die diese Körpermerkmale für Anzeichen von Devianz halten.

**53 |** Übrigens sieht man, daß diese Argumentation tatsächlich nur greift, wenn man Adressen als soziale Strukturen auffaßt. Jeder andere Versuch, der bei den Leu-

Ausdünnung von Spezifik.[54] Merkmale des dabei entstehenden Schemas sind:[55]

Es schließt niemanden aus, weder Frauen noch Männer, weder Kinder, noch Greise. Frauen werden als »Complices« zu 40% in den Listen genannt, Kinder wie der 12jährige *Schinder Hannesen Sohn* oder die 14jährige »Marckt=diebin« *Catharina Khernin* keineswegs übersehen. Ebenso werden *uralte* Männer und Frauen erfaßt. Die Hauptgruppe ist aber die der 20-40-jährigen Männer und Frauen.

Die Unklarheit der Herkunft ist typisch, sowohl, was die räumliche Herkunft anbetrifft (eher ländlich bzw. schon auf der Straße geboren), als auch im Blick auf die Familien. Das *Jauner*-Milieu wird als selbstreproduktiv vorgeführt. Die Zuordnung läuft häufig über die *Jaunernamen* von Mutter bzw. Vater.[56] Dabei entsteht die fungierende Ontologie eines *Packs, das Pack erzeugt, das Pack erzeugt.*[57] Die städtische Unterschicht ist so gut wie nicht in den Listen repräsentiert. Wichtig ist, daß auch Personen listenförmig erfaßt werden, denen keine Delikte nachgewiesen werden können, nur weil sie dem Milieu zugerechnet wurden – auf Grund eben dieser Merkmale.

Die *Jauner* sind Vaganten mit überwiegend regionaler Mobilität, sie durchziehen ein relativ umschriebenes Gebiet (das man kennt und das deshalb im Dienste des Überlebens steht) und fallen vogelschwarmähnlich bei Gelegenheit von Messen, Wallfahrten, Märkten ein. In dieser Hinsicht ist das Milieu abhängig von den Seßhaften, einerseits weil nur in diesem Kontext Gelegenheit zu Delikten geboten wird, andererseits, weil es Stützpunkte

ten selbst einsetzt, bleibt entweder in der Deskription stecken oder führt zur Reifikation eines Milieus *im selben Schema.*

**54 |** Der Jauner-Begriff ist im 18. Jahrhundert sehr weit, wird dann zu Beginn des 19. Jahrhunderts eingeschränkt. Jauner wird zu *Gauner*, worunter wir dann heute ja eher eine gewisse Schlitzohrigkeit, kombiniert mit leichteren Vergehen, meinen.

**55 |** Ich folge den Angaben bei Wiebel/Blauert, Gauner- und Diebslisten, a.a.O., S. 75ff., teile aber nicht die dort dominante Idee, daß sich aus den Listen eine gewissermaßen *tatsächliche* Milieustruktur ermitteln lasse. Die Dinge liegen komplizierter, wenn man davon ausgeht, daß das Schema sein Milieu generiert.

**56 |** Diese Namen sind selbst Moment der Innenbindung. Wiebel/Blauert, Gauner- und Diebslisten, a.a.O., S. 88, nennen Beispiele: *Grunzkopff=Hannis, Fliegenwädel, Appelzeller Sepple, Blinder Geiger, Biberzahn, Alt=väterisch Gesicht, Bukkel=Beth, Schwör=Joggelis Anni, großnasigster Churfürst, lumpichte Schmier, Kuhe=Püffel, Wäschlumpen, schöne Bärbel, Kropf Urschel, Lange Schinder Lisel, Schwäbischer Heiland, Heiliggeist mit dem grünen Wadel, Roßkopf, Galgenleiter etc.pp.*

**57 |** Es ist also schon eine Erbkomponente im Spiel, die dann im Dritten Reich im Zuge der Aufartungskampagnen von großer Bedeutung ist.

(Receptatores, Unterschlauffgeber etc.) anbietet. Hier fallen insbesondere die Wirte auf, die Unterschlupf gewähren, Baldover-Funktion wahrnehmen, Hehler sind.[58] Außerdem gibt es *legale* Ansteuerungsmöglichkeiten, etwa seßhafte Verwandte, bei denen man einige Zeit unterkommen kann.

Die *Jauner* bilden ein Milieu mit hohen Innenbindungen. Partnerschaften und Beziehungen können lange währen trotz aller Gefährdungen (seien es harte wie Inhaftierungen oder Galeerenstrafe für einen Partner, seien es eher weiche wie Trunksucht). Entscheidend ist, daß im Schema der Listenbeobachtung *Überlebensgemeinschaften* auftauchen, die mit anderen solchen Gemeinschaften kooperieren. Das Milieu erscheint als System, das eigene Formen der Kooperation entwickelt hat. Zu diesem Eindruck trägt bei, daß ein eigenes Zeichensystem entwickelt wird, das *Rotwelsch* und die *Zinken.*

Das Milieu wird konstruiert als eines, in dem die Täuschung, die Simulation vordringlich ist. Berufe etwa werden als Vorspiegelungen aufgefaßt, das Überleben jener Überlebensgemeinschaften nicht an Arbeit, sondern an Kriminalität geknüpft. Als zentrale Delikte werden Vergehen gegen das Eigentum von Leuten beschrieben, vom Mundraub bis zur Opferstockplünderung, vom Einbruch bis zur Beutelschneiderei. Tötungsdelikte sind eher selten, kommen aber vor.

Die *vagabunditas* ist von scharfen Exklusionsmaßnahmen bedroht, die von Bettelverboten, Abschiebungen, Zuchthaus- und Arbeitshausstrafen bis hin zu Hinrichtungen reichen. Im Schwäbischen Kreis sollen zwischen 1773 und 1793 mindestens 123 Hinrichtungen vollzogen worden sein. Diese Bedrohungen führen letztlich zum Beschreibungsmerkmal des Auf-der-Hut-Sein-Müssens, des verdeckten Operierens, der Heimlichkeit und schließlich der Unheimlichkeit des Milieus.

Weitere Merkmale ließen sich nennen. Hier genügt die Typik der *Jauner- und Vaganten-Adresse*, die durch Abstraktion (sozusagen durch den Abzug der Leute selbst) gewonnen wird. Erzeugt wird allerdings ein für Leute hoch prekärer Inklusionsmodus, der sich historisch durchhält. Im Rahmen eines Aufsatzes kann nicht mehr als ein Beispiel für dieses Durchhalten geliefert werden. Dieses Beispiel zeigt in der Weise eines Anplausibilisierens,

**58** | Ich komme darauf zurück, aber schon hier der Hinweis, daß dieses Muster sich durchhält: »Auch Leute, die um die Dinge Bescheid wissen, lassen sich durch die neue Uebung verführen, von ›asozialen‹ Hausbesitzern und Betriebsführern zu sprechen; obwohl vernünftigerweise ein ›asozialer‹ Hausbesitzer bestenfalls ein Spelunkenwirt sein könnte, der mit einer Verbrecherzunft unter einer Decke steckt.« (Frankfurter Zeitung, Nr. 493/94 vom 28. Sept. 1937 [Reichsausgabe], zit. nach Scherer, K., »Asozial« im Dritten Reich. Die vergessenen Verfolgten, Münster 1990, S. 49).

daß sich das Adressenschema selbst, aber auch die Technik der Verdatung als Muster re-instruieren ließ.

## V

Im Dritten Reich wird es aus bekannten Gründen notwendig, *Gemeinschaftsunfähigkeit* zu definieren.[59] Die Erblichkeit dieses Defektes wird vorausgesetzt. Gleichwohl ist es unvermeidbar, sich ein Bild der *asozialen* Persönlichkeit zu machen, die auch dann und bezeichnenderweise asozial sein kann, wenn sie (wie viele in den Jauner- und Diebslisten zitierte Personen) auf offiziellen Straflisten nicht erscheint, also gar nicht straffällig war. Der Indikator des *In-einem-bestimmten-Ruf-Stehens* wurde herangezogen, um die Bewandtnisse der (a)sozialen Adresse der Gemeinschaftsunfähigen zu erkunden. Schwierigkeiten bereitete es, Kriminelle und Asoziale zu unterscheiden, aber auffällig ist, daß bei den entsprechenden Versuchen Rekurs genommen wird auf »wandernde Bettler, bettelnde Verbrecher und nicht seßhafte Verbrecher«. *Zigeunerische* Lebensweise wird als Indiz für Asozialität genommen, *Lebenskünstlertum*, das dem fahrenden Volk schlichtweg unterstellt wird, ermöglicht es, selbst Straßenmusikanten und Korbflechter in die Kategorie der Asozialität einzustellen. In einem Merkblatt, das vom Rassenpolitischen Amt der Gauleitung Niederdonau herausgegeben wird (übernommen vom Rassenpolitischen Amt der NSDAP 1940), heißt es:

»Wer ist gemeinschaftsunfähig (asozial)?
Gemeinschaftsunfähig sind Personen, die auf Grund einer anlagebedingten und daher nicht besserungsfähigen Geisteshaltung nicht in der Lage sind, den Mindestanforderungen der Volksgemeinschaft an ihr persönliches, soziales und völkisches Verhalten zu genügen.

Gemeinschaftsunfähig ist also, wer
infolge verbrecherischer, staatsfeindlicher und querulatorischer Neigungen *fortgesetzt* mit den Strafgesetzen, der Polizei und anderen Behörden in Konflikt gerät; – oder

**59** | Ich nutze hier und im weiteren wesentlich die Arbeit von Scherer, »Asozial« im Dritten Reich, a.a.O., hier S. 50ff., ohne das jeweils einzeln nachzuweisen. Ich zitiere nach Scherer einige Titel aus jener Zeit, die als Titel schon verdeutlichen, worum es geht, Kranz, H.W., Zigeuner, wie sie wirklich sind, in: Neues Volk 5/9, 1937, S. 21-27; ders., Das Problem der Gemeinschaftsunfähigkeit im Aufartungsprozeß unseres Volkes, in: Nationalsozialistischer Volksdienst 7/4, 1940, S. 61-66; Lechler, K.L., Erkennung und Ausmerzung der Gemeinschaftsunfähigen, in: Deutsches Ärzteblatt 70, 1940, S. 293-297; Bayerischer Landesverband für den Wanderdienst (Hrsg.), Der nichtseßhafte Mensch, München 1938 … und so weiter und so fort.

wer *arbeitsscheu* ist (trotz *Arbeitsfähigkeit* schmarotzend von von sozialen Einrichtungen lebt, Rentenjäger, Versicherungsschmarotzer usw. ist); – oder

wer den Unterhalt für sich und seine Kinder *laufend* öffentlichen oder privaten Wohlfahrtseinrichtungen [...] aufzubürden sucht; hierunter sind auch solche Familien zu rechnen, die ihre Kinder offensichtlich als Einnahmequelle betrachten und sich deswegen für berechtigt halten, einer geregelten Arbeit aus dem Wege zu gehen; – oder

wer besonders unwirtschaftlich und hemmungslos ist und aus Mangel an eigenem Verantwortungsbewußtsein weder einen *geordneten Haushalt* zu führen noch Kinder zu brauchbaren Volksgenossen zu erziehen vermag; – oder weiters

Trinker, die einen wesentlichen Teil ihres Einkommens in Alkohol umsetzen und von ihrer Sucht so beherrscht werden, daß sie und ihre Familien darüber zu verkommen drohen; – oder

Personen, die durch unsittlichen Lebenswandel aus der Volksgemeinschaft herausfallen bzw. ihren Lebensunterhalt ganz oder teilweise durch ihr *unsittliches Gewerbe* verdienen. Hierher gehören Straßendirnen, Zuhälter, Sittlichkeitsverbrecher, Homosexuelle usw.« (Hervorh. i.O. gesperrt)[60]

Für die bayerische Polizei waren Asoziale (Gemeinschaftsunfähige) »Bettler, Landstreicher, Zigeuner, Landfahrer, Arbeitsscheue, Müßiggänger, Prostituierte, Querulanten, Gewohnheitstrinker, Raufbolde«. Ins Kompendium der einschlägigen Definitionen und Bezeichnungen gehörten *Tunichtgute, Tagediebe, Frauenzimmer, Liederliche, Störenfriede, Versager, halbe Kräfte, Gedrückte, notorische Bummler, Wilderer, Erpresser, Abtreiber, Kinderschänder, Verführer, Notzüchter, entlassene Häftlinge.* Die Wissenschaft (auch und gerade die Sozialwissenschaft) greift das Thema auf. Unter der Prämisse der NS-Ideologie erzeugt sie etwa durch Körpervermessung von Arbeitslosen oder verdecktes Photographieren von »Zigeunersippen« Datensammlungen, die dann der Justiz zur Verfügung gestellt werden. Im Gewande der Zwillingsforschung versucht sie nachzuweisen, daß Asozialität vererbbar sei. Dabei fallen Beschreibungen an, die in ihrer Machweise stark an die entsprechenden Beschreibungen der Jauner- und Diebslisten erinnern.[61]

**60** | Scherer, »Asozial« im Dritten Reich, a.a.O., S. 51.

**61** | »Nur mit vieler Mühe gelang es, Ludwig in der elterlichen Wohnung anzutreffen und ihn zu bewegen, mit zu seinem Bruder zu gehen, der in einer sehr üblen Dirnenkneipe als Kellner fungierte. Sie waren damals 27 Jahre alt. Dort in der Wirtschaft am Biertisch, umgeben und neugierig bestaunt von einem Haufen zweifelhafter Personen, bei schlechtester Beleuchtung habe ich versucht, zu einem Ähnlichkeitsvergleich der Zwillinge zu kommen, der natürlich nur ganz oberflächlich ausfallen konnte. Immerhin konnte ich notieren, daß beide ›enorm ähnlich‹ sind, daß insbesondere Gesichtsbildung, sowie Haut-, Haar- Augenfarbe und Größe völlig über-

Wichtiger als diese Ähnlichkeit ist, daß es im Kontext der allgemeinen Sippenforschung (Stammbaum-Recherche) hinsichtlich des Ariernachweises im Dritten Reich wiederum eine, wie man sagen könnte, *Spezialverdatung* gibt, die die Asozialen (und die Antisozialen) zu erfassen trachtet und die sich dabei des Modus der Indirektheit so bedient wie die Rechercheure, die im 18. Jahrhundert ihr Datenmaterial durch die Befragung von Inquisiten gewinnen.[62] Heinrich Wilhelm Kranz führt seine *Sippenstudien* zu Asozialen (Gemeinschaftsunfähigen) durch, indem er auf Fürsorgepersonal (Schwestern, Pflegerinnen etc.) zurückgreift und auf alle Institutionen, die mit Asozialen zu tun haben: von Polizeimeldeämtern über Jugendbehörden bis hin zu Gerichten. In seinem Gießener *Institut für Erb- und Rassenpflege* wird nach der Erfassung von 200 auffälligen Personen ein Netz über die ›zugehörigen Sippen‹ gezogen, das schließlich mehr als 4000 Personen enthält und nach der Zusammenarbeit mit Siegfried Koller 5800 Fälle. Diese Listen sind keine Einzelfälle. Sie sind sozial-statistische Studien, die sich auf Familien beziehen können und Quoten des Untermenschentums errechnen (Knorr) oder asoziale Sippen und Familien auflisten und auf angeborene Devianz hin untersuchen (Dubitscher).[63]

Achtet man auf die Konstruktion des Personenkreises, ist erneut auffällig, daß die Adressenkartographie *virtuell allinklusiv* ist. Asozialität kann jeder und jedem attestiert werden, wenn es darauf ankommt.[64] Das Konstrukt der erblichen Belastung gestattet es, Arbeitsscheue, Ungebildete, Schwachsinnige, Nichtseßhafte, Arme etc. auch dann der Kategorie der Asozialität zuzuordnen, wenn diese Belastung nicht nachweisbar ist.[65] Wiederum ist die Gruppe der Nichtseßhaften, der Wanderer, Landstreicher, Wohnungslosen stark betroffen, die schon im preußischen Staat und in der Nachfolge der Prozesse, die wir an den Gauner- und Diebslisten skizziert

einstimmten [...]. Thomas wirkte insgesamt fetter und schwerer, Ludwig erheblich schmächtiger. Am ehesten sind diese Unterschiede darauf zurückzuführen, daß Ludwig seit Jahren arbeitslos ist und sich sehr kümmerlich durchschlagen muß [...]«, Kranz, zit. nach Scherer, »Asozial« im Dritten Reich, a.a.O., S. 59.

**62 |** Ich muß mir das hier ersparen, aber das Muster reicht durch bis zu den Versuchen, den Bürger demokratischer Gemeinwesen in jeder Hinsicht (also auch genetisch) *gläsern* zu machen.

**63 |** Nachweise bei Scherer, »Asozial« im Dritten Reich, a.a.O., S. 62f.

**64 |** Einerseits läßt sich Staatsfeindlichkeit attribuieren, andererseits aber ist das Muster so stark (so eingefleischt), daß es selbstbestätigend wirkt. Es muß plausibel gewesen sein, und es scheint dies zuweilen auch heute noch zu sein.

**65 |** Unüberbietbar die Gutachterformulierung: »Erbliche Belastung liegt sicher vor, ist nur nicht festzustellen.«, zit. nach Scherer, »Asozial« im Dritten Reich, a.a.O., S. 68.

haben, verfolgt wurden. Seit 1843 wurden arbeitslose Vagabunden, wenn man sie aufgriff, bis zu sechs Monaten eingesperrt.

Im Dritten Reich kommt so etwas wie die *Psychopathologisierung* und eine erbbiologische Stigmatisierung strukturbildend hinzu. Davon betroffen waren bis zu 500.000 Personen, die als »Treibgut der Straße« apostrophiert und denen eine schlechte Sozialprognose (sie sinken hinab in den Sumpf des Verbrechens) gestellt wurde. Die Wanderer sind asozial, und sie sind es anlagebedingt. Sie sind dasselbe wie Zigeuner, so daß dieses Wort sich zum Sammelbegriff für alle entwickelte, die *wie* die Zigeuner herumziehen.[66] Genannt werden aber auch Halbseßhafte, die auf Rastplätzen hausen, in Armenquartieren. Diese Leute müßten, so heißt es, »in Wanderhöfen gesammelt und gesichtet«, »von der Polizei in geschlossenen Kolonien« gehalten und bewacht werden.

Das Verbandsorgan der Wanderfürsorge, »Der Wanderer«, publiziert seit 1934 Listen, die die Namen asozialer Personen enthalten und empfiehlt zugleich Verfahren, wie mit diesen Leuten umzugehen sei: Einstellung in Arbeitskolonien und Vorbeugehaft. 1939 beginnt Karl Ludwig Lechler aus dem Rassenpolitischen Amt der NSDAP, eine *Asozialenkartei* reichsweit anzulegen, und startet mit dem Gau Württemberg/Hohenzollern. Ab 1933 (und ich gebe hier nur wenige Hinweise) sind die ersten Bettlerkonzentrationslager eingerichtet (in Görlitz und in Meseritz). Das Adressenschema des Asozialen war so evident, daß die »Nationalsozialistische Volkswohlfahrt« ihre Verfolgungen abstimmen konnte mit dem Roten Kreuz, der Inneren Mission, der Caritas.[67] Die sogenannten »Bettlerwochen« (ab 1933), die von Polizei und SS kooperativ durchgeführt wurden, stießen kaum auf nennenswerte Widersprüche.

## VI

Der eine (und leicht ausbaubare) Befund der vorangegangenen Überlegungen ist, daß das Adressenschema des *Jauner- und Vagantentums*, dieser Typ der Verdatung und Inklusions/Exklusions-Kartographie, unter dem Inklusionsdruck der beginnenden funktionalen Differenzierung sich evolutionär zu bewähren beginnt. Er gestattet es, die Leute zu vergessen, aber das Schema selbst zu immer neuer Anwendung beizubehalten. Der zweite Befund ist, daß dann das Schema sich durchhalten ließ bis weit in das zwan-

66 | Es gibt in München eine eigene Zigeunerpolizeistelle, die auch diejenigen erfaßt, die *wie* die Zigeuner leben: die Vaganten aller Art.

67 | Scherer, »Asozial« im Dritten Reich, a.a.O., S. 106, der hier Ernst Klee zitiert.

zigste Jahrhundert hinein.[68] Das dramatische Beispiel dafür war die Konstruktion der sozialen Adresse des Asozialen im dritten Reich.

Ein Einwand gegen die Wahl des Beispieles wäre, daß die Zeit, in die es fällt, zweifelsfrei schon die Zeit der Hochwirksamkeit funktionaler Differenzierung ist. Warum, wäre dann die Frage, wird es plötzlich nötig, das Schema des Asozialen so massiv zu reaktivieren?

Die spekulative Antwort darauf ist, daß totalitäre Systeme wie die des Nationalsozialismus einerseits dem Druck der Totalinklusion unterliegen, der in der Drift funktionaler Differenzierung anfällt, daß sie aber andererseits ›unkontrollierbare‹ oder ›dämonische‹ Adressen nicht aushalten.[69] Die Bedingung ihrer Möglichkeit ist die Restitution einer einheitlichen Adresse und die Exklusion aller davon abweichenden Adressen. Es kommt dann alles darauf an, die Leute, deren Adresse als in diesem Sinne nicht einheitlich aufgefaßt wird, vergessen zu können (bis zur Exklusion der Körper), aber sie zugleich rechts- und wissenschaftsförmig als Adressenschema in diesem Fall der Asozialität bearbeiten zu können. Die generelle Frage, die hier nicht mehr diskutiert werden kann, ist dann, ob diese Abstraktion von den Leuten nicht ein Generalmerkmal der funktionalen Differenzierung der Gesellschaft ist, nachweisbar in allen ihren Funktionskontexten, eine Irritationsquelle erster Ordnung, auf die dann instinkt-, wenn auch nicht theoriesicher die Frankfurter Schule reagiert hat.[70]

**68** | Meiner Auffassung nach ist das Schema, die Verdatung und die Adressenkartographie nach wie vor wirksam. In Asylantenverfahren ist das sofort greifbar, aber auch der Verfassungsschutz dürfte in seinen (heute computerunterstützten) Verfahren zur Adressenerfassung nicht weit davon entfernt sein. Im Alltag liegt die Wirksamkeit des Schemas auf der Hand.

**69** | Siehe als Fallstudie dazu Fuchs/Buhrow/Krüger, Die Widerständigkeit der Behinderten, a.a.O.

**70** | Vgl. dazu Fuchs, Soziale Zukunft: heute – (Re)Visite bei Habermas, a.a.O.

# Weder Herd noch Heimstatt – Weder Fall noch Nichtfall. Doppelte Differenzierung im Mittelalter und supplementäre Inklusion in der Moderne

*Quis vero alienus nisi apostata angelus vocatur?*
Gregor der Große

Seit einiger Zeit sucht die soziologische Systemtheorie eine Antwort auf die Frage, ob die funktionale Differenzierung der Weltgesellschaft mittlerweile durch eine weitere (aus ihren eigen Struktureffekten gespeiste) Differenzierung betroffen ist, die sich durch das Schema Inklusion/Exklusion bezeichnen läßt.[1] Gemeint ist damit, daß in der Weltgesellschaft eine Rißlinie zu entstehen scheint zwischen einem Inklusionsbereich, in dem hohe Mobilität und geringe Integration im Sinne hoher Freiheitsgrade vorherrschen, und einem Exklusionsbereich derselben (!) Gesellschaft, in dem Immobilität und hohe Integration im Sinne verschwindend geringer Freiheitsgrade

**1 |** Siehe zu diesem Schema Luhmann, Inklusion und Exklusion, a.a.O.; Stichweh, Inklusion in Funktionssysteme der modernen Gesellschaft, a.a.O.; Fuchs/Buhrow/Krüger, Die Widerständigkeit der Behinderten, a.a.O.; Fuchs/Schneider, Das Hauptmann-von-Köpenick-Syndrom, a.a.O.; Fuchs, P., Adressabilität als Grundbegriff der soziologischen Systemtheorie, in diesem Band auf S. 37ff. Für eine lose Anwendung im Kontext Armut vgl. Balibar, E., Exclusion de la politique ou politique des exclus?, in: Fornet-Betancourt, R. (Hrsg.), Armut, Ethik, Befreiung (Concordia, Internationale Zeitschrift für Philosophie, Reihe Monographien, Bd. 16), 1996, S. 45-49.

dominieren. Die *eine* Gesellschaft wäre dann primär differenziert durch die großen autonomen Funktionssysteme wie Recht, Wirtschaft, Wissenschaft, Kunst, Religion etc. *und* durch die Produktion der neuen Differenz zwischen Inklusions- und Exklusionsbereich. Eben diese neue Differenzierung wird als bedrohlich beobachtet, als Frontbildung zwischen Arm und Reich in ungekanntem Ausmaß, als Bestätigung für die Negativität der funktionalen Differenzierung, die weltweit unvorstellbares Elend auswirft, als Ansatzpunkt deshalb auch für die moralische Gesundung einer Systemtheorie, die nun auf einmal zwischen dem Lebensstil in den *favelas* und dem Lebensstil im *Hamburger Speckgürtel* unterscheiden kann.

Jene Supercodierung einer gesellschaftlichen Differenzierungsform durch Inklusion/Exklusion – ist sie aber wirklich neuartig? Und wenn, was ist denn nun das Neuartige und deshalb Bedenkenswerte daran? – Zur Beantwortung dieser Frage sollen die folgenden Analysen Diskussionsmaterial herbeischaffen – bei Gelegenheit eines Tauchgangs ins europäische Mittelalter.[2]

## I

Das Gesellschaftssystem des Mittelalters wird üblicherweise als stratifizierte Gesellschaftsordnung vorgeführt. Sie ist eine Ordnung der Ungleichen, die die Möglichkeiten/Unmöglichkeiten ihrer Lebensführung beziehen aus ihrer Schichtzugehörigkeit, die ihrerseits über Familienzugehörigkeit geregelt wird. Die soziale Adresse ist, wie man sagen könnte, bezogen auf die jeweilige Schicht vollständig oder *kontinent.*[3] In dieser Sicht haben die Kommunikationsformen des Mittelalters keine individuellen Adressen erzeugt, sondern Allgemeinadressen wie »Rasse, Volk, Partei, Korporation, Familie« oder wie Ritter, Bauer, Bettelmann und Mönch.[4] Diese Allgemeinadres-

**2** | Was nicht geboten werden kann, ist eine Studie im Detaillierungsgrad mediaevistischer oder kulturhistorischer Forschung. Es geht, auch wenn es lange nicht so aussehen wird, wirklich um soziologische Theorie.

**3** | Am Rande bemerkt: Das Bild ist nicht so scharf, die Kontinenz nicht so perfekt, Übergänge zwischen Gruppen in Schichten bwz. zwischen nahen Schichten möglich, und nach unten ist vieles offen. Siehe aber zur Grundstruktur Henning, F.-W., Landwirtschaft und ländliche Gesellschaft in Deutschland, Bd. 1, 800-1750, Paderborn 1985, S. 35-58.

**4** | Vgl. Aertsen, J.A., Einleitung: Die Entdeckung des Individuums, in: Aertsen/Speer (Hrsg.), Individuum und Individualität im Mittelalter, a.a.O., S. IX. Man hätte es mit einer eher japanischen Form der Adressenbildung zu tun. Siehe die Studie über Japan in Fuchs, Die Umschrift, a.a.O. Gegen diese Vorstellungen richten

sen sind ›kollektiv und universal‹ zugleich. Die Identität des mittelalterlichen Menschen ist gegenüber solchen Allgemeinadressen filial und nicht fundamental. Es gibt sie nur als *Flachrelief*.[5]

In der Sprache der soziologischen Systemtheorie läßt sich dann formulieren, daß die schichtförmig präskribierte soziale Adresse des Mittelalters totalinklusiv auf der Ebene der Schicht und totalexklusiv im Blick auf alle anderen Schichten ist. Im Normalfall liegt das Management von Adressabilität voll und ganz in den Schichten. Personale Identität wird abgezogen aus

sich die Versuche moderner Mediaevistik, die Entdeckung der Individualität vorzuverlegen. Vgl. Morris, C., The Discovery of the Individual 1050-1200, London 1972. In der ›Renaissance‹ des 12. Jahrhunderts ist es schließlich zur Selbstentdeckung des Menschen gekommen, zum Phänomen des mittelalterlichen Humanismus. Vgl. auch Wieland, G. (Hrsg.), Aufbruch – Wandel – Erneuerung. Beiträge zur »Renaissance« des 12. Jahrhunderts, Stuttgart, Bad Cannstatt 1995. Dafür steht vor allen Petrus Abelaerd mit seiner Devise »Scito te ispum« ein, mit seinem Versuch, die Moralität von Handlungen an die Selbstreferenz des einzelnen Menschen zu binden, an ein Selbstverhältnis, das zur inneren Zustimmung/Ablehnung befähige. Dabei scheint es so zu sein, daß die Konstruktion ›tiefer‹ Adressen, die die Selbstreferenz der Individuen einrechnen, im Kontext der sich gegen die antike Philosophie absetzenden Theologie, also im Kontext von christlich fundierter Intellektualität stattfindet. Sie wird ausgebaut und breitenwirksam in der Institution der Beichte. Vgl. Hahn, Identität und Selbstthematisierung, a.a.O. Man könnte dies eine punktuelle Sensibilität der mittelalterlichen Gesellschaft für Fragen personaler Identität nennen, käme aber nicht umhin, festzustellen, daß die Folie, gegen die sich diese punktuellen Sensibilitäten absetzen, durchweg die der Stratifikation mit entsprechend flacher Adressenbildung gewesen zu sein scheint. Was sich in dieser Ordnung zeigt, ist das Universale, der Verweis auf die *chain of being*: Omnis mundi creatura quasi liber et pictura nobis est et speculum, formuliert Alanus de Insulis, hier zit. nach Boiadjiev, T., Die Marginalisierung als principium individuationis des mittelalterlichen Menschen – am Beispiel Abelaerds, in Aertsen/Speer (Hrsg.), Individuum und Individualität im Mittelalter, a.a.O., S. 111-123, hier S. 112. Auch dies ist noch formuliert für lese-, schreib- und lateinkundige Eliten, trifft aber die Legitimationsbasis der stratifizierten Sozialstruktur, für die die flache oder kontinente Adresse *conditio sine qua non* ist. Nur deshalb funktioniert der Hofnarr, funktioniert der Karneval im Mittelalter. Er dreht befristet eine bestehende Ordnung um, aber eben nur befristet, ohne die Möglichkeit, daß eine Alternative realisierungsfähig werden könnte. Siehe für Hinweise in dieser Richtung Bachtin, Literatur und Karneval, a.a.O. Vgl. dazu, wie die verkehrte Welt plötzlich das Mittelalter destabilisiert im Übergang zur Neuzeit Heimann, H.-D., Über »verkehrte Welt« in der »reformatorischen Öffentlichkeit«, a.a.O.

**5 |** Siehe zu dieser Metapher den Klassiker Huizinga, J., Herbst des Mittelalters, a.a.O., S. 59.

der Familienzugehörigkeit zu einer Schicht, sie stellt sich nicht als Problem, sie ist nicht seligierbar.[6] Es gibt zwar Überraschungen, zum Beispiel in der Form von Wahnsinn, von nicht erklärbaren Selbstmorden, aber gerade dann und instruktiverweise wird die Adresse gelöscht: Die Wahnsinnigen werden unter anderem via Schiff expediert, die Selbstmörder nicht dort beerdigt, wo sie eine Adresse für Gott darstellen könnten.[7] Der Befund jedenfalls scheint im Blick auf die stratifizierte Differenzierungstypik eindeutig. Sie ist die primäre Form der gesellschaftlichen Organisation, eine Ordnung immanenter Ungleichheit, die der schichtbezogenen, soliden, kontinenten Adresse bedarf und Ausreißer nicht dulden kann, ohne die Legitimationsbasis zu verlieren, mit der sie sich arrangiert hat.

Diese Form generiert aber ein eigentümliches Problem: Denn es liegt in ihrer Logik, daß die *Exklusion aus einer Schicht ihrerseits identisch ist mit der Exklusion aus allen Schichten.*[8] *Sie zerstört die Adresse in der Inklusionsdomäne, wenn man unter einer solchen Domäne den Bereich des Normalfungierens von Inklusion/Exklusion verstehen darf, im Falle des europäischen Mittelalters also den grundlegenden Mechanismus, daß Inklusion in eine Schicht identisch ist mit der Exklusion aus allen anderen Schichten.* Deswegen ist das Mittelalter empfänglich für die Metapher des ›Fallens‹ aus einem Stand: Jemand fällt ins Elend, er steht nicht wieder auf.[9] Derjenige, der fällt, stürzt ins Bodenlose. Und man kann von überall her fallen.[10] Der Verlust der

**6** | Es sei denn, jemand verläßt (aber auch dann wieder: aus zulässigen Gründen) die totale Institution der Familie und geht ins Kloster. Aber dann käme es, diesem ersten Theoriestrang zufolge, zu einem kompletten Adressenwechsel. Die Identität von Mönchen wäre ebenso filiale Identität. Für den zweiten Strang spricht dann, daß selbst in strengen Schweigeorden ein Visisations- und Denunziationssystem eingerichtet werden muß, das diese Filialität gegen die gleichsam ›aufmüpfigen‹ Bewußtseine stabilisieren muß. Vgl. dazu Fuchs, P., Die Weltflucht der Mönche. Anmerkungen zur Funktion des monastisch-aszetischen Schweigens, in: Zeitschrift für Soziologie 15/6, 1986, S. 393-405.

**7** | Vgl. standardmäßig Foucault, M., Folie et Déraison, a.a.O. Zum Problem des Selbstmordes siehe die Beiträge in Signori (Hrsg.), Trauer, Verzweiflung und Anfechtung in mittelalterlichen und frühneuzeitlichen Gesellschaften, a.a.O.

**8** | Die Kirche, insbesondere das Auffangbecken der Klöster, stellt eine strukturell wichtige Ausnahme dar, die gesondert zu beleuchten wäre. Aber immerhin ist sie eine der Promotoren einer Evolution, die die Schichtordnung zerstört, jedenfalls dann, wenn sie Inklusion leistet in aussichtslosen Fällen.

**9** | Mollat, Die Armen im Mittelalter, a.a.O., S. 13.

**10** | Aber es versteht sich, daß die Unterschichten in dieser Hinsicht gefährdungsreichere Adressen ausbildeten als die Oberschichten. Allerdings haben die ein-

Schichtadresse ist der Verlust der Adresse, nicht nur eines ihrer Segmente, und gerade deshalb ist nichts so sehr zu fürchten wie die Möglichkeit dieses Verlustes, und nichts so sehr gefährlich wie Stigmatisierungsprozesse, die Adressen in allen Schichten treffen können.[11] Denn der Weg in den Exklusionsbereich ist kurz.[12]

Mit dieser Überlegung kann man vielleicht differenzieren zwischen der geläufigen Metaphorik des Randes, der Randgruppe, des outcast, exclus, disvalued people, der marginaux,[13] die sich im weitesten Sinne auf deviante soziale Adressen bezieht, und der gesellschaftstheoretisch hergeleiteten Annahme, daß der eigentliche Exklusionsbereich durch den Adressenverlust im Inklusionsbereich entsteht. Dann kann man sehen, daß Minderberechtigte in den Schichten (Frauen beispielsweise) nicht schon auf Grund der Minderberechtigung aus der stratifizierten Gesellschaftsordnung herausfallen: *Innerhalb* der Schichten wird zwischen Voll- und Minderberechtigung unterschieden, werden also partielle Exklusionen (Differenzierungen von Adressen) vollzogen.[14] Dort ist die Ungleichheit normal, und Armut allein noch keine Schande. Bettelleute sind bis zum Anbruch der frühen Neuzeit von negativen Zurechnungsprozessen verschont geblieben, wenn

schlägigen Forschungen auch eine starke Präferenz für die Beobachtung der Exklusion aus Unterschichten. Grundsätzlich aber scheint zu gelten, daß jede Adresse unmittelbar zu Gott und zur Möglichkeit der Exklusion stand.

**11 |** Im Vergleich zur funktional differenzierten Gesellschaft bedarf es keiner generalisierten Exklusion als Vorbedingung des Abdriftens in den Exklusionsbereich.

**12 |** Im Island des 12. Jahrhunderts gestattete die Kirche die Ehescheidung in dem Fall, daß einer der Gatten in seiner eigenen Verwandtschaft *omagi* hatte (Minderjährige, alte Menschen, Behinderte, Vagabunden etc.), die mit seinem Besitz nicht versorgt werden konnten. Er fiel dann auch. Vgl. Boyer, R., La vie religieuse en Islande (1116-1264), 2. Bde., Diss. Lille 1992, Bd. 1, S. 26f. und 382f., hier zit. nach Mollat, Die Armen im Mittelalter, a.a.O., S. 276. Interessant sind sicher Fälle, in denen eine Reinklusion stattfand, also die vereinzelten Fälle von Karrieren aus dem Exklusionsbereich heraus. Siehe für ein Beispiel (Metzger Hagenel und Frau Hersent) in der chanson d'Aiol Mollat, Die Armen im Mittelalter, a.a.O., S. 67. Die Rede vom Verlust der Adresse schließt die Fälle ein, in denen die Nichtadresse für den Inklusionsbereich schon durch die Geburt hergestellt wird.

**13 |** Siehe zu vielfältigen Implikationen der Randmetapher die Beiträge in Pfeiffer, K.-P. (Hrsg.), Vom Rande her? Zur Idee des Marginalismus, Würzburg 1996.

**14 |** Vgl. Hergemöller, Randgruppen der spätmittelalterlichen Gesellschaft, a.a.O., S. 13. Für viele einschlägige Untersuchungen Ennen, Frauen im Mittelalter, a.a.O.

ihr Elend unverschuldet war. Armut war nicht vordringlich eine Angelegenheit sozialer Marginaux. Sie war, das muß man nicht eigens nachweisen, ein Massen- und kein Randphänomen.[15]

Gerade deshalb empfiehlt es sich, zu unterscheiden zwischen dem Bereich der ehrbaren Armut, die Gelegenheit zu gottgefälliger Mildtätigkeit bot, und dem Absturz in den Exklusionsbereich, die Komplettexklusion aus dem, was durch die jeweilige Schicht als Lebensführungsmöglichkeiten angeboten wurde. Unterschieden wird damit zwischen einer Armut, die der stratifizierten Ordnung zugerechnet werden kann und die die Basis der Schichtpyramide kennzeichnet, und Exklusionsprozessen, die quer durch die ganze Gesellschaft die Form von totalen Beschädigungen sozialer Adressen annehmen. Die Armut ist, um pointiert zu formulieren, eine Normalität stratifizierter Gesellschaften. Sie ist nichts, was neben der Differenzierungstypik der mittelalterlichen Gesellschaft liegt, sie ist ihr ohne Frage inhärent. Sie ist, so könnte man sagen, der *Inklusionsdomäne der Gesellschaft* eingeschrieben. Katastrophale Adressenveränderungen treten typisch auf, wenn die kontinente Schichtadresse durch zusätzliche Faktoren kontaminiert und/oder durch ökonomische Katastrophen (Pest, Hungersnöte, Kriege etc.) aus der Verankerung gerissen wird.

Es geht, man darf sich nicht täuschen, nicht um wenige Leute, schon gar nicht: nur um arme Leute. Routinen der Exklusion (schwere Beschädigungen der sozialen Adresse) sind weit verbreitet und haben häufig den Charakter der *Verunehrlichungen*, die die Form rechtlicher Proklamationen annehmen können.[16] Unterschieden wird dabei zwischen der *infamia juris*,

**15 |** Jedenfalls dann, wenn man formuliert: »Arm ist derjenige, der sich ständig oder vorübergehend in einer Situation der Schwäche, der Abhängigkeit oder der Erniedrigung befindet, in einer nach Zeit und Gesellschaftsformen unterschiedlich geprägten Mangelsituation, einer Situation der Ohnmacht und gesellschaftlichen Verachtung [...]« (Mollat, Die Armen im Mittelalter, a.a.O., S. 13). Aber gerade diese Definition verwischt die Grenze zwischen den Exklusionsfällen, die wir eben beschrieben haben, und der ökonomischen Armut.

**16 |** Vgl. Hergemöller, Randgruppen der spätmittelalterlichen Gesellschaft, S. 1ff. Es ist vermutlich einer eigenen Studie Wert, die Ursache für diese vordringlich rechtsförmig verfaßten Exklusionen genauer anzuschauen. Ursprünglich stehen räumliche Deportationen im Vordergrund, Verbannungen (*insulae vinculum*), Verbote der Gastfreundschaft (*interdictio aquae et ignis*) etc. In der Lex Salica heißt es noch, daß der Geächtete »wargus sit«, wie ein Wolf, der von den Siedlungen fernzuhalten ist. Hier hat das Wort Exklusion noch einen sinnlichen Sinn. Vgl. Geremek, B., La lutte contre le vagabondage à Paris aux XIVe et Xve siècles, in: Ricerche storiche ed economiche, Memoria di C. Barbagallo II, 1970, S. 211-236, S. 375f. Der Sachsenspie-

dem Verlust der Ehre und der Rechtsfähigkeit, der zur Eliminierung des Körpers führen kann, und der *infamia facti*, die das Ausdünnen des guten Rufes, des sozialen Ansehens bezeichnete.[17] Im ersten Fall liegen die Dinge klar: Er bezieht sich auf Schwerstverbrecher, auf die Mörder, die Münzfälscher, die Hochverräter, die Ketzer, die Hexen, zuweilen die Juden und die Sodomiter; im zweiten Fall gibt es Dimensionen der Ehrminderung, die sich auf eine Vielzahl von Gruppen richten, die sich keineswegs nur auf bestimmte Schichten oder gar Unterschichten eingrenzen lassen.[18]

Da sind zunächst bestimmte Berufe bzw. Tätigkeiten, die Exklusionsprozesse im Sinne jener Erklärung als ›unehrlich‹ durchmachen:[19] die Lohnkämpfer und deren Kinder, die Spielleute, Artisten, Tänzer, Musiker,[20] die Prostituierten, die Bader, Bademägde, Badeknechte, Barbiere und Bartscherer, die Wunderheiler, Tierverschneider, die Hebammen,[21] die Henker, deren Mitarbeiter, die Totengräber (insbesondere zu Beginn der frühen Neuzeit), Schinder, Abdecker, Hundefänger (mitunter Schäfer und Schuster, insofern sie mit der Enthäutung von Tieren zu tun hatten), Latrinen-

gel bietet eindringliche Beispiele. Siehe als instruktive Studie Schnitzler, »Vunformliche zeichen« und »freche Vungeberden«, a.a.O.

**17** | Der härteste und gefürchteste Fall der Exklusion ist in einem sehr genauen Sinne bezeichnet durch den Begriff der *excommunicatio major* (vollständiger Ausschluß aus der Christenheit = vollständiger Ausschluß aus der Gesellschaft = extreme Marginalisierung) im Unterschied zur *excummunicatio minor*, die wir heute als Teilexklusion auffassen würden.

**18** | Die folgende Auflistung orientiert sich an Hergemöller, Randgruppen der spätmittelalterlichen Gesellschaft, a.a.O., S. 3ff. et passim. Vorsorglich sei angemerkt, daß diese Exklusionen überall stattfanden, aber auch überall verschieden ausfielen. Wir haben es mit einem Patchwork zu tun. Die Teilexklusion, von der hier die Rede ist, erscheint im kanonischen Recht als *mercimonia inonesta* oder *vilie officia*.

**19** | Für die meisten dieser Fälle gibt es Spezialstudien. Wir argumentieren hier summarisch. Wichtig ist, daß das Mittelalter selbst eine Terminologie entwickelte, mit der sie diese Exklusionen kennzeichnete. Die Unehrlichen sind die ›ribaldi‹.

**20** | Diabolus in musica, das war eine Einschätzung durch Theologen, die das Gewerbe anrüchig machte. Vgl. Hammerstein, R., Diabolus in Musica. Studien zur Ikonographie der Musik im Mittelalter, Bern, München 1974. Die Spielleute unterliegen im vermehrtem Maße im Spätmittelalter und zu Beginn der Neuzeit den Zunftausschlußstatuten. Vgl. auch Hartung, W., Die Spielleute. Eine Randgruppe in der Gesellschaft des Mittelalters, Wiesbaden 1982.

**21** | Sie kamen erst im Spätmittelalter zu berufsständiger Solidität. Bezeichnend ist aber, daß sie für die Hexenverfolgungen bervorzugte Kandidatinnen darstellten.

und Kloakenreiniger, Müller, mit Einschränkungen die Schneider, die Zeidlerei (Waldhonigproduktion der Wenden), die Töpfer, schließlich im Ausgang des Mittelalters die Zolloffizianten, die Nachtwächter, die Büttel und Boten und mehr und mehr die Gruppe der illegitimen Kinder.[22]

Neben diese exklusiv behandelten Gruppen tritt die Gruppe der *debilitas corporis* und der *defectus scientiae.* Sie fällt aus der gottgewollten Perfektion des Menschen.[23] Sie unterliegt Weihehindernissen, sie hat weder Erbhohheit, noch ist sie testier- oder wehrfähig. Berühmt sind die Leprakranken, deren Separation in Leprosorien als Totalexklusion aus der Schichtordnung selbst begriffen werden muß (nicht ansatzweise als Versuch einer therapeutischen Reintegration). Die Wahnsinnigen (Tobsüchtigen) habe ich schon erwähnt, ebenso die sichtbar Behinderten. Buckel und Klumpfuß (Bocksfuß) gehören in die Ikonographien des späten Mittelalters und der frühen Neuzeit. Dazu zu rechnen sind die Rothaarigen und Grünäugigen, denen dämonische Eigenschaften zugeschrieben wurden.

Von Exklusionsprozessen bitterster Art betroffen waren ethnische und religiöse Gruppierungen, die eigene Traditionen hatten und zum Opfer kollektiver Xenophobien wurden, prominent die Juden als Gottesmörder, die Wenden zwischen Elbe und Oder, die Esten im Deutschordensland, Sinti und Roma ab Mitte des 15. Jahrhunderts. Schließlich muß man die Ketzer, Hexen, Sodomiter (weitgehend ohne Gruppenstrukturen im Gegensatz zu den Katharern und Waldensern)[24] nennen, die diabolische Konstruktion imaginärer Netzwerke von *Maleficae,* die ab Mitte des 15. Jahrhunderts den ersten großen Verfolgungen unterlagen.

Beispiele für weitere gravierende Kontaminationen der sozialen Adresse lassen sich finden. Hier soll genügen, daß in den genannten Fällen der Übergang aus dem Inklusionsbereich in den Exklusionsbereich der mittelalterlichen Gesellschaft nahe lag. Wenn er vollzogen wird (und er wird vielfach vollzogen), dann geraten die Menschen, deren Adresse im Inlusionsbereich getilgt wird, ins *Unzuhause,* ins *ni lieu ni feu.*[25] Das kann, das muß

**22** | Vgl. die Beiträge in Schmugge, L. (Hrsg. unter Mitarbeit von Wiggenhauser, B.), Illegitimität im Spätmittelalter, München 1994.

**23** | Der Körper spiegelt das Schicksal der Seele. Vgl. Camporesi, P., La casa dell' eternità, Mailand 1987, S. 84.

**24** | Gerade im Blick auf Häresien lassen sich Massenbewegungs- und Massenvernichtungsphänomene beobachten. Siehe Duby, G., Die Zeit der Kathedralen. Kunst und Gesellschaft 980-1420, Frankfurt a.M. 1994, S. 216ff. et passim.

**25** | Die Bettler gehören zum Alltag des Mittelalters. Sie sind nach herkömmlicher Terminologie die »bedeutsamste mobile Randgruppe«. Aber gerade bei ihnen wird unterschieden zwischen lizensierter Bettelei, die an bestimmten Orten und zu

man wörtlich nehmen. Der Verlust der Adresse führt auf die Straße, in die Wälder, vor die Städte. Die Quellen laden diese Katastrophe der sozialen Adresse mit Sinnlichkeit auf: Wer da draußen ist, ist *pannosus* (lumpenbedeckt), schmutzig und struppig wie die Waldleute. Er hat keine Wohnung, allenfalls eine *domuncula* (einen Verschlag). Er ist immer barfuß auf dem Wege. Er zieht umher.[26] Er ist gefährlich, verdächtig, kriminell. Das mittelalterliche Europa kennt schon sehr früh das Bild der Unbehausten, des Obdach- und Heimatlosen, der Vertriebenen und Ausgestoßenen.[27]

Der Exklusionsbereich, das ist im Mittelalter wesentlich die Vagabondage, die *demeurants partout*, die also, die überall wohnen, *sans feu ni lieu* (ohne Wohnung, ohne Herd), die *sans aveu* (ohne Lehnsbrief).[28] Die Umherziehenden, die Vagabunden und Vaganten, haben keine sozialen Bindungen, und sie werden mißachtet, weil ihre Bindungslosigkeit sie zur Kriminalität zwingt. Sie sind im Blick auf die Mißachtung gleich, woher sie auch immer kommen und aus welchen Schichten sie gefallen sein mögen – auf einer Bandbreite vom desertierten Söldner bis hin zu den ›Zigeunern‹. Der Exklusionsbereich ist durch die Gleichheit des *Unzuhause* gekennzeichnet, durch äußerst geringe soziale, aber hohe räumliche Mobilität, durch eine extreme Reduktion von Freiheitsgraden (also hohe Integration) und durch eine Kriminalisierung, die den Körper ins Zentrum rückt auf

bestimmten Zeiten stattfinden kann, und derjenigen, die (gegen das Ende des Mittelalters mehr und mehr) als *inutile au monde* gilt, als in der Ordnung nicht nützlich und nicht vorgesehen. Es sind die ›falschen‹ Bettler, die Probleme bereiten und die dann auch, das ist instruktiv, als Körper repressiven Behandlungen ausgesetzt werden – auf den Galeeren, in den frühneuzeitlichen Manufakturen. Sie sind im »Unzuhause«, sie haben *ni lieu ni feu*, also keine soziale Adresse im Inklusionsbereich. Sie sind extra marginem. Vgl. Hartung, W., Gesellschaftliche Randgruppen im Spätmittelalter. Phänomen und Begriff, in: Kirchgässner, B./Reuter, F. (Hrsg.), Städtische Randgruppen und Minderheiten, Sigmaringen 1986, S. 49-114, S. 54 et passim.

**26** | Das gilt auch für den verarmten Adel bzw. diejenigen seiner Nachgeborenen, die nicht erben. Auch sie geraten in das Unzuhause – in der spanischen Reconquista, in den Kreuzzügen etc.

**27** | Im Übergang von der Spätantike zum Frühmittelalter werden die Erinnerungen an vergleichbare Zustände der Antike selbst mitgeführt. Mit dem Komplex der Vagabondage ist die Idee des *Homo viator* verschweißt, die Semantik der Ruhelosigkeit und der Flüchtigkeit irdischer Existenz.

**28** | Mollat, Die Armen im Mittelalter, a.a.O., S. 226ff. Vgl. zur Differenz zwischen den ›ehrlichen‹ Bettlern und der Vagabondage auch Ennen, E., Die europäische Stadt des Mittelalters, Göttingen 1987 (4., verb. Auflage), S. 247f.

beiden Seiten: Er ist leicht eliminierbar im Exklusionsbereich (man kann ihn töten, auspeitschen etc.), und er ist für die Beobachter im Inklusionsbereich leicht erkennbar: Er ist schmutzig, häßlich, er stinkt, und er ist furchterregend.[29]

## II

Der stratifikatorische Differenzierungstyp, das war die These, erzeugt im Moment der Produktion kontinenter Schichtadressen auch die leichtgängige Möglichkeit des Adressenverlustes, damit einen Inklusionsbereich, in dem die Ungleichheit zwischen den Schichten dominiert, und einen Exklusionsbereich, der die vom Inklusionsbereich ausgeschlossenen sozialen Adressen ›aufnimmt‹ – negative Adressen, wie man auch deshalb sagen könnte, weil sie vom Inklusionsbereich her mit Mißachtung jeglicher Art überzogen werden. Die mittelalterliche Gesellschaft ist aus dieser Sicht *doppelt differenziert.* Sie kennt in sich selbst eine Innen/Außen-Unterscheidung, bezogen auf die Konstruktion sozialer Adressen.

Wenn man aber so formuliert, unterschlägt man, daß das Mittelalter geläufigen Einteilungen zufolge tausend Jahre währte, von etwa 500 bis 1500.[30] Man wird nicht davon ausgehen können, daß die Vollform der Stratifikation von Anbeginn an verfügbar war, vielleicht ist sie nie anders als in der Form einer weitgehenden Approximation erreicht worden.[31] Aus der These der doppelten Differenzierung, die an die Exklusionseffekte der Stratifikation geknüpft ist, daran also, daß die Exklusion aus einer Schicht die Exklusion aus dem Inklusionsbereich selbst darstellt, folgt eine weitere These: Mit der approximativen Ausprägung und Aushärtung der stratifizierten Ordnung müßte das Phänomen der doppelten Differenzierung zunehmen, und damit müßte es zu etwas kommen, was wir ganz vorläufig *Gegendifferenzierungen* nennen wollen, die Ausbildung sozialer Formen im In-

**29** | Mollat, Die Armen im Mittelalter, a.a.O., S. 211.

**30** | Daß solche Periodisierungen künstlich und umstritten sind, ist bekannt. Siehe als prominenten Versuch, sich dagegen abzusetzen, Braudel, F., Histoire et sciences sociales. La longue durée, in: Annales. E.S.C. 13, 1958, S. 725-753. Hier genügt uns aber die geläufige Unterscheidung, weil wir eine gesellschaftstheoretische Perspektive einnehmen, in der es weniger um eine Epoche als um die Effekte bestimmter Differenzierungstypen geht, die ihrerseits Vergleiche zulassen mit anderen Stratifikationsordnungen, beispielsweise des feudalen Japans, des indischen Kastensystems etc.

**31** | Wir formulieren ja ähnlich, wenn wir davon ausgehen, daß die funktionale Differenzierung der Weltgesellschaft nicht überall durchgesetzt ist.

klusionsbereich, die die gefährlichen Effekte der doppelten Differenzierung abfangen sollen.[32]

Die christliche Semantik des Mittelalters legt es nahe, zunächst an Institutionen der Barmherzigkeit, der Fürsorge zu denken.[33] Aus der Grundidee des *patrimoniums* (was die Kirche besitzt, gehört den Armen) entwikkeln sich früh Ansätze einer öffentlichen Fürsorge, die institutionell seit dem Konzil von Orléans (511) an die Häuser der Bischöfe, dann auch an die Pfarreien geknüpft sind.[34] In Übernahme orientalischer und antiker Vorbilder entstehen die Armenmatrikeln, Listen mit Namen armer Personen, die von der Kirche unterstützt werden.[35] Im 6. Jahrhundert finden sich die Matrikeln in allen größeren Orten. Die *matricularii* (die verzeichneten Armen) hatten in der Masse der Armen einen privilegierten Status, sie waren durch die Matrikeln (also durch schriftliche Aufzeichnung) *lokalisierbar*. Diese räumliche Anbindung verstärkt sich durch die *mansio pauperum*, durch das Armenhaus, das Hospital (Xenodochium). Mehr und mehr werden dann Matrikeln auch auf dem Lande üblich, angesiedelt an Klöstern, die sich mit ihren Hospizen den Durchwandernden öffneten. Diese Klosterhospize gewinnen zunehmend an Bedeutung bis zum 9. Jahrhundert, und auch hier ist bezeichnend, daß sie vornehmlich an belebten Straßen entstehen, zuständig für die *pauperibus superventientibus*, für diejenigen, die vorüberziehen. Die *porta* ist die Grenzstelle, der *portarius* mit seinen *provendarii* (Hilfskräften) zuständig für die Organisation der Hilfe und für die sozialen Unterscheidungen zwischen den Personen, die Hilfe benötigen. Unterschieden wird zwischen den Personen von Stand, die anklopfen und mit *Deo Gratias* begrüßt werden, und den Armen, denen nur ein *Benedic* zu-

**32** | Auf die Frage nach Gegendifferenzierungen im Exklusionsbereich komme ich zurück.

**33** | Auch die Moderne setzt auf spezifische Weise mit Gegendifferenzierungen im Inklusionsbereich an, mit dem System sozialer Hilfe. Vgl. Fuchs/Schneider, Das Hauptmann-von-Köpenick-Syndrom, a.a.O. Es ist bezeichnend, daß die Ausdifferenzierung dieses Systems zunächst auch auf die Semantik der Fürsorge, der *caritas*, der Nächstenliebe zurückgreift, damit auch auf die Geschichte, die wir hier nur skizzieren.

**34** | Ich folge im wesentlichen der Zusammenfassung bei Mollat, Die Armen im Mittelalter, a.a.O., S. 42ff. et passim. Vgl. aber auch Beck, H.G.S., The pastoral Care of Souls in South-East France during the sixth Century, Rom 1950; Förstl, J.N., Das Almosen. Eine Untersuchung über Grundsätze der Armenfürsorge in Mittelalter und Gegenwart, Paderborn 1909.

**35** | Im 5. Jahrhundert sind Laien als Leiter (*praesides*) dieser Institutionen belegt.

steht, ein *Sei-gesegnet*.[36] Diese Unterscheidung wird institutionalisiert (in der zweiten Hälfte des 9. Jahrhunderts und im Zusammenhang mit der anwachsenden Pauperisierung) durch den *custos hospitum*, der die Gäste von Stand versorgt, und den *eleemosynarius*, den Almosenier, der sich der Armen annimmt. Dies ist, wie wir sagen könnten, das strukturelle Korrelat einer Unterscheidung von Adressen.[37]

In der ›Blüte‹ des Mittelalters, etwa ab dem 13. Jahrhundert, läßt sich beobachten, daß diese an Bischöfe, Pfarreien, Klöster gebundenen Funktionen nicht verschwinden, aber an Bedeutung verlieren gegenüber Organisationsweisen der ›sozialen Hilfe‹, die sich verwaltungsförmig gestalten.[38] Ämter werden innerhalb der Kirchen eingerichtet (die *pia almona de la seo* in Barcelona, 1226, zum Beispiel oder die *pignotta* der Kurie von Avignon), dann an den weltlichen Höfen, etwa in der Form der *Aumônerie* am französischen Hof, die unter Ludwig IX. zu einem Hofamt wurde, das für alle Armenhäuser, Hospitäler, Leprosorien zuständig war, die der König gegründet hatte.[39] Ferner übernehmen die Zünfte und Bruderschaften Aufgaben der sozialen Hilfe.[40]

Für unsere These instruktiv ist, daß die Berechtigten (ganz im modernen Sinne) in der Bruderschaft »Or San Michele« Ausweise erhielten, also eine Adresse, die *polizza* hieß. Die entsprechenden Personen waren *in polizzis* eingeschrieben, sie waren aktenkundig. Sie waren insofern privilegiert, als ihnen mit dem Ausweis auch regelmäßige und pünktliche Unterstützung zustand. Vorbedingung aber, auch das ist sehr modern, war eine Prüfung der Lebensverhältnisse, eine strenge Untersuchung der familiären Umstände, die in einem Gutachten des Kämmerers mündete. Mit den *polizze* entstand zugleich die Möglichkeit, zwischen den stark beschädigten Adressen im Inklusionsbereich und den anderen da draußen zu unterscheiden, die kaum oder gar nicht in Frage kommen.[41]

**36** | Mollat, Die Armen im Mittelalter, a.a.O., S. 50ff. mit dem instruktiven Hinweis, daß auch hier schon das Mißtrauen gegenüber der Vagabondage eine Rolle spielt.

**37** | Dabei gibt es Ansätze zu einer Verrechtlichung der Funktionen in einem *ministerium eleemosyne*, einem *officium*, gegen das dann die urchristlichen Ideen erneut geltend gemacht werden müssen, nachweisbar in den Konstituionen von Fleury-sur-Loire um 1020-1030. Vgl. ebenda.

**38** | Dies ist nicht unser Thema, aber man könnte zeigen, daß dieser Prozeß geknüpft ist an die progrediente Ausdifferenzierung der Geldwirtschaft.

**39** | Vergleichbare Phänomene sich in Spanien und England.

**40** | Dies dann in komplexen Organisationsformen. Vgl. Mollat, Die Armen im Mittelalter, a.a.O., S. 128ff.

**41** | Theoretisch interessant dabei ist, daß diese Einrichtungen im Inklusions-

Zunehmende Bedeutung gewinnen in den Organisationen der Wohltätigkeit Formen der Geldwirtschaft. Die Kaufleute leisten Zahlungen an die Hospize bzw. Bruderschaften, so daß Gott bei ihnen Schulden hat, aber die geleisteten Zahlungen werden wiederum von Kaufleuten verwaltet, die die wichtigen Ämter in den städtischen Magistraten und in den Bruderschaften einnahmen. Jene *polizze*, die die erwähnte Bruderschaft »Or San Michele« ausgaben, entsprachen einer Art von Bankobligation. Die Marken (token), die andere vergleichbare Institutionen in Europa ausgaben, wurden unter den Hilfeempfängern als Geldersatz behandelt.

Dieser Prozeß der Rationalisierung der Armenfürsorge verschärft sich wesentlich durch zwei Instrumente: Fusionierung und Spezialisierung. Nicht rentable oder überforderte Institutionen wurden zusammengelegt. Ab dem 14. Jahrhundert finden sich Fusionierungen von Hospizen in Aix-en-Provence, um 1430 in Portugal (bis 1499 in allen größeren Städten). Mit Vorspielen im 14. Jahrhundert zieht Italien im 15. Jahrhundert nach: Genua 1423, Turin 1430, Florenz 1436, Como und Crema 1468, Piacenza 1471, Rom 1475, Ferrara 1478. Mit solchen Zusammenschlüssen wird kompetentes Personal erforderlich und eine durchgearbeitete Bürokratie, die sich von der geistlichen Führung absetzt. Die neuen Größenordnungen erzwingen Spezialisierungen, deren Tendenz in der Ausrichtung auf therapeutische Bemühungen für bestimmte Krankengruppen lag. Der seit Foucault bekannteste Fall ist die Versorgung der Geisteskranken, für die in den Hospitälern eigene Abteilungen reserviert wurden oder für die eigene Häuser gebaut wurden. Viele Hospize bezogen sich nur noch auf bestimmte Gruppen, auf Seeleute, auf Zünfte, auf alte Priester, auf verarmte Patrizier etc. und schotteten sich damit gegen Hilfszumutungen aus dem Exklusionsbereich ab, ein Prozeß, der gegen Ende des Mittelalters zunimmt, so daß es etwa in Florenz Hospitäler für Lastträger, Färber, Hufschmiede, in Straßburg eines für Schuhmacher gibt. Weitere Spezialisierungen beziehen sich auf Büßerinnen, alte Männer bzw. Greise, dann auf gebärende Frauen, Waisen und Findelkinder.

Vielleicht genügt es im Rahmen eines Aufsatzes, hier festzuhalten, daß das mittelalterliche Europa sich mit einem Netz differenzierter Organisationen der Wohltätigkeit überzieht. In dem Maße, in dem diese Organisationen abkoppeln von der ›Metaphysik der Barmherzigkeit‹ (ohne die entsprechende Semantik preiszugeben), werden Unterschiede zentral zwischen den legal Armen, um die man sich im Inklusionsbereich kümmern muß, und den im Inklusionsbereich eliminierten Adressen, der Vagabondage. Sie wird durch die organisierte Mildtätigkeit des Hochmittelalters

bereich eine eigene Inklusion betreiben, keine Re-Inklusion in sichere Positionen der Schicht, aber immerhin eine Form noch ehrbarer Adressenbildung.

nicht oder kaum erfaßt.[42] Sie fällt unter den *numerus clausus*, die soziale Adresse im Inklusionsbereich bleibt ihnen verweigert. Die Rationalisierung der sozialen Hilfe im Mittelalter schließt die unverschuldet Armen ein, die Vagabunden, zu denen nach und nach die Bettelleute jeder Provenienz gerechnet wurden, aus.

Die Entstehung eines Netzwerkes sozialer Hilfe im Mittelalter, das sich im wesentlichen an einer christlich orientierten Leitsemantik der Barmherzigkeit orientiert, gegen Ende des Mittelalters hin aber zunehmend unter Gesichtspunkte der Rationalisierung und Spezialisierung gerät, kann als Gegendifferenzierung im Inklusionsbereich begriffen werden.[43] Sie reagiert auf die zentrale Schwäche stratifizierter Ordnung, auf die Leichtgängigkeit des Übergangs zwischen Inklusions- und Exklusionsbereich. Mit dem Maß ihrer Ausdifferenzierung aber entwickelt sie, wie man sagen könnte, mehr und mehr Verfahren, die es gestatten, zwischen Berechtigten und Nichtberechtigten zu unterscheiden. Die Berechtigten erhalten eine Art provisorischer Sozialadresse, Ausweise oder Äquivalente, mit denen die Ehrbarkeit ihrer Hilfsansprüche als festgestellt gilt, die Nichtberechtigten bleiben im Unzuhause.[44] Sie sind für den Inklusionsbereich im wesentlichen unkontrollierbar, deswegen eine Gefährdung, und als ihre Zahl in der Folge der Schwarzen Pest zunimmt, kommt es Mitte des 14. Jahrhunderts nahezu zeitgleich in den Ländern Europas (1347-1351) zu Repressionen, die den Exklusionsbereich überziehen. Auch hier geht es wesentlich um die Substitution der verlorenen Schichtadresse durch räumliche und zeitliche Fixierungen: durch das Festhalten der Vagabunden in Asylen und durch Arbeitszwangsmaßnahmen.[45]

Die Vagabondage wird im Prinzip verboten, unterliegt also rechtlicher

**42 |** Sie werden erreicht durch zunächst nicht organisierte Formen (Franziskus und die Bettelorden), die die Form sozialer Bewegungen annehmen, ehe sie inkrustieren.

**43 |** Das ist deshalb interessant, weil in der Moderne das sehr ähnliche Modell einer Gegendifferenzierung mit sehr eigentümlichen Formbildungen läuft, das System sozialer Hilfe. Vgl. Fuchs/Schneider, Das Hauptmann-von-Köpenick-Syndrom, a.a.O.

**44 |** Sie werden dann als Arbeitsscheue und gefährliche Elemente Gegenstand der bürgerlichen Literatur des 15. und 16. Jahrhunderts. Vgl. Scherpner, H., Theorie der Fürsorge, Göttingen 1962, S. 49f.

**45 |** Mollat, Die Armen im Mittelalter, a.a.O., S. 265f. Siehe als Fallstudie Geremek, La lutte contre le vagabondage à Paris aux XIVe et Xve siècles, a.a.O. Siehe insbesondere zur Arbeitspflicht Sachße, Ch./Tennstedt, F. (Hrsg.), Geschichte der Armenfürsorge in Deutschland. Vom Spätmittelalter bis zum ersten Weltkrieg, Stuttgart 1980, S. 31.

Regulation, die bestimmte Formen der Bettelei zuläßt, andere ausschließt. Wohl ausgehend von den *polizze*, jenen Berechtigungsausweisen der »Or San Michele« in Florenz oder der Armentafeln Nordeuropas, die ähnliche Ausweise kannten, werden exkludierte Personen gezwungen, Abzeichen (Schandmale) zu tragen. In Paris wird die Bettelei auf bestimmte Bezirke eingeschränkt. In Kirchen darf nicht mehr gebettelt werden. In England wird die Vagabondage dadurch kontrolliert, daß Wegebriefe eingeführt werden, die die Exklusionsanfälligen durch den Friedensrichter der Grafschaft erhalten, wenn sie ihren Geburtsort/Wohnort verlassen wollen. Wer ohne Wegebrief erwischt wird, kann gebrandmarkt werden.[46]

Gezielt werden Vagabunden in England ab 1350 verfolgt. Die französische Wegepolizei verschärft am Ende des 15. Jahrhunderts ihre Maßnahmen. 1473 beschließt das Parlament von Paris (als Ergebnis einer Kette von Strafmaßnahmen gegen Vagabunden) Repressionen, die Gefängnisstrafen, Brandmarkungen und Verbannungen zulassen.[47] Solche Prozesse finden in ganz Europa statt, und das für unser Thema bezeichnende Phänomen ist, daß jetzt diejenigen, die aus dem Inklusionsbereich heraus Personen im Exklusionsbereich helfen, ihrerseits unter die Exklusionsdrohung fallen können: Wer in England den ›Illegalen‹ Almosen gab, konnte mit dem Kerker bestraft werden. Den Armentafeln in Mons und in Löwen wurde die Betreuung der unzulässigen Armen verboten.

Da die Körper im Exklusionsbereich nicht beseitigt werden können (es sind zu viele), muß das Verbot der Vagabondage abgestützt werden durch Arbeitszwang. Seit Beginn des 14. Jahrhunderts wird unter einer Leitsemantik wie ›Verhindern des Müßigganges‹ und ›Besserung‹ der nicht ehrbaren Armen der Vagabondage Arbeit verordnet. Nach Vorspielen in Paris und Toulose, bei denen die Vagabunden aufgefordert werden, Stadtgräben zu reinigen, Befestigungsanlagen in Ordnung zu halten etc., und dafür noch Entlohnungen erhielten, wird die eigentliche Zwangsarbeit am Ende des Mittelalters eingeführt. Noch gibt es keine *ateliers de charité* (Arbeitshäuser), aber es gibt Flüsse, die schiffbar gemacht werden müssen, Straßen, die der Reinigung bedürfen, und schließlich die Galeeren, die das Problem doppelt lösen: Entfernung der Vagabondage und Arbeitsbeschaffung.

**46** | Vgl. auch Fischer, W., Armut in der Geschichte, Göttingen 1982, S. 41.

**47** | Ebenda. Alle diese Maßnahmen sind Manipulationen, die soziale Adressen im Inklusionsbereich substituieren: durch örtliche Fixierung, durch Stigmatisierung des Körpers, durch endgültige räumliche Entfernung.

## III

Mittelalterliche soziale Hilfe und die spätmittelalterlichen Repressionsmaßnahmen werden im Inklusionsbereich organisiert. Er reagiert, wie man sagen könnte, auf das eigene Formproblem, daß darin besteht, daß Stratifikation doppelt differenziert und keine instituionalisierten Wege kennt, eine Re-Inklusion der Exkludierten durchzuführen.[48] Niemand wird zweimal geboren.

Die funktional differenzierte Gesellschaft koppelt dagegen ihren Inklusionsmodus von der Schichtzugehörigkeit ab. Ihre Entwicklung ist ja zunächst durch die Erosion, dann durch die Zerschlagung der Ständegesellschaft gekennzeichnet. Alle unter stratifizierten Bedingungen in der jeweiligen Schicht bedienten gesellschaftlichen Funktionen werden nach und nach an dislozierte Funktionssysteme wie Recht, Wirtschaft, Wissenschaft, Politik etc. delegiert, eine Form, die erzwingt, daß die soziale Adresse ihre Einheit verliert und mit schichttheoretisch nicht mehr erfaßbaren Inklusionszumutungen- und Möglichkeiten konfrontiert wird. Wichtig in unserem Zusammenhang ist, daß die Form der funktionalen Differenzierung, die inkontinente Adressen erzeugt, voraussetzt und sich darin von der stratifizierten Adressenkontinenz unterscheidet, zugleich einen anderen Exklusionsmechanismus aufbaut. Die Exklusion aus gesellschaftlichen Teilbereichen ist nämlich nicht identisch mit der Adressenkatastrophe des europäischen Mittelalters, in dem Ausschluß aus der Schicht identisch ist mit dem Übergang in den Exklusionsbereich. Statt dessen ist der Übergang in den Exklusionsbereich extrem verzögert, und an eben dieser Verzögerung setzt das moderne System sozialer Hilfe an, indem es die Bedrohung der sozialen Adresse durch sich generalisierende Exklusionsfolgen bearbeitet und selbst extreme Fälle von Exklusion durch Zahlungen im Inklusionsbereich hält. Sie tut es (und das ist vergleichbar mit dem, was wir über das Mittelalter gesagt haben) mithilfe der ›Stützung‹ sozialer Adressen durch Berechtigungserklärungen, durch die Erzeugung bearbeitbarer Fälle.[49]

Kurz: Der Weg in den Exklusionsbereich der Gesellschaft ist lang, und er ist, um diese Metapher ungebührlich zu strapazieren, am Ende noch verlegt durch das System sozialer Hilfe, das sich (und wiederum im Gegensatz

**48** | Sie geschieht mitunter zufällig, aber ist gerade deshalb bemerkt worden. Vgl. den Fall des Burkard Zink, zit. nach Mollat, Die Armen im Mittelalter, a.a.O., S. 228.

**49** | Vgl. Fuchs/Schneider, Das Hauptmann-von-Köpenick-Syndrom, a.a.O. Die dort vorgetragene These ist hier leicht modifiziert. Es geht möglicherweise gar nicht um Re-Inklusion oder Statt dessen-Inklusion, sondern nur um das Halten der Adresse in der Inklusionsdomäne.

zum Mittelalter) auch und mit Emphase der modernen Vagabondage, also der Obdachlosigkeit annimmt, und alles tut, um kein Schicksal zuzulassen, das dem *ni lieu ni feu* entspräche.[50] Der Obdachlose ist immer noch eine *fallförmige* Adresse für das System sozialer Hilfe, das mit seiner zentralen Unterscheidung Fall/Nichtfall die Form funktionaler Differenzierung gleichsam supplementiert und dann anspringt, wenn bei Teilexklusionen spill-over-Effekte drohen oder sich eingestellt haben.

In gesellschaftstheoretischer Perspektive (und in formlogischer Argumentation) ist die Ursache für diese Verlegung des Wegs in einen absoluten Exklusionsbereich durch die Ausdifferenzierung eines modernen Systems sozialer Hilfe bedingt dadurch, daß die *Form der funktionalen Differenzierung das Teilnehmen-Können (nicht: müssen) aller Personen an allen Funktionssystemen impliziert. Was stabilisiert werden muß, ist nicht die Komplettinklusion, sondern die im gewissen Sinne pauschale Chance dazu und als deren Kehrseite die Möglichkeit, das Nichtwahrnehmen der Chancen auf die Individuen zuzurechnen.*[51] Es ist von der Form her nicht vorgesehen, daß soziale Adressen komplett verlorengehen.

Aus welchen Gründen auch immer hat sich eingebürgert, die darauf bezogene Argumentation plastisch zu unterfüttern mit dem widerständigen Hinweis auf die brasilianischen *favelas*, auf die Slums dieser Erde schlechthin, auf quantitative Massierungen von Menschen, die keine Adresse im Inklusionsbereich haben, nicht einmal eine fallförmige Adresse, so daß nur die Körper übrigbleiben, die sich irgendwie durchschlagen müssen und im Blick darauf dann klar geschnittene (grobe) Adressen im Exklusionsbereich entwickeln: bewaffnet oder unbewaffnet, gefährlich oder einfach nur elend schwach. Unter diesen Voraussetzungen sieht es so aus, als ob jene Massierungen dem entsprächen, was für das Mittelalter die Vagabondage war – unter Ausschluß der räumlichen Mobilität.

Die theoretische Schwierigkeit des Vergleichs besteht aber darin, daß man für das Mittelalter den Exklusionsmechanismus, der in den Exklusionsbereich führt, klar angeben und an die Form der Stratifikation selbst binden kann, und daß eben dies für die Form der funktionalen Differenzie-

**50** | Das heißt nicht, daß es Obdachlosigkeit nicht gibt, sondern nur, daß Institutionen im System sozialer Hilfe existieren, die in diesen Bereich hinein Ausweise, Berechtigungen, Adressen streuen. Ich habe in irgendeinem Zeitungsartikel gelesen, daß in England geplant ist, Obdachlosen zu gestatten, Nichtadressen als Adressen zu behandeln, damit sie erreichbar sind: dritte Parkbank neben der Kathedrale ist als Adresse zulässig. Übrigens läßt sich ja auch zunehmend eine Art Selbstorganisation der Obdachlosigkeit beobachten, ablesbar an eigenen und erfolgreichen Publikationen.

**51** | Vgl. Luhmann, Die Gesellschaft der Gesellschaft, a.a.O., S. 625.

rung nicht gelingt.[52] Gerade deshalb war es nötig, bezogen auf die Weltgesellschaft, gleichsam Regionen unterschiedlicher Durchsetzung funktionaler Differenzierung zu unterstellen. Es gibt kein Segment der Weltgesellschaft, das noch nicht durch funktionale Differenzierung erreicht wird, noch nicht in den Folgen dieser gesellschaftlichen Umstellung existiert, aber es gibt unterschiedliche Grade des Durchgesetztseins dieser Ordnung, und es gibt vor allem historische Relikte von Strukturen, die sich nicht einfügen in die Idee der prinzipiellen Komplettinklusion,[53] die für die Vollform funktionaler Differenzierung unverzichtbar ist und im Bereich dieser Vollform geschützt wird durch die Abfangbastion eines eigenes Funktionssystems, das angetreten ist zur Verhinderung von Komplettexklusion, eben dem modernen System sozialer Hilfe, für das man ja mit Sicherheit sagen kann, daß es eine späte Entwicklung ist, die alles andere als in weltweiter Operation begriffen ist.

Was wir finden, wenn wir auf die Ausprägung von Exklusionsbereichen der geschilderten Art blicken, ist eine ausgesprochene Gemengelage, die es nicht (jetzt jedenfalls noch nicht) zuläßt, das Phänomen auf die Form der funktionalen Differenzierung zu beziehen. Sie ist ja gerade eine, die drohende Prozesse der Komplettexklusion stark verzögert und sich gerade darin von anderen Differenzierungstypen unterscheidet. Eben deshalb ist die These, daß innerhalb der Weltgesellschaft Insulationen der Komplettexklusion sich historisch eingestellt haben und einstellen, daß ihre Existenz aber zunächst nicht systematisch an funktionale Differenzierung geknüpft ist, allenfalls an Ungleichzeitigkeiten der Realisierung der Vollform.

Wenn das so ist, wird die Frage unausweichlich, ob sich die moderne Gesellschaft aus systematischen (systemischen) Gründen ein Äquivalent zum Exklusionsbereich des Mittelalters erzeugt, der theoretisch (und nicht nur historisch) beobachtet werden kann.

## IV

Der in unserer Argumentation wesentliche Punkt ist, daß die funktional differenzierte Gesellschaft die Inklusionsmodi ihrer Funktionssysteme

**52** | Auch die archaischen Gesellschaften haben einen klaren Exklusionsmechanismus. Das ergibt sich schon aus dem Wort ›segmentäre Differenzierung‹.

**53** | Nicht einfügen lassen, das ist eine schnelle Formulierung für den Umstand, daß autopoietische Systeme historische Maschinen sind, die die Strukturen, auf denen sie sich entwickeln, nicht mitbringen. Die funktionale Differenzierung ist keine Perfektionsform der Evolution. Vgl. dazu Luhmann, N., Das Recht der Gesellschaft, Frankfurt a.M. 1993, S. 582ff.

nicht instruieren kann. Die Funktionssysteme operieren in dieser Hinsicht autonom. Das bedeutet, daß auf der einen Seite die Struktur der Gesellschaft die Möglichkeit der Allinklusivität erzwingt, aber daß auf der anderen Seite keine Instanz existiert, die diese Möglichkeit gesellschaftsweit reguliert. Allinklusivität dieses Typs ist also *cafeteria-förmig im Blick auf Individuen*. Sie ist dagegen gesellschaftlich nicht zugriffsfähig. Inklusion/Exklusion findet, wenn man so will, auf einem durch die Gesellschaft nicht erreichbaren (kontrollierbaren) Grund statt (auf einem *sujectile* im Sinne Artauds). Sie ist immer, wenn wir von Gesellschaft reden, funktionssystemspezifisch und damit im Blick auf die Gesellschaft polykontextural. Die moderne Gesellschaft kann weder Adressen löschen noch sie aufzeichnen – außer in der Form der Dislokation.

Wenn aber die Bedingung der Möglichkeit ihrer Form *die prinzipielle Ermöglichung von Allinklusivität ist*, kann in spekulativer Haltung gefragt werden, was oder wer denn die in dieser Hinsicht notwendigen Gleichheitsbedingungen schafft. Gibt es eine oder mehrere evolutionäre Einrichtungen, die diese Möglichkeit aufrechterhalten, wenn man mitsieht, daß im Inklusionsbereich der modernen Gesellschaft laufend Ungleichheiten produziert werden, durch die Grade der Partizipation entstehen, Differenzen zwischen Sozialhilfempfängern, Professorinnen, Taxifahrern, alleinerziehenden Müttern, Behinderten etc., die sehr wohl verhindern, daß die Möglichkeit der Allinklusion beliebig wahrgenommen werden kann? Solche Instanzen oder Domänen müßten in gewisser Weise die Verunmöglichung oder auch nur starke Ausdünnungen der Pauschalchance von Allinklusivität abwehren.

Eine erste Antwort liegt auf der Hand. Sie bezieht sich auf das, was wir die gesellschaftliche Drift zur *supplementären oder substitutiven Inklusion* nennen wollen. Man könnte vielleicht in entschiedener Pointierung formulieren, daß das, was im Mittelalter als Exklusionsbereich identifizierbar ist (die Vagabondage) und aus der Form der stratifizierten Ordnung selbst gleichsam abtropft, in der modernen Gesellschaft der Bereich supplementärer Inklusion ist. Auch hier treibt die Form der Gesellschaft die evolutionäre Notwendigkeit aus, jene Pauschalchance (nicht die entsprechende Realität) zur Allinklusivität zu erhalten, und sie tut das auf einer Bandbreite, die hier nur angedeutet werden kann: vom Mutterschaftsgeld bis zur Gerontologie, von sozialer Hilfe bis zur Entwicklungshilfe, vom psychologischen Schuldienst bis hin zur *political correctness*, von der ABM-Maßnahme bis zum Arbeitslosengeld, von den Werkstätten für Behinderte bis hin zu Menschenrechts- oder Menschenpflichtsorganisationen, die weltweit operieren. Es geht um die Restitution gefährdeter Gleichheitschancen – um jeden Preis. Lax gesagt: Es geht darum, die *cafeteria* betretbar zu halten – für jeden; und nicht darum, daß jeder auch von jeder Theke kostet. Man könnte auch sagen, daß Schicksals- und Tragikchancen in dieser Hinsicht verboten sind.[54]

Der zweite Antwortversuch ist problematischer. Er stellt die Annahme zur Diskussion, daß die moderne Gesellschaft ein Inklusionsmedium entwickelt, das *Arbeit* heißt.

## V

Wer als Soziologe über Arbeit spricht, findet eine Welt des Berücksichtigungswerten vor.[55] Er muß, wenn es ihm um Theorie geht, dann von seinem Gedächtnis Gebrauch machen, also vieles vergessen und nur festhalten, daß kein Zweifel daran besteht, daß das Phänomen Arbeit im Ausbruch der Moderne offensichtlich einen gänzlich anderen gesellschaftlichen Stellenwert annimmt als etwa in der Antike oder im Mittelalter und daß dies von Ideologen, Sozialphilosophen, Soziologen, Historikern, Psychologen, Arbeitswissenschaftlern oder Intellektuellen hinreichend beobachtet und notiert wurde. Die Frage ist, wie der Unterschied zur Vormoderne gelagert ist, und die erste These, die sich darauf bezieht, ist diejenige, daß *Arbeit ein Heider-Medium ist, also eine lose gekoppelte Menge von Elementen, die Formbildungen zulassen, die jederzeit wieder auflösbar sind.*[56] Wir wollen ferner behaupten, daß die Formbildungen im Medium zusammenhängen mit der Form der sozialen Adresse, die in bestimmten Gesellschaftsformationen begünstigt wird.[57]

Dann läßt sich zunächst sehen, daß frühe Formbildungen um die Unterscheidung frei/unfrei gravitieren, in der die Negativseite bezeichnet wird, vorzugsweise als Leid, Qual, Sorge, Not, als Übel, das an die Unfreien (Sklaven, Frauen, Kinder etc.) delegiert wurde.[58] Das hält sich, wenn wir

**54** | Vgl. Fuchs, Das Phantasma der Gleichheit, a.a.O.

**55** | Ein guter Überblick findet sich in Haunert, F./Lang, R., Arbeit und Integration. Zur Bedeutung von Arbeit in der Jugendsozialarbeit am Beispiel von Projekten freier Träger, Frankfurt a.M. 1994, S. 43-84.

**56** | Siehe grundlegend Heider, Ding und Medium, a.a.O. Vgl. zu Ausarbeitungen Luhmann, N., Das Medium der Kunst, in: Delfin 4, 1986, S. 6-15; ders., Das Kind als Medium der Erziehung, in: Zeitschrift für Pädagogik 37/1, 1991, S. 19-40; Fuchs, Der Mensch – das Medium der Gesellschaft?, a.a.O.

**57** | Vgl. natürlich in anderer Begrifflichkeit den Artikel »Arbeit« in Brunner, O./Conze, W./Koselleck, R. (Hrsg.), Geschichtliche Grundbegriffe. Historisches Lexikon zur politisch-sozialen Sprache in Deutschland, Bd. 1, Stuttgart 1972.

**58** | Mit der Ausnahme der Arbeit im Krieg. Vgl. Haunert/Lang, Arbeit und Integration, a.a.O., S. 47.

hier summarisch argumentieren dürfen, bis ins Mittelalter durch, das zwar (und folgenreich) Arbeit auflädt mit einer christlichen Semantik, die sie als gottbestimmt erscheinen läßt, aber sie gerade dadurch an die stratifizierte Ordnung bindet, an die durch den metaphysischen Willen inszenierte und legitimierte Ordnung der Ungleichheit, in der die Art und das Maß an zuweisbarer und zu ertragender Arbeit wiederum an den Zufall der Geburt, also an die jeweilige Schicht geknüpft sind. Entscheidend ist, daß *die Inklusion in die Schicht (also in den Inklusionsbereich) nicht an Arbeit geknüpft ist, sondern daß die Schicht definiert, welche Arbeit getan werden muß* bzw. (wenn man auf die hohen Schichtlagen achtet) getan werden kann. Es gibt mithin eine strikte Kopplung zwischen Schichtzugehörigkeit (also der sozialen Adresse) und den Formen der dadurch jeweils erzwungenen oder ermöglichten Arbeit. Unterschieden wird dabei (wie schon in der Antike) zwischen den höher bewerteten Formen geistiger und den rangniedrigen Formen körperlicher Arbeit.

Im Übergang zur Neuzeit werden Schichtzugehörigkeit und Arbeit mehr und mehr entkoppelt. Die vor allem durch das städtische Bürgertum eingeleitete Umarrangierung der Hierarchieverhältnisse führt dazu, daß der Vorrang begünstigter Geburt (die Attribution nicht erworbener Verdienste) langsam strittig und dann allmählich überführt wird in die reformatorische Vorstellung der sittlichen Arbeitsverpflichtung eines jeden Christenmenschen.[59] Damit entsteht (historisch gesehen) zugleich die Ausgrenzung der Nichtarbeitenden und der Druck auf die Vagabondage in der Form der Arbeitszwangsmaßnahmen.[60] Jene sittliche Verpflichtung definiert den Inklusionsbereich als denjenigen, in dem gearbeitet wird, und den Exklusionsbereich als denjenigen, in dem nicht gearbeitet wird. Im Exklusionsbereich hausen die Parasiten.

Über Stationen, die hier nicht nachzuzeichnen sind und in deren Verlauf Bürger und Beruf zusammengeschlossen werden (im Sinne des einzig gerechtfertigten Inklusionsmodus), wird das Medium Arbeit zunehmend abstrakter gefaßt. Man muß nur an Locke, Smith, Ricardo erinnern und die Reduktion von Arbeit auf den zentralen Produktionsfaktor, die identisch ist mit der Auskopplung von Arbeit aus den ständischen Kontexten. Sie wird statt dessen zum Vehikel einer alle Menschen umfassenden Inklusion, wofür dann die Verfassung Frankreichs nach der großen Revolution politisch einsteht: Der dritte Stand arbeitet, und er ist die Nation. Wer müßig geht, ist auch hier der Parasit, den es zu eliminieren gilt. Was folgt, ist eine

**59** | Hier muß man wohl auf Weber, M., Die protestantische Ethik und der Geist des Kapitalismus, in ders.: Gesammelte Aufsätze zur Religionssoziologie I, Tübingen 1920 (1988), verweisen.

**60** | Brunner/Conze/Koselleck (Hrsg.), a.a.O., S. 93.

Anthropologie des arbeitenden Menschen und eine Negativanthropologie des Müßiggängers,[61] ablesbar in Philosophie und Pädagogik bis weit ins 19. Jahrhundert hinein mit semantischen Nachwirkungen bis in die Gegenwart.

Aber es geht im Moment nicht um Semantik außer in dem Sinne, daß sie die Annahme plausibilisiert, Arbeit habe mit den Inklusionsproblemen zu tun, die sich einstellen, wenn stratifizierte Inklusion durch schichtunabhängige Inklusion ersetzt wird. Sie hat damit zu tun, weil sie ersichtlich jeden Menschen erreichen soll, dies schon, bevor die großen Inklusionswellen laufen, die heute unter den Titeln Partizipation oder Emanzipation mehr oder weniger wissenschaftlich bearbeitet werden.[62] Arbeit hat die Funktion übernommen, Inklusion quer zu jeder Schichtordnung zu ermöglichen, aber damit dies gelingen konnte, mußte sie in irgendeiner Weise nicht nur unabhängig von Stratifikation, sondern auch von funktionaler Differenzierung werden. Sie müßte orthogonal zur Differenzierungsform stehen, wenn sie die Pauschalchance zur Allinklusivität eröffnen soll, ohne in die Inklusionsautonomie der Funktionssysteme einzugreifen.

Unter diesen Umständen schickt es sich, daß das Medium Arbeit im Kontext der Evolution des Wirtschaftssystems schon die Form des *ausgeschlossenen Eingeschlossenen* (*des Parasiten*) angenommen hat.[63] Im Moment, indem das Problem der Knappheit an Gütern codiert wird durch Eigentum, dann durch Geld, im Moment also der strikten Binarisierung der Systemoperationen totalisiert sich das Wirtschaftssystem. Es kontrolliert Knappheit universal, indem sie sie in zwei Werte auflöst, in ein regulatives Schema, in dem die Bezeichnung der einen Seite die der anderen negiert. Arbeit kommt im Schema nicht vor. Sie ist der dritte Wert, dessen Ausschluß notwendig wird, damit das System seine Autonomie (seine Autopoiesis) freistellen kann von gleichsam natural konzipierten Operationen des Eigentumerwerbs, obwohl zweifelsfrei die Arbeit nicht aufhört zu arbeiten und spezifiziertes Eigentum (also Nichteigentum an anderer Stelle) zu

**61** | Es ist nie wirklich gelungen, die Gegenmodelle des romantischen Taugenichts oder später des Flaneurs und des Dandy mehr als literarisch zur Geltung zu bringen.

**62** | Dem trägt die Tatsache Rechnung, daß der Begriff der *commercial society*, obwohl aus Wirtschaftszusammenhängen gewonnen, zur Gesellschaftstheorie avancieren kann, weil er den neuartigen Inklusionsbedingungen entspricht. Vgl. Luhmann, Die Wirtschaft der Gesellschaft, a.a.O., S. 221ff.

**63** | Parasit im Sinne von Serres, Der Parasit, a.a.O. Wir folgen jetzt im wesentlichen der Argumentation von Luhmann, Die Wirtschaft der Gesellschaft, a.a.O., S. 210ff. et passim.

schaffen.[64] Die Frage ist dann, wie die im Code der Wirtschaft ausgeschlossene Arbeit wieder eingeschlossen wird, und die Antwort müßte lauten: indem sie selbst als knapp vorgeführt wird, also als etwas, das unter den Einzugsbereich der Codierung wirtschaftlicher Operationen fällt. Für Arbeit muß gezahlt werden, und Arbeit ermöglicht Zahlungen, aber sie selbst ist weder Zahlung noch Nichtzahlung, drinnen und draußen in einem. Auf diese neuartigen Verhältnisse reagiert die Wirtschaftstheorie mit dem Konzept der Arbeitsteilung: Jeder arbeitet, und jeder kann das nur, weil er sich abstützt auf Andere, die an anderen Stellen Anderes arbeiten. Die Wirtschaftstheorie wird zur Gesellschaftstheorie, insofern sie im Theorem der Arbeitsteilung die Pauschalchance der Komplettinklusion entdeckt. Die Gesellschaft selbst ist arbeitsteilig organisiert (und nicht nur die Wirtschaft). Sie inkludiert durch Arbeit, und eben dies ist es, was die Gesellschaft des ausgehenden Mittelalters mit den ersten Erschütterungen der Stratifikation strukturell registriert, indem sie die Vagabondage (ihren Exklusionsbereich) mittels Arbeit zu inkludieren sucht und die Nichtarbeit, den Müßiggang moralisch stigmatisiert.

Entscheidend ist, daß das Medium Arbeit Inklusion zugriffsfähig für alle sozialen Adressen hält – ohne Steuerung durch ein Funktionsystem, ohne Steuerung durch irgendeine gesellschaftliche Instanz, also ohne die fundamentale Nichtzugriffsfähigkeit zu gefährden.[65] Und genau das macht den kaum zu überschätzenden und von niemanden überschätzten Stellenwert von Arbeit in der modernen Gesellschaft aus. Die Gefahr von sich generalisierenden Exklusionen setzt entsprechend am Verlust von Arbeit an.

Wenn Arbeit ein Heider-Medium ist, das unter verschiedenen Differenzierungsbedingungen verschiedene Formeinträge zuläßt, dann ist sie als Medium nicht knapp. Es gibt genug, es gibt unendlich viel Arbeit. Die Knappheit kommt ins Spiel dadurch, daß Arbeit im Wirtschaftssystem als Parasit fungiert, als Ausgeschlossenes, das eingeschlossen wird, indem es als knapp behandelt wird. Arbeit als Medium der Inklusion unter der Bedingung funktionaler Differenzierung soll die Chance zur Inklusion sozialer Adressen ermöglichen, aber sie kann das nur als knappes Gut, für das

**64** | Luhmann, Die Wirtschaft der Gesellschaft, a.a.O., S. 212, Anm. 69.

**65** | Nicht schlagartig alle, aber auf dem Wege einer auf Arbeitsermöglichung ausgerichteten Sozialisation jeden Menschen, und wenn jemand aus irgendwelchen Gründen nicht zur Arbeit in der Lage ist (zum Beispiel wegen Behinderung), so zahlt das Arbeitsamt dafür, daß in Werkstätten für Behinderte gearbeitet werden kann – teilweise unabhängig von jedem Markt. Eingliederungsfachdienste arbeiten ihrerseits daran, Rückführungen auf den Arbeitsmarkt zu ermöglichen.

Zahlungen geleistet werden müssen. Auch hier gilt, daß der Inklusion der Schatten der Exklusion immer folgt. Arbeit ist das Inklusionsmedium, das allen sozialen Adressen volle Inklusionschancen eröffnet, aber die Form der Knappheit annehmen muß und damit gerade nicht alle sozialen Adressen inkludiert, heute: bei weitem nicht alle.[66]

Wenn man diesen Befund mit dem Inklusionsmodus des Mittelalters vergleicht, könnte man zunächst auf eine verblüffende Ähnlichkeit stoßen. Komplettexklusion in jenen Tagen ist Exklusion aus der Schicht und der Sturz in die Vagabondage. Die moderne Gesellschaft hätte dann ebenfalls einen einfachen Schalter: *arbeitslos/in bezahlter Arbeit befindlich.* Der Unterschied zum Mittelalter läge darin, daß Arbeitslosigkeit nicht aus dem Inklusionsbereich exkludiert, sondern die *betroffenen Adressen aus dem Inklusionsmedium herausnimmt.*[67] Und genau dann greift supplementäre Inklusion.

Die Frage ist, was geschehen könnte, wenn diese supplementäre Inklusion nicht mehr funktioniert. Wäre dann erneut so etwas wie eine mittelalterliche Adressenkatastrophe denkbar?

**66 |** Die Lösung, die zum Beispiel Brandt, W., Vorwort zu Jahoda, M., Wieviel Arbeit braucht der Mensch? Arbeit und Arbeitslosigkeit im 20. Jahrhundert, Weinheim, Basel 1986³, S. 8-12, S. 11, anbietet, ist die Verteilung des knappen Mediums auf viele mit der Folge, daß viele Menschen weniger arbeiten, damit alle arbeiten können.

**67 |** Vgl. als Beispiel für viele Senatsverwaltung für Soziales, Presse und Öffentlichkeitsarbeit (Hrsg.), Hilfe zur Arbeit. Ein Weg ins Berufsleben für Sozialhilfeempfänger, Berlin 1992, S. 9ff. Im Vorwort von Ingrid Stahmer fällt dann auch das in diesem Kontext bezeichnende Wort »Ausgrenzung«, dann auch »Stigmatisierung«. Das sind nur andere und schwache Worte für Exklusion.

# Die kleinen Verschiebungen – Zur romantischen Codierung von Intimität

Es ist nicht nur Rhetorik, wenn ich vor Beginn meiner Überlegungen eingestehe, daß mich angesichts des Gegenstandes, dessen ich mich als Soziologe annehme, das bange Gefühl eines Wilderers befällt, der im fremden Revier umherstreift, ausgestattet mit groben Orientierungshilfen, über die die Damen und Herren, die professionell das Territorium beherrschen und die die schmalen Wege und gangbaren Stege, die Fallgruben und die Abkürzungen, die Sümpfe und die breiten gebahnten Pfade kennen, nur lächeln können. Die einzige Chance des Wilderers ist unter diesen Umständen die obstinate Behauptung einer ihm möglichen inkongruenten Perspektive, seiner besonderen Möglichkeit, bei der Beobachtung des Terrains Fremdheit festzuhalten. Wenn er erwischt wird, muß er sagen können, daß er gesagt hat, daß er ein wildernder Beobachter sein wird, und das heißt hier, um aus dem Bilde zu springen, daß er ein Soziologe ist und mit den Unterscheidungen systemtheoretisch infizierter Soziologie arbeitet und daß dies Beobachtungseinschränkungen mit sich bringt, Auslassungen, blinde Flecken und vor allem: eine gewisse Armut gegenüber dem Unterscheidungsreichtum jener textkundigen Disziplinen, die sich normalerweise mit dem Thema »Romantik« beschäftigen. Zu Beginn werde ich diese Einschränkungen und besonderen Armutsbedingungen nennen und in kaum vertretbarer Kürze erläutern; dann will ich daraus einige wenige Beobachtungsoptionen entwickeln, die sich auf das Feld der romantischen Codierung von Intimität oder (um das klangvollere Wort zu benutzen) von Liebe beziehen lassen. Anschließend werde ich am Beispiel Jean Pauls zu zeigen versuchen, was ich meine, wenn ich von kleinen Verschiebungen spreche, und abschließend dann nur einen Verschiebungseffekt skizzieren, der sich exemplarisch an E.T.A. Hoffmann vorführen läßt.

## I

Lassen Sie mich also beginnen mit einer Unterscheidung, die für die neuere soziologische Systemtheorie fundamental ist, mit der Unterscheidung von Bewußtsein und Kommunikation, mit der Einteilung der Welt in zwei strikt getrennte, sich nirgends überlappende oder vermischende Domänen, deren eine ausschließlich mit bewußten Operationen (Gedanken, Vorstellungen, Intentionen), deren andere ausschließlich mit kommunikativen Operationen arbeitet.[1] Diese Einteilung, deren Hintergründe ich hier nicht nachzeichnen kann, hat für mein Thema hier zunächst eine laufend durchzuhaltende Konsequenz: Ich kann als Soziologe die Romantik und den besonderen Ausschnitt, dem wir uns hier widmen, nur als besondere Form von Kommunikationsprozessen beobachten mit der zusätzlichen Komplikation, daß diese Beobachtung selbst wieder kommunikativ stattfindet, weil – der Ausgangsunterscheidung nach – psychische Prozesse in der Kommunikation nur als Kommunikation vorkommen. Sie schwappen ja nicht aus den Ohren, Nasen und Mündern heraus. Bei Romantik aus dieser Sicht geht es nicht um romantisierende Subjekte, um die Innenwelten der Autoren oder gar um liebende Menschen, sondern ausschließlich um Kommunikation, an deren Ränder psychisches Erleben gleichsam abtropfen kann, in hoher Singularität und in einem genauen Sinne: privat und inkommunikabel.[2]

Der eine Merkposten für die Outsider der Theorie ist also, daß hier von Kommunikationen, nur von ihnen und von ihnen nur als elementaren Einheiten sozialer Systeme die Rede sein wird, und dies auch dann, wenn unsere mit Psychismen aufgeladene Sprache die Vermutung nahe legt, es werde doch von Subjekten, Individuen, Menschen oder ähnlichen kompakten und uneinsehbaren Einheiten gesprochen.

**1 |** Siehe grundlegend Luhmann, Soziale Systeme, a.a.O.; ders., Die Autopoiesis des Bewußtseins, a.a.O.; Baecker, D., Die Unterscheidung zwischen Kommunikation und Bewußtsein, a.a.O.; siehe zu Anwendungsfällen Fuchs, P., Vom Zeitzauber der Musik, Eine Diskussionsanregung, in: Baecker, D. et al. (Hrsg.), Theorie als Passion, Frankfurt a.M. 1987, S. 214-237 [auch in Fuchs, P., Theorie als Lehrgedicht. Systemtheoretische Essays I, Bielefeld 2004, S. 147-165]; ders., Die soziale Funktion der Musik, in: Lipp, W. (Hrsg.), Gesellschaft und Musik. Wege zur Musiksoziologie, in: Sociologia Internationalis, Beiheft 1, 1992, S. 67-86; ders., Kommunikation mit Computern?, a.a.O.; ders., Moderne Kommunikation, a.a.O. Die Verschiebung der soziologieinternen Paradigmen (Handlung/Kommunikation) zeichnet Schneider, W.L., Die Beobachtung von Kommunikation. Zur kommunikativen Konstruktion sozialen Handelns, Opladen 1994, sehr sorgfältig nach.

**2 |** Siehe dazu die Studien in Luhmann/Fuchs, Reden und Schweigen, a.a.O.

Der andere Merkposten ist schwieriger einzupflanzen. Er bezieht sich auf die elementare Organisation von Kommunikation, die sich beschreiben läßt (nach Luhmann, der selbst älteren Modellen folgt) als *soziale Synthese der Komponenten Information, Mitteilung und Verstehen*. Immer muß festgelegt werden, was als Information, was als Mitteilung, was als Verstehen in dieser Synthese benutzt und ermittelt wird, und diese Ermittlung findet selbst *sozial* statt: im Kontext der Anschlußorganisation weiterer Kommunikationen. Die Rede vom Anschluß sagt, daß die Bedeutung einer Kommunikation immer post festum errechnet wird, durch Folgeereignisse der gleichen Art. Der je sich konstituierende Sinn ist postaktuell, ist verschobener Sinn, ist Nachträglichkeit, ist ereignisbasiertes Heranrollen von Definitionen, die dem gleichen Modus der Nachträglichkeit unterliegen. Kommunikation hat (wie jede autopoietische Operation) sich selbst nachpräsent, das durchaus im Sinne der Derridaschen *différance*.[3] Damit stellt sich einerseits das Problem der Arbitrarität von Anschlüssen, mithin das der Erwartbarkeit oder strukturellen Engführung von Folgeereignissen (also das der sozialen Ordnung schlechthin); andererseits (und das ist der Punkt, von dem ich ausgehe) kann man fragen, ob in der operativen Organisation der Anschlüsse sich bestimmte Präferenzen einschleifen können, in Richtung Mitteilung, Information oder Verstehen, bevorzugte Zurechnungsweisen also, die sich als minimale, aber folgenreiche Verschiebungen oder Verrükkungen beobachten lassen, die ich andernorts »Displacements« genannt habe.[4] Solche Displacements wären in einem genauen Sinne ›unbewußt‹,[5] sie wären wie Scheren, die ein Tableau verfügbaren Sinns zuschneiden und anders möglichen Sinn in den Bereich des Abgeschnittenen, deshalb Formlosen und deshalb Unbeobachtbaren verbannen. Diese Scheren, das ist eine zusätzliche Verwicklung, schneiden sozusagen aus der Zukunft heraus in jene sich unentwegte verschiebende (sich nie präsente) Gegenwart, die sie erst als eine bestimmte bestimmen, wenn sie ins Unbestimmbare der Vergangenheit gerückt ist.

3 | Dazu in Kürze Fuchs, Die Umschrift, a.a.O.

4 | Fuchs, Moderne Kommunikation, a.a.O.

5 | In couragierter Formulierung könnte man behaupten, daß sie ebenso ›unsozial‹ seien, weil sie nicht als Fremdreferenz der Kommunikation (als Thema, als Signifikat) erscheinen. In psychischer Systemreferenz formuliert, entscheiden Displacements über »menschenmögliche Erlebnisinhalte« zu gegebenen Zeiten. Siehe zu diesem Begriff Gumbrecht, H.U., Schriftlichkeit in mündlicher Kultur, in: Assmann, A./Assmann, J./Hardmeier, Ch. (Hrsg.), Schrift und Gedächtnis. Archäologie der literarischen Kommunikation I, 1993[2], S. 158-174, hier S. 161.

## II

Es geht also um die Organisation von Anschlüssen, um die Erzeugung nächster Ereignisse (oder besser: um die Beschreibung von gerade fallenden Ereignissen durch nächste Ereignisse als dazugehörige, passende, zukunftsträchtige). Schon auf der Ebene der Plausibilität ist klar, daß Liebe im modernen Sinne gerade gekennzeichnet ist durch prekäres Anschlußmanagement, durch die Schwierigkeit der Zurechnung und Deutung der kommunikativen Ereignisse, durch die sie sich sozial (und psychisch) manifestiert.[6] Die Gründe dafür sind bekannt: Im Kontext einer sich mehr und mehr durchsetzenden Pflege und Radikalisierung individueller (idiosynkratischer) Weltverhältnisse wird Liebe um 1800 zu einem sozialen Phänomen, in dem sich die Selektion von Personen mit der Ausstattung eben dieser Personen mit »Höchstrelevanz« kombiniert.[7] Das gerade ist die romantische Form der Codierung von Intimität, die Erzeugung einer ›Eigen- und Zauberwelt‹ für maximal zwei Individuen,[8] die unter dem Gesichtspunkt alles andere ausschließender Bedeutung füreinander einander erwählen und dabei das Sonderproblem haben, auf dieser Basis ihr eigenes *und* ein anderes individuelles (idiosynkratisches) Weltverhältnis ausschöpfen zu sollen, eine Paradoxie, da die Einheit der Zwei nur als Differenz der Zwei zu haben ist, besonders erschwert dadurch, daß die so konstituierte Beziehung die konkurrenzlos wichtigste Sozialform intimer Beziehungen zu Beginn des 19. Jahrhunderts wurde.[9]

Die Ausprägung dieses (sehr folgenreichen) Codes kann man an den

**6 |** Vor dieser Moderne lagen, könnte man sagen, die Lasten des breit wirksamen Anschlußmanagements auf der Seite relativ fester Strukturen, etwa der Familie als generationenüberdauernde Einheit, in der das Vorkommen von Liebe wünschenswert, dem Prinzip nach möglich, aber nicht unbedingt erforderlich ist. Siehe Luhmann, Liebe als Passion, a.a.O., S. 163ff. Die Geschichte der Buddenbrocks zeigt das Fortwirken dieser Stabilität bis weit ins 19. Jahrhundert hinein. Auf der aristokratischen Ebene (in der Semantik der Oberschichten) wird aber schon früh das Problem der schwierigen Anschlußorganisation in Liebesdingen (Liebe und Ehe schließen sich aus) registriert. Siehe etwa Schmidt, S.J., Die Selbstorganisation des Literatursystems im 18. Jahrhundert, Frankfurt a.M. 1989, S. 116ff.

**7 |** Tyrell, H., Romantische Liebe – Überlegungen zu ihrer »quantitativen Bestimmtheit«, in: Baecker et al. (Hrsg.), Theorie als Passion. Festschrift für Niklas Luhmann, Frankfurt a.M. 1987, S. 570-599, hier S. 571.

**8 |** Zu dieser zahlenmäßigen Bestimmtheit siehe noch einmal den Aufsatz von Tyrell, a.a.O.

**9 |** Siehe Kluckhohn, P., Die Auffassung der Liebe in der Literatur des 18. Jahrhunderts und in der deutschen Romantik, Tübingen 1966[3], S. 579.

sozialstrukturellen Hintergrund der Umstellung des Gesellschaftssystems auf die Typik funktionaler Differenzierung binden, aber mich interessiert das, was an ihm prekär ist: das romantische Management der Anschlußorganisation unter sehr unwahrscheinlichen Anschlußbedingungen. Es ist ja eine Sache, von einer Begleitsemantik zu sprechen, die den Rahmen vorgibt, der es zuläßt, das Verhältnis zwischen Personen als Kombination von Selektion und »Höchstrelevanz« zu beschreiben. Man sieht dann als Beobachter zweiter Ordnung, wie die Züge des Liebesspieles gezogen werden, welche Art von Kombinatorik, Raffinesse und Virtuosität erleichtert, welche ausgeschlossen wird, man schaut sozusagen auf die Kommunikation, auf ihre Oberfläche, auf ihre Kommunikabilien, auf das, was in ihr gesagt wird. Aber es ist eine andere (wiewohl damit zusammenhängende) Sache, sich in den vorprädikativen Raum jener Semantik hineinzutasten, in die subliminale Zone der Distribution (und des Ausschlusses) von Sinnchancen, dorthin, wo Mitteilungs- und Verstehenschancen schon vor oder unter jedem bestimmten Sinn zugeschnitten werden.

Diese Distribution, diese Aufbereitung von Sinn und Sinnverwerfungsmöglichkeiten geschieht, so jedenfalls habe ich es vorgeschlagen, durch Displacements wie das aufklärerische etwa, das die Informativität von Kommunikation ins Zentrum rückt, Mitteilungsformen normiert und Verstöße gegen die Norm als Idiosynkrasien behandelt. Dabei entsteht eine Welt verständigungsfähiger (parallelisierbarer) Subjekte, die sich sogar über Dissens (als immer vorläufigen) noch einigen können und alle bizarren Verhältnisse zur Welt auszuschließen trachten, Vorspiel der sozialphilosophischen Konstruktionen von Habermas.

Dagegen steht das romantische Displacement, das die Mitteilung ins Zentrum rückt und Informativität minimiert, indem es die Selektion der Mitteilungsform zu Anschlüssen benutzt (sie wie eine Information behandelnd). Man könnte auch sagen, das romantische Displacement (über)steigert die Selbstreferenz von Kommunikation und begünstigt damit soziale wie psychische Aufmerksamkeit, die durch die Fremdreferenz (durch die Information) auf Absichten von Personen, auf psychisch schwierige oder auch virtuose Zustände durchrechnet. Es sensibilisiert für Selbst- und Fremdbeobachtung im Blick auf das Wie und Wann von Äußerungen, im Blick also auf Innenseiten (sei es der Kommunikation, sei es der Psyche).[10]

**10** | Schon hier, sozusagen inmitten der Streuungsfolgen der Empfindsamkeit, der pietistischen Innenaufmerksamkeit, werden die Linien ausgezogen, die in die Psychisierung des folgenden Jahrhunderts führen. Siehe dazu den Aufsatz über Psychoanalyse in Luhmann/Fuchs, Reden und Schweigen, a.a.O. Zum nebulosen (psychologischen) Displacement siehe noch einmal Fuchs, moderne Kommunikation, a.a.O.

Indem es hier Anschlüsse kreiert, sortiert es (jedenfalls im Blick auf für wichtig erachtete Kommunikation) Fremdreferenzen weitgehend weg.[11] Die Verstehensleistungen werden damit in Richtung ›Verstehen der Innenzustände der Anderen‹ pointiert,[12] oder besser: Psychisch kann sich der Trugschluß einspielen, es ginge besonders im Falle der Liebe darum, Alter Ego sozusagen inwendig (von seinem Welt- und Selbstentwurf her) zu verstehen und selbst von ihm als eigener, trotz Idiosynkrasien zu ertragender und auszulotender Welt- und Selbstentwurf verstanden zu werden, Trugschluß deswegen, weil die Kommunikation, die romantisch operiert, die Momente der Selbstreferenz präferiert und durch Anschlußfähigkeit belohnt und gleichsam vorgaukelt, es sei etwas anderes als das monadische Lieben, der Durchgriff nämlich auf das Innen des Anderen möglich.[13]

Mein Punkt ist, daß diese voraussetzungsvolle Konstruktion, die in sich brüchig und illusionär gebaut ist, die am besten vielleicht auf dem Papier der Dichter funktionieren oder wundervoll scheitern kann, eines auf alle Fälle erfordert: Naivität, die Fraglosigkeit der Annahme, wechselseitige Toleranz idiosynkratischer Welt- und Selbstentwürfe könne es (und gar auf Dauer) geben und irgendeine psychische Aufmerksamkeit sei in der Lage, diese Toleranz, diese Weltvergessenheit zugunsten der Welt eines Anderen wirklich und in einem fort und intensiv aufzubringen. Diese Naivität, die die Liebe heilig sprechen muß, ist die Bedingung ihrer Möglichkeit und zugleich die Bedingung der Möglichkeit ihrer Zerstörung. Die Codierung romantischer Intimität hat dieses Doppelgesicht: Die Verheißung ihres Gelingens ist das eine, geknüpft an Naivität;[14] das andere ist ihre Unmöglichkeit für den, der all das weiß und dem deshalb nur die Sehnsucht und die Verführung bleibt. Auf der Ebene der Kommunikation heißt das, daß das romantische Displacement im Management seiner Anschlüsse bewirken kann, daß der Naive die Kommunikation an den Mitteilungen inter-

**11** | Hier könnte der Ansatzpunkt für eine Theorie moderner Lyrik liegen, jedenfalls dann, wenn man diese Lyrik als Verstehenschancen verweigernde auffassen will. Siehe als eine Diskussion darüber Fuchs/Schmatz, »Lieber Herr Fuchs, lieber Herr Schmatz«, a.a.O. Vielleicht deutet sich hier ebenfalls eine Möglichkeit an, die Diskussion der Kritik an der Romantik soziologischer zu fassen. Siehe zu dieser Diskussion Bohrer, K.H., Die Kritik der Romantik. Der Verdacht der Philosophie gegen die literarische Moderne, Frankfurt a.M. 1989.

**12** | Künstlerisch in ein ›inward turning‹, dem später der Realismus entgegentritt.

**13** | Das romantische Metaphernspiel der Nähe und Ferne mag hier Zusatzplausibilität entwickeln: als Folge dieses Trugschlusses.

**14** | Genau besehn, ist die Verheißung selbst schon die Totengräberin problemlos gelingender, romantischer Liebe.

punktiert, der Wissende aber eben dies erwartet, als dann nur noch Verführender. Die Kommunikation im Medium romantischer Intimität ist gekennzeichnet durch eine geheime Sinnbruchlinie, durch eine Bifurkation, die die Liebe zur Inszenierung macht. Eine andere Formulierung dafür ist, daß die romantische Liebe niemals unschuldig sein kann, es sei denn, sie ist heilig, es sei denn: einer der Zwei ist tot.

## III

Jemand, der dieses Problem registriert, es in burlesken Lineaturen nachzeichnet, der die unüberfütterte Lebensnähe- und -wahrhaftigkeit und die dadurch ermöglichte naive Authentizität des Erlebens konfrontiert mit der Gebrochenheit des belehrten, informationsüberfütterten Individuums, ist bekanntlich Jean Paul. Ich will ihn hier prototypisch einsetzen, an ihm und sehr selektiv die geheime Vergiftung der romantischen Codierung von Intimität identifizieren, weil er ihre Quelle nennt, das Lesen, und, genau besehn, die fatale Rolle einer Informativität, gegen die sich das romantische Displacement entwickelt, sie im Ausschluß als Verderbnis einschließend.[15] Dabei ist es hier nicht nötig, darauf hinzuweisen, daß die Romantik (insbesondere die Frühromantik) und damit auch die Auseinandersetzung Jean Pauls mit ihr sich begreifen läßt als Effekt der Entdeckung der Folgen verschriftlichter Kommunikation, als Effekt einer Kommunikations- und damit Kontingenzexplosion, die, was immer als Information begriffen werden kann, ins Licht anderer Möglichkeiten rückt, in eine Art dämonischer Weltunklarheit, in der auf einmal fragmentarische und ironische Kommunikation so etwas wie einen verzweifelten Sinn macht.[16]

**15 |** Die folgenden Überlegungen stützen sich auf Profitlich, U., Risiken der Romanlektüre als Romanthema. Zu Jean Pauls *Titan*, in: Gruenter, R. (Hrsg.), Leser und Lesen im 18. Jahrhundert (Beiträge zur Geschichte der Literatur und Kunst des 18. Jahrhunderts, Bd. 1), Heidelberg 1977, S. 76-82. Ich führe diese Gedankengänge eng und setze sie auf mein Thema um. Ich hätte andere Autoren vor allem der Frühromantik wählen können, aber manchmal empfiehlt es sich, um ein Weniges danebenzubeobachten. »Titan« wird überwiegend zum Exempel, weil er als *chef d'oeuvre* Pauls begriffen werden kann. So etwa Harich, W., Jean Pauls Revolutionsdichtung, Hamburg 1974, S. 13.

**16 |** Der Titan, das muß man nicht eigens erwähnen, ist zugleich ein Dokument der Paulschen Auseinandersetzung mit der Klassik, insbesondere mit Goethes Wilhelm Meister. Die etwas kryptische Formulierung von der ›Weltunklarheit‹ kann man gerade im Kontext der ›wilden Kontingenz‹ auf das romantische Nähe/Ferne-

Entscheidend ist, daß die Ausprägung des Codes romantischer Intimität an intellektuelle Kommunikation geknüpft ist.[17] Was immer das im einzelnen bedeuten mag, es heißt auf alle Fälle, daß die Welt den Beteiligten an solcher Kommunikation nicht mehr direkt zustößt, sondern nur noch hoch indirekt, im Modus des Wiedererkennens dessen, was durch extensive Lektüre (im Sinne Engelsings) vorgezeichnet war und ständig ausgezeichnet wird.[18] Dieses Wiedererkennen des Nichterlebten, dieser jedes Original zerstörende Rekurs auf ein Nicht-Original erzeugt, wie wir in unserer Theorie sagen würden, eine Differenz, die dazu ermutigt, besser noch, es unvermeidlich macht, ein nichtnaiver Beobachter, also ein Beobachter zweiter Ordnung zu sein. Diese Differenz ist der Keil, der in die naive Operation (die selbstblind, heilig und glückselig sich vollzieht) getrieben wird: Sie kann bemerken, was geschieht, sie entdeckt sich als Spur, als nichtoriginär, als Kopie. Sie zweigt Beobachtungsmöglichkeiten der nichtauthentischen Art ab und zwingt ins Verschweigen hinein, damit das Spiel dennoch läuft, als wäre es, was es nicht ist: naiv.[19]

Jean Paul hat nicht diese Begriffe, aber sicherlich kann man sagen, daß das Thema des ›perversen‹ Chorismos zwischen authentischer Operation und nichtauthentischer Beobachtung, zwischen heiliger Naivität und der

Syndrom beziehen. Siehe als problembewußten Quellentext Brentano, C., Godwi oder Das steinerne Bild der Mutter. Ein verwilderter Roman von Maria, in: Kemp, F. (Hrsg.), Clemens Brentano, Werke, Bd. 2, München 1963, S. 258-262.

**17 |** Siehe etwa Giesen, B./Junge, K., Vom Patriotismus zum Nationalismus. Zur Evolution der »Deutschen Kulturnation«, in: Giesen, B. (Hrsg.), Nationale und kulturelle Identität. Studien zur Entwicklung des kollektiven Bewußtseins in der Neuzeit, Frankfurt a.M. 1991, S. 255-303, insbesondere S. 275ff.; vgl. ferner zu Exklusionseffekten dieser besonderen Intellektualität Oesterle, G., Juden, Philister und romantische Intellektuelle. Überlegungen zum Antisemitismus in der Romantik, in: Athenäum, Jahrbuch für Romantik 2, 1992, S. 55-89. Wir setzen hier den diffusen Begriff intellektueller Kommunikation sehr locker an. Siehe aber zu einem Ansatz, der auch hier weiterführen würde, Luhmann, N., Gibt es ein »System« der Intelligenz?, in: Meyer, M., Intellektuellendämmerung. Beiträge zur neuesten Zeit des Geistes, München, Wien 1992, S. 57-73.

**18 |** Siehe Engelsing, R., Zur Sozialgeschichte deutscher Mittel- und Unterschichten, Göttingen 1978[2]. Der Topos, den wir hier verfolgen, ist der der romantischen Orientierung. Vgl. dazu Lempicki, S.v., Bücherwelt und wirkliche Welt, in: DVjS 3, 1925, S. 339-386, zit. nach Profitlich, Risiken der Romanlektüre als Romanthema, a.a.O., S. 78.

**19 |** Es dreht sich um diese Entdeckung. Kein Soziologe würde je annehmen können, es gebe oder habe jemals gegeben authentische, originäre, vorspiellose psychische oder soziale Prozesse.

ans passionierte Lesen geknüpften, unschuldszerstörenden Antizipation des eben deshalb nicht mehr ungebrochen Erlebbaren, leitmotivisch seine Arbeiten durchzieht.[20] Dabei geht es nicht allein darum, daß die Intensitätsmöglichkeiten des Erlebens geschützt werden (geschont und verpanzert, wie es im »Siebenkäs« heißt) vor dem zur Erschlaffung führenden Lesen, vor der Überreizung der Nerven;[21] vielmehr geht es um eine gefährliche Form der Beobachtung, die durch Lesen belletristischer Literatur eingeführt wird, um eine sich *über Gefühlszustände erhebende* Beobachtung, deren Folge *Selbstentzweiung* ist.[22] Der Mechanismus ist einfach: Die Beobachtung der schriftlich fixierten Gefühlszustände anderer Beobachter trainiert den Leser, eigene Gefühlszustände zu beobachten, als seien es die eines anderen. Die Unterscheidung Leser/Autor wird in den Leser hineinkopiert, eine kommunikative Unterscheidung (Alter/Ego) psychisch simuliert, das ›Ich‹ zum Beobachter zweiter Ordnung seiner eigenen Operationen: ein »Zuschauer«, wie es bei Jean Paul heißt, der eigenen Binnenzustände.[23]

Dem ›Ich‹, könnte man unter moderneren Auspizien formulieren, werden *kommunikativ* Bezeichnungen angesonnen, die es nicht selbst entwickelt hat.[24] Es verschafft sich (die Kommunikation verschafft ihm) einen Bezeichnungsvorrat für noch nicht Erlebtes, und dieses ›Noch nicht‹ heißt, daß die interne Alter/Ego-Simulation ihre Gefährdung von Authentizität oder Naivität des Erlebens in der Zeitdimension entfaltet: als die Vorberei-

**20** | Darin ist er nicht originell und fährt in der Bugwelle eines Jahrhundertthemas, wie man leicht an Rousseaus Bekenntnissen und an der Nouvelle Héloïse sehen kann. Siehe Weinrich, H., Muß es Romanlektüre geben? Anmerkungen zu Rousseau und zu den Lesern der Nouvelle Héloïse, ferner Bauer, M., Einführung in einige Texte von Jean-Jacques Rousseau – beide in: Gruenter (Hrsg.), Leser und Lesen im 18. Jahrhundert, a.a.O.

**21** | Das ist das Argument, daß die sich ausdifferenzierende Pädagogik gegen die ›Lesewut‹ etwa ab 1770 ohnehin schon parat hält. Siehe Schmitt, E., Leben im 18. Jahrhundert. Herrschaft, Gesellschaft, Kultur, Religion, dokumentiert und dargestellt anhand von Akzidenzdrucken der Wagnerschen Druckerei in Ulm, Konstanz 1987, S. 154.

**22** | Siehe Profitlich, Risiken der Romanlektüre als Romanthema, a.a.O., S. 76f.

**23** | Das wäre ein Sonderfall von dem, was Luhmann ›Distanz‹ nennt. Siehe Luhmann, Soziale Systeme, a.a.O., S. 597. Im übrigen wäre zu erwägen, ob nicht diese Simulation der harte Anlaß für die Spekulationen des deutschen Idealismus ist. Das Paradox des sich selbst beobachtenden Ichs wird sozusagen aus der Kommunikation abgezogen.

**24** | Die Terminologie ist hier nur etwas moderner, nicht aber die Beobachtung des Sachverhalts. Sie ist, man muß hier niemanden mehr zitieren, hochmodern.

tung der Nachträglichkeit jedes späteren Erlebens. Der Innenraum der Psyche wird gleichsam so markiert, daß zukünftiges Erleben ›ausdünnt‹ und zur Wiederholung des nie Stattgefundenen wird. Dramatisch ist, daß diese Ausdünnung sich gerade dort geltend macht, wo es um die ›großen‹ Gefühle, um die Leidenschaften, vor allem aber um die ›Liebe‹ geht, die sich gegen alle Heiligkeit und Unschuld zu den »Eingeweidewürmern[n] des Ichs« gesellt.[25]

Roquairol im »Titan« ist in diesem Sinne »Kind und Opfer des Jahrhunderts«.[26] Er ist der lesebedingte große Antizipator, oder besser: derjenige, dem alle bedeutenden Gefühle (vorweg)genommen wurden durch exzessive Lektüre, damit die Möglichkeit, authentisch zu (er)leben. Sein Unterscheidungs- und Bezeichnungsvorrat verdammt ihn zur Leere, zur *acedia.* Sein Ich – durch Lektüre raffiniert – steht unter dem *régime* dieses Vorrates. Nichts kann ihn deshalb überraschen und in der Überraschung überwältigen oder ergreifen.[27] Reizsteigerung wird statt dessen erforderlich, subtile technische Arrangements der Erlebenserhöhung werden benötigt.[28] Der Aitezipator wird zum Manipulator, zum Intriganten, die Liebe zur Inszenierung, die Staffage und Kulisse braucht. Und schließlich muß Quantität an die Stelle nicht mehr erreichbarer Qualität treten, ein Teufelskreis, weil die Häufigkeit der Wiederholungen den Rest möglichen naiven Erlebens endgültig auszehrt. Psychisch (aber davon erfahren wir nur kommunikativ) wird Roquairol zum Monster.

»Jetzt sieh mich an, ich ziehe meine Maske ab, ich habe konvulsivische Bewegungen auf dem Gesicht, wie Leute, die genossenen Gift überstanden! Ich habe mich in Gift betrunken, ich habe die Giftkugel, die Erdkugel verschluckt. Frei heraus! Ich jauchze nicht mehr, ich glaube nichts mehr, ich jammere nicht einmal recht tapfer. Ausgehöhlt, verkohlt vom phantastischen Feuer ist mein Baum.«[29]

**25 |** Paul, J., Titan, in: Miller, N. (Hrsg.), Jean Paul, Werke, Bd. 3, München 1961, S. 486.

**26 |** Ebenda, S. 262.

**27 |** Profitlich, Risiken der Romanlektüre als Romanthema, a.a.O., S. 77.

**28 |** Phantasie wird erforderlich, und man kann sicher sagen, daß das große Paradox der Werke und die Crux der dichterischen Existenz Jean Pauls darin besteht, daß die Phantasie als der »Elementargeist aller übrigen Kräfte« zugleich Gabe, Gift und Gegengift ist, das, wodurch sich die Wirklichkeit entziffern läßt und wodurch sich das Erleben als authentisches vernichten kann. Vgl. Rasch, W., Die Poetik Jean Pauls, in: Steffen, H. (Hrsg.), Die deutsche Romantik. Poetik, Formen und Motive, Göttingen 1970², S. 98-111, S. 100ff.

**29 |** Paul, Titan, a.a.O., S. 486.

Instruktiv an der dann folgenden Textstelle ist, daß Jean Paul das romantische Muster der unendlichen Verdoppelung, der poetischen Reflexion sich ausspielen läßt.[30] Der Beobachter Roquairol gerät in den infiniten Regreß der Selbstbeobachtung. »Dann seh' ich wieder dem Zusehn zu, und da das ins Unendliche geht, was hat man denn von allem? ...jeder, der alle Empfindungen oft auf dem Theater, dem Papier und dem Erdboden durchgemacht, ist so. Wozu dients?«[31] Für Jean Paul ist dieses Muster (die Willkür, wo Willkür nicht angebracht ist, die Besonnenheit, die in der Selbst- und dann Fremdbeobachtung kennerisch verfährt, wo Erschütterung angebracht ist) die *Sünde* schlechthin.[32] Jean Paul wird damit zum moralischen Beobachter, der die ›Selbststrittigkeit‹ des Intellektuellen geißelt: als verwerfliche Ästhetisierung des in ästhetischer (kalter) Einstellung nur Verfehlbaren, des naiven, des authentischen Erlebens.[33] Diese Verfehlung ist zugleich der Ansatzpunkt für die zweite Gefahr: Der Wissende wird möglicherweise nicht nur zum Selbstzerstörer, sondern auch zum Verführer.[34] Im Blick auf die Heiligkeit, die Unschuld, die Größe der Liebe wird der, der alles gelesen hat, bevor er es erleben konnte, subversiv. Im sozialen Spiel der Liebe, das für ihn Theater ist, hat er allein einen geheimen Souffleur, die Weltliteratur und ihre Szenen der Leidenschaft. Kontrapositorisch zu Albano eingesetzt, der an seinen Liebesbeziehungen reift, entfaltet Roquairol seine sexuelle Libertinage als Dissimulation, die er durch seinen grandiosen und theatralischen Freitod entlarvt und krönt zugleich.[35]

Aber was heißt dies alles für die Codierung romantischer Liebe?

**30** | Siehe zu diesem Muster Menninghaus, W., Unendliche Verdoppelung. Die frühromantische Grundlegung der Kunsttheorie im Begriff absoluter Selbstreflexion, Frankfurt a.M. 1987.

**31** | Paul, Titan, a.a.O., S. 486.

**32** | Profitlich, Risiken der Romanlektüre als Romanthema, a.a.O., S. 80f.

**33** | Diese Einstellung ist mitverursacht durch das Erziehungsideal der Klassik, gegen das Jean Paul ebenfalls optiert.

**34** | Siehe vor allem den Anhang zum »Titan«. Die Gefahr des ränkevollen Mannes wird im Zusammenhang der Konstruktion besonderer Lektüre für Frauen erkannt. Siehe etwa Sauder, G., Gefahren empfindsamer Vollkommenheit für Leserinnen und die Furcht vor Romanen in einer Damenbibliothek. Erläuterungen zu Johann Georg Heinzmann, Vom Lesen der Romanen und Entwurf zu einer Damenbibliothek, aus: J.G.H., Die Feyerstunden der Grazien. Ein Lesebuch, Bern 1780, in: Gruenter (Hrsg.), Leser und Lesen im 18. Jahrhundert, a.a.O., S. 83-91, S. 87. Die Verführung kann mit leichter Referenz auf die Romantik neuerdings eigene intellektuelle Reize entfalten. Siehe Baudrillard, J., Laßt euch nicht verführen!, Berlin 1983.

**35** | »...er hat seinen Charakter wirklich durchgeführt«, sagt Gaspard angesichts des Toten.

## IV

Es heißt vor allem, daß diese Codierung, deren Aufgabe es ja ist, hoch unwahrscheinliche Sinnzumutungen sozial akzeptabel zu machen, in sich selbst Sinnzumutungen birgt, die eine hohe Instabilität, eine hohe Zerfallsrate von Beziehungen erwarten läßt, die über diesen Code (und anhängende Programme) ausgesteuert werden. Diese innere Unwahrscheinlichkeit scheint nicht nur Ergebnis der Zumutung zu sein, daß in der Liebe sich Weltverhältnisse zweier Subjekte in einem wechselseitigen Steigerungszusammenhang so individualisieren sollen, daß erwartbare Idiosynkrasien gleichsam verschwinden; vielmehr ist, wie mir scheint, der Code aufgeladen mit Effekten der Intellektualisierung des sozialen Hintergrundes, vor dem oder durch den bedingt er sich entwickelte. Er entsteht im Kontext eines intellektuellen Wissen-könnens, im Kontext der Verwilderung sozialer Kontingenz durch das intellektuelle antizipatorische Abtasten einer Lesewelt und reichert sich dabei an mit Momenten unvermeidbarer Nichtauthentizität des eigentlich authentisch gewollten Liebens. Der Code ist in ein Arrangement oder in ein Dispositiv der Vergiftung, der Gefährdung eingestellt, das seine intellektuell-artistischen Konstrukteure (die Romantiker und ihr Umfeld) in seltsame Zwangslagen treibt und in – ich glaube, das ließe sich leicht zeigen – bizarre (von aller Lebenspragmatik entblößte) Liebesbeziehungen und Liebesbeziehungsbeschreibungen.

Jene Gefährdung läßt sich vielleicht auf den Nenner einer (post festum bewunderungswürdigen) *Virtuositätssteigerung* des Liebens bringen. Wenn die Beteiligten wissen, was man wissen kann, und wenn sie beide wissen können, daß der andere weiß, was man wissen kann, wenn also nicht die eine etwa ein Dorfmädchen ist, dessen intellektuelle Unschuld bewahrt blieb, dann kommt es zu extrem komplexen wechselseitigen Beobachtungsverhältnissen, zu Beobachtungsverschärfung und Ambiguitätsempfindlichkeit, zu gesteigerten Ansprüchen an Verstehensleistungen in der Kommunikation, die immer die Möglichkeit der Staffage, der Inszenierung, der ästhetischen Beobachtung des Geschehens miteinrechnen und zugleich (als codebedingtes Erfordernis des Ertragens von Idiosynkrasien) noch mitlieben muß. Die wechselseitige Auslotung der subjektiven Weltverhältnisse wird zum Spiegel- oder Vexierspiel und ist eines mit Sicherheit nicht: auf Dauer stellbar. Ich könnte auch sagen: Die intellektuelle Verschiebung des Codes ist kontraproduktiv und alles andere als dazu geeignet, eine Rezeptur zu sein, die mit sozialer Akzeptanz rechnen kann. Und sie ist zugleich nicht vermeidbar, weil Leseinformationen (diese bestimmte Anreicherung mit Komplexität) sich nicht aus den Systemen, die sie machen, fortwischen lassen. Man muß deshalb einerseits, wenn der Code breite Wirksamkeit entfaltet, mit Trivialisierung rechnen: Die Staffage, die Kulisse bleibt stehen, die intellektuellen Ansprüche werden dem Code entzogen. Das haben wir erlebt. Andererseits wird man in seinem intellektuellen Entstehungs- und Entwicklungszirkel, in der Romantik und deren Umkreis, Modelle weiterer Verschiebungen, wird man Umbauten finden, die das Ausgangsproblem zu entschärfen trachten, ohne es entschärfen zu können. Dabei entsteht mehr desselben, dem sich das Problem verdankt: Literatur.

Ich will wieder nur und sehr selektiv ein einziges Beispiel nennen: E.T.A. Hoffmann und seine Konstruktion der Künstlerliebe.[36] Diese Konstruktion benutzt die romantiktypische Dichotomie zwischen philiströser Prosaexistenz und der Existenzform des Künstlers.[37] Diese Dichotomie läßt sich auf Liebe abbilden als Differenz von prosaischer und artistischer Liebe. Kennzeichen der artistischen Liebe ist, daß sie die Trivialisierungsfolgen der prosaischen, der dauernden Beziehung nicht verträgt, die Vernichtung des Zaubers nicht, nicht die Transformation der »innere[n] Melodie«, die »sonst Herrliches verkündend, [...] zur Klage [wird] über eine zerbrochene Suppenschüssel oder einen Tintenfleck in neuer Wäsche.«[38] Die romantisch codierte Liebe verträgt eher die Verfehlung einer Erfüllung als die Wirkung einer Zeit, die immer Prosa statt Poesie zeitigt, wenn sie dauert.[39] Traugott im »Artushof« wird deshalb genötigt, Felicitas zu duplizieren: Sie ist die Kriminalrätin Mathesius, die »schon diverse Kinder in Kurs gesetzt« hat, und sie ist das »Himmelsbild«, als Ideal unverlierbar und ständiges Movens der »schaffenden Kunst« in Traugott.[40] Sie ist nur in der Abwesenheit ›romantisch‹ präsent, nur in der Virtualisierung ›romantisch‹ real.

Die Frauen werden im Kontext einer Madonna- und Minnetopologie (also im Kontext von Leseerfahrungen) erhöht, sie werden zu Erscheinungen wie etwa in »Die Jesuitenkirche zu G.«, die sich im Gegensatz zu ihren fleischlichen Pendants nicht der Zeit fügen müssen und deshalb nicht durch philiströse Dauer ›entweiht‹ werden können. Sie sind heilig, sie sind Phantasmen, und sie verurteilen jede wirkliche Frau dazu, nicht sein zu

**36** | Siehe zu dem, was ich hier nachzeichne, Schneider, K.L., Künstlerliebe und Philistertum im Werk E.T.A. Hoffmanns, in: Steffen, H. (Hrsg.), Die deutsche Romantik. Poetik, Formen und Motive, Göttingen 1970[2], S. 200-218.

**37** | Schneider arbeitet heraus, daß der Philister in Opposition zum Künstler entwickelt wird, als »genereller Gegentyp zum romantischen Menschen«, ebenda, S. 200.

**38** | Hoffmann, E.T.A., Die Fermate, hier zit. nach Schneider, a.a.O., S. 204.

**39** | Mehr noch: Die Nichterfüllung hat die eigentlich segensreichen Folgen für den Künstler. Vgl. etwa die Erzählung »Der Artushof«.

**40** | Ebenda.

können, was der Künstler von ihr erwartet.[41] Die Möglichkeit jener Erlebensauthentizität, die von der romantischen Liebe gefordert wird, wird gestrichen, jene Naivität ersetzt durch Transzendentalität, durch die Phantasmagorie der ›hohen‹, der ›heiligen‹ Frau. Sie kann nicht berührt und dabei nicht beschmutzt werden, und ist sie berührt, ist sie in der Zeit, ist sie wirklich, beschmutzt sie den, der sich auf sie einläßt, den Künstler. Die Liebe des Künstlers ist, um es paradox zu formulieren, nur möglich als Nichtliebe. Der Code der romantischen Intimität wendet sich in gewisser Weise gegen sich selbst: Er fällt Unmöglichkeiten aus, er wird ›unsozial‹, aber diese Unsozialität (diese Steigerung der Unwahrscheinlichkeit von Kommunikation) wird Bestimmungsstück der Kunst und ihrer Betreiber: der romantisierenden Individuen. Die Strategie oder das Dispositiv der Ästhetisierung der Beobachtung kippt die Liebe aus der Welt, insofern sie menschenmöglich sein soll. Sie erzeugt sich das Monstrum der Gedankenliebe: »Wie kann auch nur das Himmelskind, wie ich es im Herzen trage, mein Weib werden? Nein! in ewiger Jugend, Anmut und Schönheit soll sie in Meisterwerken prangen, die mein reger Geist schaffen wird. Ha, wie sehne ich mich darnach! wie konnt' ich auch nur der göttlichen Kunst abtrünnig werden [...].«[42]

## V

Die Konstruktion der Künsterliebe bei Hoffmann läßt sich leicht als Ausdruck einer Resignation lesen, die in der Satire mündet. Gegen den Strich gebürstet (in soziologischer Vereinfachung), ist auch sie das Resultat einer codebedingten Kontextsensitivität im Blick auf Liebe, die in und um die Romantik herum viele (schriftliche) Problemlösungen stimuliert, deren Wirkungen wir bis auf den heutigen Tag verfolgen können. Es wird der geballten Literaturkundigkeit der einschlägigen Disziplinen nicht schwerfallen, hinzu- und heranzuassoziieren, was dem an der Oberfläche dilettieren-

**41** | Die Nähe religiöser Semantik hat etwas damit zu tun, daß die romantische Liebe und die Religion in einer Substitutionskonkurrenz stehen. Siehe, auf Weber rekurrierend, Tyrell, Romantische Liebe – Überlegungen zu ihrer »quantitativen Bestimmtheit«, a.a.O., S. 571f.

**42** | E.T.A. Hoffmann, Meister Martin der Küfner und seine Gesellen, zit. nach Schneider, Künstlerliebe und Philistertum im Werk E.T.A. Hoffmanns, a.a.O., S. 212. Hier von Monstrosität zu reden, ist sicher nicht abwegig. Auch ein Laie in Dingen der Literatur wird vermuten dürfen, daß Nathanaels Liebe zur Automate Olimpia im »Sandmann« oder die Vorgänge in »Prinzessin Blandina« das Groteske am Spiel der Künstlerliebe entdecken, und das heißt hier: das eingebaute Moment des Scheiterns.

den Soziologen nicht in den Kopf kommt. Was ihm in den Kopf kommt, ist, daß die soziale Konstruktion romantischer Intimität unterkomplex verstanden wird, wenn man den sie ausstreuenden intellektuellen Kontext zu wenig belichtet. Kommunikation im Medium Liebe bleibt alles andere als unberührt, wenn die Köpfe in ihrer Umwelt sich bis an den Rand mit Literatur füllen. Diese Kommunikation, voraussetzungsvoll genug, wird eben durch diese Auffüllung der Psychen mit Sedimenten besonderer (schriftlicher) Kommunikation außerordentlich schwierig. Soll sie jenseits der Texte funktionieren, muß sie vergessen, was die Psychen gelesen haben, und aus dieser Sicht ist es nachgerade ein Glück, daß heute immer weniger gelesen wird.[43] Vergessen in der Kommunikation, das sind Kommunikationsverbote und Inkommunikabilitätsschranken, im Grunde also Muster, die die eigentlich erforderliche Naivität kopieren, also nicht zulassen, daß in der Kommunikation darauf Referenz genommen wird, daß das Einmalige und Unerhörte des aktuellen Geschehens kein Ursprung und kein Original ist, sondern das Laufen von Wasser durch eine ausgewaschene Mulde.[44]

Ich fasse zusammen: Im Code romantischer Liebe koinzidiert die Selektion von Personen mit wechselseitiger »Höchstrelevanz«. Operativ realisiert er sich im romantischen Displacement, in der bevorzugten Beobachtung der Mitteilungsselektion als Information, das heißt letztlich in gesteigerten Verstehensansprüchen, die sich auf die Binnenwelten der Personen beziehen. Daraus folgt, daß weder die Selektion von Personen noch deren Ausstattung mit Höchstrelevanz diskursiv verhandelbar ist.[45] Sie wird nur im Krisenfall als Fremdreferenz (als Thema) diskutabel. Ein veritabler Krisenfall wäre das Einspeisen (lesebedingter) Erkenntnisse über die Nichtoriginalität intimer Kommunikationsprozesse in intime Kommunikationsprozesse: Es verbietet sich von selbst. Die Möglichkeit dieser Krise verdankt sich dem intellektuell-artistischen Kontext, in dem der Code sich ausprägt. Sie ist zugleich ein Problembezugspunkt, im Blick auf den sich literarische und liebesbefaßte Texte der Romantik, ihres Umfeldes, ihrer Nachzügler und der durch sie Beeinflußten vergleichen lassen: als Latenzvermeidungs-

**43** | Die massenmediale Präsentation von Liebesprozessen ist über weite Strekken hin so unterkomplex, daß wirkliche Lebens- und Liebeslagen tatsächlich überraschen könnten.

**44** | Daran kondensieren dann die bekannten Probleme der Konstruktion von Einzigartigkeit des Individuums. Siehe den Aufsatz über moderne Lyrik in Luhmann/Fuchs, Reden und Schweigen, a.a.O.

**45** | Sie verstehen sich von selbst, sind nicht begründungsbedürftig und nicht eine Sache der Diskussion, sondern der Imagination. Siehe etwa, Luhmann referierend, Schmidt, Die Selbstorganisation des Literatursystems im 18. Jahrhundert, a.a.O., S. 121f.

oder Latenzaufdeckungstexte hinsichtlich der unmöglichen romantischen Liebe.

Die soziologische Rekonstruktion jener Codierung wird jedenfalls stärker den intellektuellen Background ihrer Ausdifferenzierung berücksichtigen müssen, als es bisher geschah. Ob die Literatur- und Textwissenschaften Berücksichtigungswertes in den vorangehenden Überlegungen finden können, darüber noch Mutmaßungen anzustellen, ziemt sich jedoch nicht mehr für wildernde Soziologen.

# Die Funktion der modernen Lyrik

## (Wiener Vortrag)

Meine Damen und Herren,

ich möchte Sie gleich zu Beginn erschrecken. Mein Umgang mit dem, was konventionellerweise moderne Lyrik heißt, wird schrecklich sein, soziologisch, systemtheoretisch gar, und es wird Ihnen vorkommen, als werde ein Sakrileg begannen an jenen komplexen, im genausten Sinne obskuren Textgebilden, die Sie vermutlich so schätzen, daß Sie kaum einen Tag ohne Kontakt zu diesen feinen Sprachgespinsten vergehen lassen möchten. Meine soziologische Unsensibilität für das ästhetische Entzücken, das solche Texte gewähren, zeigt sich zum Beispiel darin, daß ich sie kaum in ihrer Sprachlichkeit würdige, nicht mit einem gleichsam chirurgischen Instrumentarium in ihr sprachliches Innenleben hineintaste, auch darin, daß ich Ihnen kaum das Vergnügen gönnen werde, Beispiele zu hören. Statt dessen mute ich Ihnen – so lyrikfern wie nur irgendeiner – die Anstrengung des Begriffes zu, eine trockene und kalte Angelegenheit, jenseits jeder Intuition, bar jeden Kerzenscheins, bar auch jeden Signals von Ehrfurcht. Das Licht, das ich anschalte, ist das Neonlicht der Wissenschaft. Es wirft scharfe Schlagschatten, in denen verschwinden wird, was Lyrik psychisch bedeutet. Ich werde von Kommunikation sprechen, und damit keineswegs das meinen, was ein alltäglicher Wortgebrauch darunter versteht, nämlich eine glückende (oder auch scheitern könnende) Verbindung zwischen den Köpfen, ein nachgerade seelenwarmes Fließen von etwas, das gemeint war, zu jemandem, der verstehend in das Gemeinte einschwingt. Vielmehr werde ich von Einheiten sozialer Systeme sprechen, denen eine Realität sui generis zukommt, kopffern und eigenverkettet, wenn Sie so wollen, und in einem genauen Sinne unverfügbar für Bewußtseine, die nur meinen können zu kommunizieren, wo sie doch nur: denken. Ich werde moderne Gedichte auf die Form dieser Elemente von Sozialsystemen beziehen und werde dann behaupten, daß Gedichte nicht Kommunikationen sind und daß moderne Gedichte sogar alles tun (ohne es wirklich tun zu können), um genau diesem Umstand zu entsprechen. Ich werde fernen behaupten, daß moderne Lyrik die memoria-Funktion, unter der Lyrik einst angetreten ist, ins Gegenteil verkehrt. Sie setzt auf Gedächtnisverweigerung und bringt damit etwas ins Spiel, was ich Anti-Hysteresis nennen werde, was soviel heißt wie Anti-Trägheit. Darin schließlich werde ich nach einer Tour de force die Funktion der modernen Lyrik sehen: Sie ist ein Instrument der Weltbildungsverhinderung, ein katalytisch (deswegen in kleinen Mengen effektiv) wirkendes De-Konstruktionsgerät. Aber das dann kommt mir aus vielen Gründen, von denen ich nur wenige nennen kann, zeitgemäß vor, das heißt: modern.

Die Kommunikationstheorie, die ich im Gefolge Niklas Luhmanns treibe, fängt einfach an. Sie geht davon aus, daß drei Momente miteinander kombiniert werden müssen, damit Kommunikation zustande kommt: Information, Mitteilung und Verstehen. Jemand sagt etwas, er sagt es auf eine bestimmte Weise, und jemand anderes errechnet aus dem Unterschied zwischen dem Wie und dem Was einen Anschluß, eine Folgeäußerung, von der her sich entscheidet, was die Äußerung (jenes schon vergangene Geräusch) gewesen ist. Er versteht. Diese einfache Dreiheit besagt aber schon, daß kein Mensch kommunizieren kann. Ein Mensch allein produziert gleichsam Lärm, und es bedarf mindestens eines weiteren Menschen, damit jene Dreiheit zustande kommt, die sich aus Information, Mitteilung und Verstehen zusammensetzt. Leider aber liegen die Dinge noch komplizierter, wenn man sich klar macht, daß die beteiligten Menschen (und ich werde im weiteren von Bewußtseinen oder psychischen Systemen sprechen) füreinander vollkommen intransparent sind. Die Gedanken, die diese psychischen Systeme denken, erscheinen nicht in Leuchtschrift auf der Stirn. Sie fallen nicht aus dem Bewußtsein heraus zwischen Stimmritze, Zunge und Zähne und bleiben dabei, was sie waren. Sie bleiben unentrinnbar im Bewußtsein, und was an dessen Außenseite erscheint, ist im Moment des Erscheinens ein Ereignis, daß man Äußerung (*utterance*) nennt. Was aber heißt ein ›ein Ereignis anderer Art'?

An dieser Stelle wird die Theorie sehr kompliziert. Dieses Ereignis, diese Äußerung, ist nämlich zutiefst unbestimmt, es hat noch keine Identität, es ist ein *mixtum compositum* aus akustischen und optischen Prozessen, und es hat die fatale Eigenart, daß es im Entstehen schon verschwindet, daß es nicht verharrt in der Zeit. Nun ist eigentlich jedem ganz klar (ohne daß man auf Hegel, Saussure, Heidegger, gar Derrida zugreifen müßte), daß Identität von etwas nicht ohne Differenz zu haben ist. Wenn man nicht gerade Zen-Buddhist ist und sich mit dem Geräusch einer klatschenden Hand abgibt, dann gilt mit in der Welt des Denkens seltener Härte, daß Identität ein Differenzphänomen ist. Im Blick auf Ereignisse kann das nur heißen, daß ein weiteres Ereignis folgen muß, damit das gerade entschwundene als ein bestimmtes Ereignis erscheint. Eine Äußerung, die sich von den Lippen jemandes ablöst und an die niemand anschließt, auf die hin nichts geschieht, ist keine Äußerung, sie ist *sound and fury*, sie kommt auf dem Monitor der Kommunikation nicht vor. *Ein* Gedicht ist, so böse das klingt, kein Gedicht, wenn nicht irgendeine Äußerung, schriftlich oder mündlich, darauf bezieht. Es mag für das Bewußtsein, das es verfasste, Mittelpunkt des psychischen Horizontes sein, aber es ist in dieser Psyche versackt, es ist stumm, es ist nichts. Alles kommt – sozial gesehen – darauf an, daß die Äußerung beobachtet wird, daß an ihr Mitteilung und Information unterschieden werden und eine der beiden Seiten des Unterschieds bezeichnet wird, und daß heißt ja nur: daß ein weiteres Ereignis dieses Gedicht als Gedicht oder als Unfug, als romantische Spinnerei, als Nichtgedicht, als dilettantisch oder geisteskrank behandelt. Und diese Behandlung, dieses Beobachten als etwas bestimmtes ist soziales Verstehen. Es bindet weitere Anschlüsse, für die alle gilt, daß sie ihrerseits nur sein können, was sie sind, wenn weiter Ereignisse sie als etwas Bestimmtes beschreiben. Das führt in Blick auf die Kommunikation (und *mutatis mutandis* auch für Bewußtseinsprozesse) zu abenteuerlichen, unglaublich faszinierenden Zeitverhältnissen, die eine wirkliche *creatio continua* vorstellen. Alles, was kommunikativ und psychisch geschieht, ist post festum-Realität, ist präsent nur im Modus der Nichtpräsenz, ist mit dem Rücken zur Zukunft konstruiert.

Aber ich will nur einen Strang dieser Argumentation aufnehmen, nämlich, daß eine Äußerung allein isoliert nicht beobachtbar ist. Die Beobachtung ist ja schon der Anschluß, sie benutzt die Unterscheidung, die aus einem unbestimmten Ereignis etwas bestimmtes macht. Jemand sagt »Herz« und ein schmachtendes Seufzen schließt an, und erst dann können weitere Beobachter annehmen, daß man sich in der Nähe einer Parkbank und nicht in einem Operationssaal befindet. Aber wenn die nächste Äußerung lautet: »Laß das Jammern ... reich' mir das nächste Herz!«, dann wird, was eben geschah, etwas anderes sein, ob derjenige, der schmachtet und seufzt, nicht doch an Liebe und Vollmond gedacht hat statt an Menschen-, Kalbs- oder Schweineherzen.

Noch einmal: Eine Äußerung ist keine Äußerung, und ein Gedicht ist kein Gedicht. Es ist oft nichts, wenn nicht angeschlossen wird, wenn nicht ein Ereignis folgt, das an seinem Vorereignis Information und Mitteilung unterscheidet, die Faktur des Gesagten von dem, was damit gesagt ist, oder, wie ich auch formulieren könnte, das, worin sich jenes Ereignis auf sich selbst bezog und worin es sich auf etwas anderes, auf Nicht-selbst ausrichtete – oder moderner gesprochen, worin es selbstreferent, worin es fremdreferent war. Nur aus Gedächtnisgründen will ich noch einmal betonen, daß diese Unterscheidung von selbstbezüglich/fremdbezüglich eine post festum-Unterscheidung ist. Was das Gedicht an sich ist, wird man nie erfahren können.

Nun gilt aber ein kommunikationstheoretisches Gesetz, das besagt, daß jedes Verstehen (also jede Folgeäußerung) diesen Unterscheid von Selbst- und Fremdreferenz benutzen muß. Es muß in einem bestimmten Sinne ›bemerken‹ können, daß etwas gesagt, etwas bedeutet wurde, und es muß ›bemerken‹ können, daß dieses Etwas in einer bestimmten Gestalt dahergekommen ist: als Befehl, als Bitte, als Entschuldigung, als Schlagzeile oder als Gedicht. Und was dieses ›Etwas‹ dann ›ist‹, entscheidet darüber, welchen Unterschied die Information zur Mitteilung macht. Entscheidend ist, daß beide Momente gegeben sein müssen, die Fremd- und die Selbstreferenz, damit ein Anschlußereignis wirklich ein Anschlußereignis und nicht irgendein Gemurmel in der Welt ist. Man findet weder den Fall reiner Informativität (auch nicht in der Mathematik, die schließlich über elegante und weniger elegante Formulierungsmöglichkeiten verfügt) noch den Fall reiner Selbstreferenz, einer sozusagen sui-suffizienten Mitteilung. Selbst wenn ich jetzt hier aufstünde, auf den Tisch sprünge und in einem rosa Petticoat zu tanzen begönne, geschähen Anschlüsse, die sich fragen, *was* dieses Geschehen bedeutet, was ich wohl, so bizarr verfahrend, wie ich dann verführe, gemeint haben könnte. Das ist gleichbedeutend mit der Vorstellung, daß es in der sozialen Welt keine sinnfreien Operationen gibt oder genauer: keine Operation, die registrabel wären, ohne sinnhaft beobachtet zu werden. Das ist, in margine bemerkt, die Crux zum Beispiel mystischer oder zenbuddhistischer Phänomene im Augenblick, in dem sie sich in Kommunikation verwickeln.

In Vorbereitung meiner zentralen Argumente will ich aber nur festhalten, daß Verstehen (psychisch oder sozial) nicht ohne Referenz auf Etwas, nicht fremdreferenzfrei erfolgen kann. Wohl aber gibt es ein Mehr oder Weniger, und ich will zunächst die Grenzfälle dieses Mehr oder Weniger benennen. Es gibt etwas, was ich aufklärerische Kommunikation nennen möchte, die in ihren extremen Formen auf Wissenschaft, Technik, auf mathematisches Kalkül hinausläuft und in diesen Formen den Versuch unternimmt, Kommunikation rauschfrei zu stellen. Sie soll nicht gestört werden durch ›subjektive‹ Anteile, durch Idiosynkrasien, durch auf-wendige Arbeit an der Mitteilung. Sie soll so informationsdicht wie möglich und so mitteilungsarm wie irgendwie denkbar sein. Und: Es gibt etwas, das ich aus verschieden Gründen, die ich hier im einzelnen nicht erläutern kann, romantische Kommunikation nennen möchte (ich könnte auch von artistischer Kommunikation sprechen). Diese Kommunikation ist rauschreich, sie setzt auf die Form der Mitteilung und minimiert bis zum Exzeß die Notwendigkeit, irgend etwas zu sagen. Die Grenzform dieser Kommunikation im Falle von Sprachförmigkeit ist, wie ich behaupten möchte, die moderne Lyrik.

## II

Der Versuch, in der Kommunikation den Bezug auf etwas Bestimmtes, auf das Etwas des Mitgeteilten zu eliminieren, ist – trocken gesagt und jenseits der tragischen Unmöglichkeit dieses Versuches – gleichbedeutend mit dem Experiment einer Anschlußverweigerung. Jene dunklen, sehr schwierigen Texte, die keinem aufklärerischen Erschließen zugedacht sind, die sich dem Kommentar verweigern, dezimieren in der sozialen Welt Verstehensmöglichkeiten. Sie präsentieren sich (wie jede Äußerung) als die Mitteilung von Information, sie werden gleichsam in die Welt gehalten, um bemerkt, um beachtet zu werden; aber diejenigen, denen diese Dunkelheiten appräsentiert werden, sollen sich auf das Wie, auf die Form der Mitteilung einlassen, auf die Selbstreferenz des Geschriebenen, ohne daß – im Extremfall (denken Sie an Mallarmé) – *etwas* geschrieben worden wäre. Jene im Schreiben und Sprechen präsentierte Nicht-Präsenz der Dinge und Verhältnisse dieser Welt soll noch gelöscht werden, ein Schweigen hörbar werden, das wirklich von nichts schweigt, sondern nur sich selbst ›spricht‹, ein Schweigen, in dem das Andere, das Unverfügliche jeder Kommunikation (und dann auch des Denkens) erscheint, jenes Unverfügbare, das in der Arbitrarität kommunikativer Anschlüsse verschwindet, weil ›etwas‹ gesagt wurde und weil dieses ›Etwas-sagen‹ als Ereignis verdeckt, was ihm zugrunde liegt, die Bedingung der Möglichkeit jedes Sagens, die zugleich die Bedingung der Unmöglichkeit ist, das es selbst gesagt wird. Es läßt sich nur beschwören, evozieren, wie wir wissen, aber das wiederum nur (und gegen jede Intention): als Kommunikation.

Dieses Paradox, dieses Löschen der poetischen Intention durch ihre kommunikative Realisierung, wird im 19. Jahrhundert sichtbar. Daß man es zu sehen begann, hängt mit der Umstellung der Gesellschaft auf eine neue Differenzierungsform zusammen. Ich will Sie nicht mit dem langweilen, was hierzu soziologisch zu sagen wäre, nur festhalten, daß diese Umstellung sich in einer Überflutung der Welt mit Kommunikation, mit arbiträren Vernetzungen dieser Kommunikation äußerte. Diese Grunderfahrung, die wir noch teilen, ist die einer ungeheuren Kontingenz, des Ausfalls jeder legitimen Formulierungs- oder Beobachtungsdistanz, einer überbordenden Geschwätzigkeit, eines Lärmes, in dem jede bestimmte Information nichtig wird, jede (zum Beispiel künstlerische) Mitteilung noch lauter als sozialer Lärm sein muß, um Resonanz zu erzeugen, und alles Verstehen immer ein vorläufiges, ein anders beobachtbares ist. Unter diesen Voraussetzungen konnte man den Weg ergreifen, Mitteilungen zu erzeugen, die schnelle und leichte Anschlüsse eröffnen, das heißt, man konnte trivial werden, sich einschiffen in das Meer der Beliebigkeit, der Simulacra, der Routinen, oder – und das ist der Weg, den viele Dichter in der zweiten Hälfte des 19. Jahrhunderts nehmen – man konnte die Tradition der Obscuritas, der dichterischen Dunkelheit aufgreifen, und das heißt: normale Verstehensprozesse diskriminieren, Verstehensmöglichkeiten verweigern oder jedenfalls extrem erschweren und damit (das aber dann doch!) einen Sonderdiskurs (ich sage Diskurs, weil ich noch nicht weiß, ob es ein System moderner Lyrik gibt) ins Leben rufen, innerhalb dessen Kommunikation als zeitaufwendig, schwierig, aber auch – jedenfalls findet sich das in der Selbstbeschreibung dieses Diskurses – auf eigentümliche Weise als ›wesentlich‹ empfunden wird.

»Zeitaufwendig« – das bezieht sich darauf, daß kommunikativen Anschlüssen das Moment einer leichten Identifikation von Fremdreferenz verweigert wird. Das Ereignis ›Gedicht‹, auf das der Anschluß referiert, ist abgeschirmt gegenüber der schnellen Zuweisung von bestimmtem Sinn, es sperrt sich gegen ein ›Dies und das‹. Wenn es auch psychisch unmittelbar einleuchten mag oder psychische Zustände erzeugt, die als ein solches Einleuchten, als eine solche Stimmigkeit erlebt werden, der Versuch, dieses Einleuchten, diese Stimmigkeit, diesen Genuß oder diese Überraschung zu sagen, darüber zu reden und anhand des Textes darüber zu reden, dieser Versuch kostet die Zeit, denn er muß einsetzen, was der Text nicht einzusetzen vorgibt: Referenzen auf ein Etwas, auf die Welt. Diese Substitution (dieses Soufflieren im Sinne Derridas) setzt – wenn ich parallel zu Brentanos Intentionsbegriff argumentieren darf – an der Kommunikation *von etwas* an, um die Differenz zur Mitteilungsform zu gewinnen. Notfalls gar wird die Mitteilungsform als Information genommen: über die verdunkelten Intentionen eines Bewußtseins, das Autor heißt.

Die Zeitaufwendigkeit kommt mithin sozial zustande, sie kommt einher als Kommentar, als De-Chiffrierung, als Rekonstruktion eines nicht feststellbaren Sinnes oder auch als ein weiteres Gedicht. Kommunikationsspezialisten sind damit ein Erfordernis, die sich einlassen auf eine Verweigerung und die sich, weil selbst zeitentlastet (wie Wissenschaftler, wie Dichter, wie Kritiker, wie Liebhaber), die Zeit nehmen können, die dieser Sonderdiskurs beansprucht. Es ist ein Diskurs der Langsamkeit, der das Tempo der Moderne nicht teilen kann, die auf schnelle, sofortige, am besten gestrige Anschlüsse setzt. Es ist ein *zeitdifferenter* Diskurs, zeitdifferent gegenüber den poetischen Erfahrungen beteiligter Subjekte, zeitdifferent gegenüber den Anschlußerfordernissen moderner Kommunikation. Ich könnte auch sagen, es ist ein träger, in langen Amplituden schwingender Diskurs, ein Diskurs der Hysteresis, der Zeitverzögerung, die sich aus einer Spielart von Kommunikation ergibt, die Fremdreferenz zu beseitigen trachtet, aber sie dann in Form eines Kommentars erzwingt, damit sozial etwas geschieht, was nicht geschähe, wenn es wirklich auf Selbstreferenz beschränkte Äußerungen gäbe.

Von dieser Stelle aus kann man zu wundervollen, zu faszinierenden Komplikationen kommen, von denen ich mich ungern fernhalte. Die Frage, die soziologisch gestellt werden muß, ist diejenige, was aus dieser Zeitaufwendigkeitsstruktur moderner lyrischer und auf Lyrik bezogener Kommunikation sozial folgt? Haben wir es einfach mit einem Residuum alteuropäischer Zeitverhältnisse zu tun, mit elitären Genußmöglichkeiten für zeitentlastete Personen? Sind die Selbstbespiegelungsnotwendigkeiten einiger Menschen der Anlaß dafür, daß sich ein so schwieriger Diskurs immer noch hält? Oder läßt sich vermuten, daß moderne Lyrik wie jede gute Problemlösung mehr als nur ein Problem löst, zum Beispiel auch ein soziales, die Gesellschaft betreffendes? Daß sie eine Funktion bedient, für die es kein gesellschaftlich anderswo institutionalisiertes Substitut gibt?

Gegen die zweite Möglichkeit (für die mein Herz spricht) läßt sich schnell einwenden, daß der Resonanzboden dieser Gesellschaft, die Öffentlichkeit, kaum Notiz nimmt von moderner Lyrik. Es sieht nicht so aus, als gäbe es einen gesellschaftsweiten Bedarf für schwierige Texte, für die Bosheit, die darin liegt, Fremdreferenz zu blockieren. Andererseits steht nirgends geschrieben, daß die Schwäche eines sozialen Widerhalls schon über die Bedeutung eines Phänomens entscheidet. Fermente, Enzyme, Hormone, Gifte sind Beispiele aus dem biologischen Bereich für die mitunter mächtige Wirkung kleiner Quantitäten, und vielleicht läßt sich annehmen, daß auch die gesellschaftliche Kommunikation anfällig ist für das Geheimnis der kleinen Dosis. Meine These ist, daß diese entscheidende Stelle durch ein Gedächtnisproblem bezeichnet werden kann.

## III

Damit komme ich zu einem schwierigen Punkt meiner Überlegungen. Schwierig deshalb, weil ich zunächst etwas behaupten muß, was ich hier in diesem begrenzten Rahmen nicht mehr belegen, ja kaum plausibilisieren kann. Aber diese Behauptung ist dennoch wichtig für das Argument, mit dem ich meinen Vortrag schließen will. Diese Behauptung ist, daß weder soziale noch psychische Systeme über ein Gedächtnis verfügen, über eine Kammer, in die Vergangenes eingestellt werden kann. In jeder Aktualität haben solche Systeme sich immer nur als eine Totalsimultanität ihrer Operationen, und Operationen sind immer gegenwärtige Operationen und können sich nicht aus vergangenen oder zukünftigen Operationen zusammensetzen. Die Funktionsstelle von Gedächtnis, bezogen auf das Erfordernis, rekurrieren und antizipieren zu können, die je eigene Konsistenz überprüfbar zu halten, kann nicht durch ein System alleine besetzt werden. Sie wird besetzt durch die Zeitdifferenz einer Mehrheit von Systemen. Zwar existieren alle Systeme, von denen hier die Rede ist, gleichzeitig, in einer Aktualität, aber in einer Aktualität (in einem Gleichzeitigkeitsfenster) können die Systeme verschieden schnell operieren. Während ich rede, arbeitet Ihr Bewußtsein mit rasender Geschwindigkeit; während Sie denken, ruft die Sprache, die ich benutze, mehr Differenzen, mehr Oppositionen auf, als irgendein Nachdenken im Moment mitvollziehen kann. Während die Pauke noch dröhnt, denkt der Fagottist schon den nächsten Takt. Wenn ich summarisch formulieren darf: Während in einem System Dinge noch zu stehen scheinen, werden sie im anderen von einer Fülle von Operationen umspielt. Das ist, das sage ich summarisch, die Bedingung der Möglichkeit jeder Referenz überhaupt, die Bedingung der Möglichkeit dessen, was wir alltäglich Gedächtnis nennen.

Nun ist es leicht zu sehen, daß das System der Gesellschaft sein Gedächtnis nicht allein aus seiner Zeitdifferenz zu den schnelleren Operationen der gerade operierenden Bewußtseinssysteme konstruieren kann, das ergäbe nur eine Art komplex disloziertes Kurzzeitgedächtnis. Dieses hochkomplexe, temporalisierte System der Gesellschaft differenziert sich statt dessen, treibt intern eine immense Fülle von Systemen aus, große und gewichtige, wie die Funktionssysteme (Politik, Wirtschaft, Wissenschaft, Kunst, Religion), aber auch Kegelvereine, Diätclubs, Kinderkrippen.

Alle diese Systeme haben differierende Zeittakte und Zeitrhythmen. Die einen beinhalten mit ihrer Langsamkeit Stehenbleibmomente für schnellere Systeme, die ihrerseits langsamer schwingen als noch schnellere Systeme, aber auch die relativ langsamen Systeme führen Operationen durch, die so komplex sind, daß schnellere Systeme wie langsame erscheinen, die nun ihrerseits jene notwendige Trägheit in der Welt etablieren, auf die andere Systeme ihre Referenz nehmen können. Nur so kann es zur Ballung, zur Konstruktion von Identitäten kommen. Hysteresis, jene relative Trägheit eines Systems zum anderen, bringt, um es zugespitzt zu formulieren, die Dinge in die Welt, auf die sich referieren läßt.

Auf die es sich referieren läßt – Sie werden ahnen, worauf mein Argument nun hinausläuft. Der Sonderdiskurs, der sich auf moderne Lyrik bezieht, auf dunkle und schwierige, Fremdreferenz verweigernde Texte, dieser Diskurs, der damit eine eigene Zeitaufwendigkeit, eine eigene Langsamkeit entwickelt hat, die von Sensationen schwer durchbrochen werden kann, die sich jeder Geschwindigkeitszumutung entzieht, dieser so eigentümliche und so unwahrscheinliche Diskurs produziert Texte, zielt auf Texte ab, die die Referenznotwendigkeit aller Kommunikation (wie paradox dann immer) unterlaufen und genau nicht die Konstruktion fixer Identitäten garantieren. Im Gegenteil: Bestritten (und es ist demonstrierendes, kein abstraktes Bestreiten) wird die kommunikative Festhaltbarkeit von etwas. In aller Langsamkeit, in großer Behutsamkeit wird die Möglichkeit der Kommunikation von etwas kommunikativ dementiert. Dieses Dementi wird in vielen Formen kommuniziert. Jene Lyrik, von der ich hier spreche, be-spricht ihr Schweigen. In der modernen Gesellschaft, heißt das, gibt es einen Ort, der sich der Konstruktion von Identitäten nicht beugt, einen Ort der Anti-Hysteresis, der Gedächtnisblockade, einen Ort, an dem die unsagbare Fremde der Nichtkommunikation, das unzugänglich Andere aller Referenz gesellschaftlich als Kommunikation erscheint. Mag sein, daß sie darin den anderen Künsten, sogar der Musik verschwistert ist, aber diese anderen Künste sind, wenn ich so sagen darf, besser verkleidet. Sie führen sich nicht sofort (wie die Sprache) als Kommunikation auf, sie lassen die Illusion zu, man bewege sich jenseits von Kommunikation. Näher als an diesen Künsten scheint mir die dunkle und schwierige Lyrik (und das ist nun ein ehrwürdiger Topos) an der Religion zu liegen. Nur das ihre Transzendenz Transkommunikation ist und nicht: das Jenseits alles dessen, was hiesig ist.

Modern an dieser so aufwendigen, so unendlich komplizierten Kommunikation scheint mir das Moment der Anti-Hysteresis, der Weltbildungsverhinderung. Die moderne Gesellschaft registriert mehr und mehr, daß die Hysteresis, auf die sie sich verläßt, täuscht, daß Identitäten nicht bleiben, wofür man sie hielt, daß ihre Verläßlichkeiten Unverläßlichkeiten sind. Das sagt sie auf vielerlei Art und Weise, in der Form der Angst, der Klage, der postmodernen Aufgeregtheit, der Unmöglichkeit, Charaktere zu konstruieren, in den vielen Besorgnissen, die die Medien aufnehmen, womit dann die Sorge selbst als existentielle (und langfristige) Dimension entschwindet. Sie sagt es sich aber auch (oder sie weiß zumindest von der Möglichkeit dieses Sagens in ihr) an ihrer besonders kommunikativen Schweigestelle, der modernen Lyrik, an der das kommunikativ Unverfügbare für sie kommunikativ hereinbricht.

Das könnte man die Funktion der modernen Lyrik nennen. Sie ist in der Geschlossenheit des modernen Gesellschaftssystem das Einfallstor für das Andere jeder Kommunikation: als Kommunikation und deshalb subversiv. Aber diese Subversion ist eine Art rückführende Untertunnelung, eine besondere Weise des Wiedereintritts der Unterscheidung von Gesellschaft und Nichtgesellschaft in der Gesellschaft.

Was dieser re-entry wirklich bedeutet, ist bislang wenig erforscht, weswegen es sich denn geziemt, hier zu schließen und auf weitere Forschung, auf weitere Diskussion zu hoffen.

# Literatur


Aertsen, J.A., Einleitung: Die Entdeckung des Individuums, in: Aertsen/ Speer (Hrsg.), Individuum und Individualität im Mittelalter, a.a.O.

Aertsen, J.A./Speer, A. (Hrsg.), Individuum und Individualität im Mittelalter (Bd. 24 der Miscellanea Mediaevalia), Berlin, New York 1996.

Amelunxen, C., Von Narren an den Höfen, Berlin, New York 1992.

Amelunxen, C., Zur Rechtsgeschichte der Hofnarren. Schriftenreihe der Juristischen Gesellschaft zu Berlin, Heft 124, Berlin, New York 1991.

Avé-Lallemant, F.C.B., Das deutsche Gaunerthum in seiner socialpolitischen, literarischen und linguistischen Ausbildung in seinem heutigen Bestande, 4 Bde., Leipzig 1858-1862.

Bachtin, M., Literatur und Karneval. Zur Romantheorie und Lachkultur, München 1969.

Baecker, D., Die Form des Unternehmens, Frankfurt a.M. 1993.

Baecker, D., Die Unterscheidung zwischen Kommunikation und Bewußtsein, in: Krohn, W./Küppers, G. (Hrsg.), Emergenz: Die Entstehung von Ordnung, Organisation und Bedeutung, Frankfurt a.M. 1992, S. 217-268.

Baecker, D., The Reality of Motion Pictures, in: MLN 111/3, 1996, S. 560-577.

Baecker, D., Überlegungen zur Form des Gedächtnisses, in: Schmidt, S.J. (Hrsg.), Gedächtnis. Probleme und Perspektiven der interdisziplinären Gedächtnisforschung, Frankfurt a.M. 1991, S. 337-359.

Balibar, E., Exclusion de la politique ou politique des exclus?, in: Fornet-Betancourt, R. (Hrsg.), Armut, Ethik, Befreiung (Concordia, Internationale Zeitschrift für Philosophie, Reihe Monographien, Bd. 16), 1996, S. 45-49.

Battafarano, I.M., Hexenwahn und Dämonopathie in der frühen Neuzeit am Beispiel von Spees *Cautio Criminalis*, in: Hahn, A./Kapp, V. (Hrsg.),

Selbstthematisierung und Selbstzeugnis: Bekenntnis und Geständnis, Frankfurt a.M. 1987, S. 110-123.

Baudrillard, J., Laßt euch nicht verführen!, Berlin 1983.

Bauer, M., Einführung in einige Texte von Jean-Jacques Rousseau, in: Gruenter, Leser und Lesen im 18. Jahrhundert, a.a.O.

Bayerischer Landesverband für den Wanderdienst (Hrsg.), Der nichtseßhafte Mensch, München 1938.

Beck, H.G.S., The pastoral Care of Souls in South-East France during the sixth Century, Rom 1950.

Becker, P., Kriminelle Identitäten im 19. Jahrhundert. Neue Entwicklungen in der historischen Kriminalitätsforschung, in: Historische Anthropologie 2, 1994, S. 142-157.

Benjamin, W., Goethes Wahlverwandtschaften, in ders., Gesammelte Schriften (hrsg. von Tiedemann, R./Schweppenhäuser, H.), Frankfurt a.M. 1980, Bd. I/1.

Benseler, F. et al. (Hrsg.), Autopoiesis, Communication and Society. The Theory of Autopoietic System in the Social Sciences, Frankfurt a.M. 1980.

Berger, P.A., Individualisierung, Statusunsicherheit und Erfahrungsvielfalt, Opladen 1996.

Bergmann, W./Hoffmann, G., Selbstreferenz und Zeit: Die dynamische Stabilität des Bewußtseins, in: Husserl Studies 6, 1989, S. 155-175.

Blickle, P., The Criminalization of Peasant Resistance in the Holy Roman Empire. Toward a History of the Emergence of High Treason in Germany, in: Journal of Modern History 58, 1986, Supplement, S. 88-97.

Blickle, P., Unruhen in der ständischen Gesellschaft 1300-1800, München 1988.

Bohrer, K.H., Die Kritik der Romantik. Der Verdacht der Philosophie gegen die literarische Moderne, Frankfurt a.M. 1989.

Boiadjiev, T., Die Marginalisierung als principium individuationis des mittelalterlichen Menschen – am Beispiel Abelaerds, in Aertsen/Speer (Hrsg.), Individuum und Individualität im Mittelalter, a.a.O., S. 111-123.

Boyer, R., La vie religieuse en Islande (1116-1264), 2. Bde., Diss. Lille 1992.

Brandt, W., Vorwort zu Jahoda, M., Wieviel Arbeit braucht der Mensch? Arbeit und Arbeitslosigkeit im 20. Jahrhundert, Weinheim, Basel 1986[3], S. 8-12.

Braudel, F., Histoire et sciences sociales. La longue durée, in: Annales. E.S.C. 13, 1958, S. 725-753.

Brentano, C., Godwi oder Das steinerne Bild der Mutter. Ein verwilderter Roman von Maria, in: Kemp, F. (Hrsg.), Clemens Brentano, Werke, Bd. 2, München 1963, S. 258-262.

Brocher, T./Sies, C., Psychoanalyse und Neurobiologie. Zum Modell der Autopoiese als Regulationsprinzip, Jahrbuch der Psychoanalyse, Beiheft 10, Stuttgart, Bad Cannstatt 1986.

Brodocz, A., Identität und Adressabilität. Hypothetische Überlegungen in Anschluß an Peter Fuchs »Adressabilität als Grundbegriff der soziologischen Systemtheorie«, Ms. 1997.

Brunner, O./Conze, W./Koselleck, R. (Hrsg.), Geschichtliche Grundbegriffe. Historisches Lexikon zur politisch-sozialen Sprache in Deutschland, Bd. 1, Stuttgart 1972.

Burckhardt, J., Die Kultur der Renaissance in Italien, ein Versuch (hrsg. von Kaegi, W.), Berlin, Leipzig 1930, zweiter Abschnitt, S. 95-123.

Camporesi, P., La casa dell' eternità, Mailand 1987.

Cecchin, G. et al., Respektlosigkeit. Eine Überlebensstrategie für Therapeuten, Heidelberg 1993.

Coing, H. (Hrsg.), Handbuch der Quellen und Literatur der neueren europäischen Privatrechtsgeschichte, Bd. 2, Neuere Zeit (1500-1800), das Zeitalter des gemeinen Rechts, 2.Teilband, Gesetzgebung und Rechtsprechung, München 1976.

Deleuze, G., Die Falte. Leibniz und der Barock, Frankfurt a.M. 1995.

Deleuze, G./Guattari, F., Anti-Ödipus, Frankfurt a.M. 1979.

Döbert, R./Habermas, J./Nunner-Winkler, G. (Hrsg.), Entwicklung des Ichs, Köln 1977.

Drepper, Ch., Unternehmenskultur. Selbstbeobachtung und Selbstbeschreibung im Kommunikationssystem »Unternehmen«, Frankfurt a.M. et al. 1992.

Duby, G., Die Zeit der Kathedralen. Kunst und Gesellschaft 980-1420, Frankfurt a.M. 1994.

Ebeling, F.W., Die Geschichte der Hofnarren, Leipzig 1884[3].

Ebeling, F.W., Die Kahlenberger. Zur Geschichte der Hofnarren, Berlin 1890.

Engelsing, R., Zur Sozialgeschichte deutscher Mittel- und Unterschichten, Göttingen 1978[2].

Ennen, E., Die europäische Stadt des Mittelalters, Göttingen 1987 (4., verb. Auflage).

Fischer, W., Armut in der Geschichte, Göttingen 1982.

Flögel, K.F., Geschichte der Hofnarren, Liegnitz, Leipzig 1789.

Foerster, H.v., Das Gedächtnis. Eine quantenphysikalische Untersuchung, Wien 1948.

Foerster, H.v., What is memory that it may have Hindsight and Foresight as well?, in: Bogoch, S. (Hrsg.), The Future of the Brain Sciences, New York 1969, S. 19-64.

Förstl, J.N., Das Almosen. Eine Untersuchung über Grundsätze der Armenfürsorge in Mittelalter und Gegenwart, Paderborn 1909.

Foucault, M., Folie et Déraison. Histoire de la folie à l'âge classique, Paris 1961.

Freud, A. et al. (Hrsg.), Sigmund Freud. Gesammelte Werke, Frankfurt a.M. 1986[8].

Fuchs, P., Armut – ein Spill-over-Effekt oder ein Over-kill-Phänomen? – Plenarvortrag bei den Schweriner Wissenschaftstagen 1998, in: Ministerium für Bildung, Wissenschaft und Kultur Mecklenburg-Vorpommern (Hrsg.), Armut – die Herausforderung. Welche Strategien entwickeln Wissenschaft und Politik?, Schwerin 1999, S. 50-59.

Fuchs, P., Das Phantasma der Gleichheit, in: Merkur 570/571, 1996, S. 959-964.

Fuchs, P., Das seltsame Problem der Weltgesellschaft. Eine Neubrandenburger Vorlesung, Opladen 1997.

Fuchs, P., Das Unbewußte in Psychoanalyse und Systemtheorie. Die Herrschaft der Verlautbarung und die Erreichbarkeit des Bewußtseins, Frankfurt a.M. 1998.

Fuchs, P., Das Weltbildhaus und die Siebensachen der Moderne, Konstanz 2001.

Fuchs, P., Der Mensch – das Medium der Gesellschaft?, in: ders./Göbel, A. (Hrsg.), Der Mensch – Das Medium der Gesellschaft, Frankfurt a.M. 1994, S. 15-39.

Fuchs, P., Die archaische Second-Order Society. Paralipomena zur Konstruktion der Grenze der Gesellschaft, in: Soziale Systeme 2/1, 1996, S. 113-130.

Fuchs, P., Die Erreichbarkeit der Gesellschaft. Zur Konstruktion und Imagination gesellschaftlicher Einheit, Frankfurt a.M. 1992.

Fuchs, P., Die Form der Romantik, in: Behler, E. et al. (Hrsg.), Athenäum. Jahrbuch für Romantik, Jg. 3, Paderborn et al. 1993, S. 199-222.

Fuchs, P., Die Metapher des Systems. Studien zu der allgemein leitenden Frage, wie sich der Tänzer vom Tanz unterscheiden lasse, Weilerswist 2001.

Fuchs, P., Die Reichstagsverhüllung: Ein Spill-over-Ereignis?, in: Klein, A. et al. (Hrsg.), Kunst, Symbolik und Politik. Die Reichstagsverhüllung als Denkanstoß, Opladen 1995, S. 113-122.

Fuchs, P., Die soziale Funktion der Musik, in: Lipp, W. (Hrsg.), Gesellschaft und Musik. Wege zur Musiksoziologie, in: Sociologia Internationalis, Beiheft 1, 1992, S. 67-86.

Fuchs, P., Die Umschrift. Zwei kommunikationstheoretische Studien: »Japanische Kommunikation« und »Autismus«, Frankfurt a.M. 1995.

Fuchs, P., Die Weltflucht der Mönche. Anmerkungen zur Funktion des monastisch-aszetischen Schweigens, in: Zeitschrift für Soziologie 15/6, 1986, S. 393-405.

Fuchs, P., Kommunikation mit Computern? Zur Korrektur einer Fragestellung, in: Sociologia Internationalis 29/1, 1991, S. 1-30.

Fuchs, P., Moderne Kommunikation. Zur Theorie des operativen Displacements, Frankfurt a.M. 1993.

Fuchs, P., Niklas Luhmann – beobachtet. Eine Einführung in die Theorie, Opladen 1994$^2$.

Fuchs, P., Soziale Zukunft: heute – (Re)Visite bei Habermas, in: Merkur 55, H. 9/10 (Sonderheft »Zukunft denken – Nach den Utopien«), 2001, S. 835-846.

Fuchs, P., Systemtheorie und Soziale Arbeit, in: Merten, R. (Hrsg.), Systemtheorie sozialer Arbeit, Neue Ansätze und veränderte Perspektiven, Opladen 2000, S. 157-175.

Fuchs, P., Und wer berät die Gesellschaft? Gesellschaftstheorie und Beratungsphänomen in soziologischer Sicht, in: Fuchs, P./Pankoke, E., Beratungsgesellschaft (hrsg. v. Krems, G.), Veröffentlichungen der Katholischen Akademie Schwerte 42, Schwerte 1994, S. 67 77.

Fuchs, P., Vaterland, Patriotismus und Moral. Zur Semantik gesellschaftlicher Einheit, in: Zeitschrift für Soziologie 20/2, 1991, S. 89-103.

Fuchs, P., Vergipste Balgkamera fährt Schlitten. Über moderne Kunst als soziales Grübeln, in: Der Alltag. Die Sensationen des Gewöhnlichen 65, 1994, S. 133-139.

Fuchs, P., Vom Zeitzauber der Musik, Eine Diskussionsanregung, in: Baekker, D. et al. (Hrsg.), Theorie als Passion. Festschrift für Niklas Luhmann, Frankfurt a.M. 1987, S. 214-237 [auch in Fuchs, P., Theorie als Lehrgedicht. Systemtheoretische Essays I, Bielefeld 2004, S. 147-165].

Fuchs, P., Westöstlicher Divan. Zweischneidige Beobachtungen, Frankfurt a.M. 1995.

Fuchs, P., Wie lernen autopoietische Systeme und Wie ändert sich dieses Lernen, wenn sich die Zeiten ändern, in: Soziale Wirklichkeit, Jenaer Blätter für Sozialpsychologie und angrenzende Wissenschaften 1/2, 1997, S. 119-134.

Fuchs, P./Buhrow, D./Krüger, M., Die Widerständigkeit der Behinderten. Zu Problemen der Inklusion/Exklusion von Behinderten in der ehemaligen DDR, in Fuchs, P./Göbel, A. (Hrsg.), Der Mensch – Das Medium der Gesellschaft, Frankfurt a.M. 1994, S. 239-263.

Fuchs, P./Mahler, E., Form und Funktion von Beratung, in: Soziale Systeme 6/2, 2000, S. 349-368.

Fuchs, P./Schmatz, F., »Lieber Herr Fuchs, lieber Herr Schmatz«. Eine Korrespondenz zwischen Dichtung und Systemtheorie, Opladen 1997.

Fuchs, P./Schneider, D., Das Hauptmann-von-Köpenick-Syndrom. Überlegungen zur Zukunft funktionaler Differenzierung, in: Soziale Systeme 2, 1995, S. 203-224.

Geremek, B., Der Außenseiter, in: Le Goff, J. (Hrsg.), Der Mensch des Mittelalters, Frankfurt a.M., New York 1994³.

Geremek, B., La lutte contre le vagabondage à Paris aux XIVe et Xve siècles, in: Ricerche storiche ed economiche, Memoria di C. Barbagallo II, 1970.

Gergen, K.J., The Saturated Self, New York 1991.

Giddens, A., Modernity and Self-Identity, Stanford 1991.

Giesen, B./Junge, K., Vom Patriotismus zum Nationalismus. Zur Evolution der »Deutschen Kulturnation«, in: Giesen, B. (Hrsg.), Nationale und kulturelle Identität. Studien zur Entwicklung des kollektiven Bewußtseins in der Neuzeit, Frankfurt a.M. 1991, S. 255-303.

Gruenter, R. (Hrsg.), Leser und Lesen im 18. Jahrhundert (Beiträge zur Geschichte der Literatur und Kunst des 18. Jahrhunderts, Bd. 1), Heidelberg 1977.

Gumbrecht, H.U., Schriftlichkeit in mündlicher Kultur, in: Assmann, A./Assmann, J./Hardmeier, Ch. (Hrsg.), Schrift und Gedächtnis. Archäologie der literarischen Kommunikation I, 1993², S. 158-174.

Gumbrecht, H.U./Pfeiffer, K.L. (Hrsg.), Materialität der Kommunikation, Frankfurt a.M. 1988.

Günther, G., Die Theorie der »mehrwertigen« Logik, in: ders., Beiträge zur Grundlegung einer operationsfähigen Dialektik, Bd. II, Hamburg 1979, S. 110-202.

Günther, G., Idee und Grundriß einer nicht-Aristotelischen Logik. Die Idee und ihre philosophischen Voraussetzungen, Hamburg 1978².

Günther, G., Life as Poly-Contexturality, in: ders., Beiträge zur Grundlegung einer operationsfähigen Dialektik, Bd. II, Hamburg 1979, S. 283-306.

Häberlein, M., Einleitung zu ders. (Hrsg.), Devianz, Widerstand und Herrschaftspraxis in der Vormoderne. Studien zu Konflikten im südwestdeutschen Raum (15.-18. Jahrhundert), Konstanz 1999.

Habermas, J., Können komplexe Gesellschaften eine vernünftige Identität ausbilden?, in ders., Zur Rekonstruktion des Historischen Materialismus, Frankfurt a.M. 1976, S. 92-125.

Hagenmaier, M./Holtz, S. (Hrsg.), Krisenbewußtsein und Krisenbewältigung in der frühen Neuzeit. Festschrift für Hans-Christoph Rublack, Frankfurt a.M. 1992.

Hahn, A., Beichte und Biographie, in: Sonntag, M. (Hrsg.), Von der Machbarkeit des Psychischen. Texte zur historischen Psychologie II, Pfaffenweiler 1990, S. 55-76.

Hahn, A., Beichte und Therapie als Formen der Sinngebung (zus. mit Willems, H./Winter, R.), in: Jütte, G. et al. (Hrsg.), Die Seele. Ihre Geschichte im Abendland, Weinheim 1991, S. 493-512.

Hahn, A., Handschrift und Tätowierung, in: Gumbrecht, H.U./Pfeiffer, K.L. (Hrsg.), Schrift, München 1993, S. 201-217.

Hahn, A., Identität und Selbstthematisierung, in ders./Kapp, V. (Hrsg.), Selbstthematisierung und Selbstzeugnis. Bekenntnis und Geständnis, Frankfurt a.M. 1987, S. 9-24.

Hammerstein, R., Diabolus in Musica. Studien zur Ikonographie der Musik im Mittelalter, Bern, München 1974.

Harich, W., Jean Pauls Revolutionsdichtung, Hamburg 1974.

Hartung, W., Die Spielleute. Eine Randgruppe in der Gesellschaft des Mittelalters, Wiesbaden 1982.

Hartung, W., Gesellschaftliche Randgruppen im Spätmittelalter. Phänomen und Begriff, in: Kirchgässner, B./Reuter, F. (Hrsg.), Städtische Randgruppen und Minderheiten, Sigmaringen 1986, S. 49-114.

Haunert, F./Lang, R., Arbeit und Integration. Zur Bedeutung von Arbeit in der Jugendsozialarbeit am Beispiel von Projekten freier Träger, Frankfurt a.M. 1994.

Heider, F., Ding und Medium, in: Symposion. Philosophische Zeitschrift für Forschung und Aussprache 1, 1926, S. 109-157.

Heimann, H-D., Über »Verkehrte Welt« in der »Reformatorischen Öffentlichkeit« – Volkskulturformen, Bürgerliches historisches Denken und konfessionelle Unterweisung in der nachmittelalterlichen Gesellschaft zumeist nordwestdeutscher Städte, in: Zeszyty naukowe universytetu Jagiellonskiego (= Wissenschaftliche Hefte der Jagiellonen Universität) MXXV, Prace Historyczne Z. 100, 1992, S. 147-166.

Henning, F.-W., Landwirtschaft und ländliche Gesellschaft in Deutschland, Bd. 1, 800-1750, Paderborn 1985, S. 35-58.

Hergemöller, B.-U. (Hrsg.), Randgruppen der spätmittelalterlichen Gesellschaft. Ein Hand- und Studienbuch, 2. neu bearb. Aufl., Warendorf 1994.

Huizinga, J., Herbst des Mittelalters. Studien über Lebens- und Geistesformen des 14. und 15. Jahrhunderts in Frankreich und in den Niederlanden, Stuttgart 1987.

Institoris, H./Sprenger, J., *Malleus maleficorum* (Hexenhammer), Berlin 1906 [1486].

Jones, E.E. et al., Attribution: Perceiving the Causes of Behavior, Morristown, N.J., 1971.

Jones, E.E./Nisbett, R.E., The Actor and the Observer: Divergent Perceptions of the Causes of Behavior, in: Jones, E.E. et al. (Hrsg.), Attribution: Perceiving the Causes of Behavior, Morristown, N.J., 1971, S. 79-94.

Junge, K., Zur räumlichen Einbettung sozialer Strukturen. Einleitende Überlegungen zu einer Topologie sozialer Systeme, Diss. Gießen 1993.

Kiss, G., Nation als Formel für gesellschaftliche Einheitssymbolisierung, in: Gauger, J.-D./Stagl, J. (Hrsg.), Staatsrepräsentation, Berlin 1992, S. 105-129.

Kiss, G./Fuchs, P., Ungarn, die tragische Nation. Zur Theorie nationaler Selbstbeschreibung, in: Sociologia Internationalis 33/2, 1995, S. 185-198.

Klapp, O.E., The Fool as a Social Type, in: American Journal of Sociology 55, 1949.

Kluckhohn, P., Die Auffassung der Liebe in der Literatur des 18. Jahrhunderts und in der deutschen Romantik, Tübingen 1966[3].

Kneer, G./Nassehi, A., Niklas Luhmanns Theorie sozialer Systeme. Eine Einführung, München 1993.

Koenigsberger, H.G., Die Krise des 17. Jahrhunderts, in Zeitschrift für Historische Forschung 9, 1982, S. 143-165.

Köhler, E., »Je ne sais quoi«. Ein Kapitel aus der Geschichte des Unbegreiflichen, in ders.: Esprit und arkadische Freiheit, Frankfurt a.M. 1972.

Kranz, H.W., Das Problem der Gemeinschaftsunfähigkeit im Aufartungsprozeß unseres Volkes, in: Nationalsozialistischer Volksdienst 7/4, 1940, S. 61-66.

Kranz, H.W., Zigeuner, wie sie wirklich sind, in: Neues Volk 5/9, 1937, S. 21-27.

Kristeva, J., Pouvoirs de l'Horreur. Essai sur l'Abjection, Paris 1980.

Langenbach-Flore, B., Shakespeares Narren und die Tradition des Hofnarrentums, Diss. Bochum 1994.

Lechler, K.L., Erkennung und Ausmerzung der Gemeinschaftsunfähigen, in: Deutsches Ärzteblatt 70, 1940, S. 293-297.

Lempicki, S.v., Bücherwelt und wirkliche Welt, in: DVjS 3, 1925, S. 339-386.

Lever, M., Zepter und Schellenkappe. Zur Geschichte des Hofnarren, Frankfurt a.M. 1992 (dt. auch unter dem Titel »Zepter und Narrenkappe. Geschichte des Hofnarren«, München 1983 erschienen).

Lifton, R.J., The protean Self, New York 1993.

Lipp, W., Autopoiesis biologisch, Autopoiesis soziologisch. Wohin führt Luhmanns Paradigmawechsel?, in: Kölner Zeitschrift für Soziologie und Sozialpsychologie 39, 1987, S. 452-470.

Lippitt, G./Lippitt, R., Beratung als Prozeß. Was Berater und ihre Kunden wissen sollten, Leonberg 1984[2].

Luhmann, N., Autopoiesis, Handlung und kommunikative Verständigung, in: Zeitschrift für Soziologie 11, 1982, S. 366-379.

Luhmann, N., Beobachtungen der Moderne, Opladen 1992.

Luhmann, N., Das Kind als Medium der Erziehung, in: Zeitschrift für Pädagogik 37/1, 1991, S. 19-40.

Luhmann, N., Das Medium der Kunst, in: Delfin 4, 1986, S. 6-15.

Luhmann, N., Das Recht der Gesellschaft, Frankfurt a.M. 1993.

Luhmann, N., Die Autopoiesis des Bewußtseins, in: Hahn, A./Kapp, V. (Hrsg.), Selbstthematisierung und Selbstzeugnis: Bekenntnis und Geständnis, Frankfurt a.M. 1987, S. 25-94.

Luhmann, N., Die Gesellschaft der Gesellschaft, 2 Bde., Frankfurt a.M. 1997.

Luhmann, N., Die Wirtschaft der Gesellschaft, Frankfurt a.M. 1988.

Luhmann, N., Die Wissenschaft der Gesellschaft, Frankfurt a.M. 1990.

Luhmann, N., Einfache Sozialsysteme, in: Soziologische Aufklärung, Bd. 2, Opladen 1975, S. 21-38.

Luhmann, N., Erleben und Handeln, in ders., Soziologische Aufklärung, Bd. 3, Opladen 1981, S. 67-80.

Luhmann, N., Funktion der Religion, Frankfurt a.M. 1977.

Luhmann, N., Gibt es ein »System« der Intelligenz?, in: Meyer, M., Intellektuellendämmerung. Beiträge zur neuesten Zeit des Geistes, München, Wien 1992, S. 57-73.

Luhmann, N., Inklusion und Exklusion, in: Berding, H. (Hrsg.), Nationales Bewußtsein und kollektive Identität. Studien zur Entwicklung des kollektiven Bewußtseins der Neuzeit 2, Frankfurt a.M. 1994, S. 15-45.

Luhmann, N., Liebe als Passion. Zur Codierung von Intimität, Frankfurt a.M. 1982.

Luhmann, N., Lob der Routine, in: Verwaltungsarchiv 55, 1964, S. 1-33.

Luhmann, N., Macht, Stuttgart 1975.

Luhmann, N., Ökologische Kommunikation. Kann die moderne Gesellschaft sich auf ökologische Gefährdungen einlassen? Opladen 1986.

Luhmann, N., Organisation und Entscheidung, Opladen 2000.

Luhmann, N., Selbstorganisation und Mikrodiversität. Zur Wissenssoziologie des neuzeitlichen Individualismus, in: Soziale Systeme 3/1, 1997, S. 23-32.

Luhmann, N., Sinn als Grundbegriff der Soziologie, in: Habermas, J./Henrich, D./Luhmann, N. (Hrsg.), Theorie der Gesellschaft oder Sozialtechnologie, Frankfurt a.M. 1971, S. 25-100, hier S. 25f.

Luhmann, N., Soziale Systeme. Grundriß einer allgemeinen Theorie, Frankfurt a.M. 1984.

Luhmann, N., Soziologische Aufklärung, Bd. 5, Konstruktivistische Perspektiven, Opladen 1990.

Luhmann, N., Systeme verstehen Systeme, in: ders./Schorr, K.E. (Hrsg.), Zwischen Intransparenz und Verstehen. Fragen an die Pädagogik, Frankfurt a.M. 1986, S. 72-117.

Luhmann, N., Temporalstrukturen des Handlungssystems. Zum Zusammenhang von Handlungs- und Systemtheorie, in: Schluchter, W. (Hrsg.), Verhalten, Handeln und System. Talcott Parsons' Beitrag zur Entwicklung der Sozialwissenschaften, Frankfurt a.M. 1980, S. 32-67.

Luhmann, N., Wie ist Bewußtsein an Kommunikation beteiligt?, in: Gumbrecht, H.U./Pfeiffer, K.L. (Hrsg.), Materialität der Kommunikation, Frankfurt a.M. 1988, S. 884-905.

Luhmann, N., Zeit und Gedächtnis, in: Soziale Systeme 2, 1996, S. 307-330.

Luhmann, N., Zeit und Handlung – eine vergessene Theorie, Zeitschrift für Soziologie 8, 1979, S. 63-81.

Luhmann, N./Fuchs, P., Reden und Schweigen, Frankfurt a.M. 1989.

Luhmann, N./Schorr, E., Reflexionsprobleme im Erziehungssystem, Stuttgart 1979.

Lutz, R.H., Wer war der gemeine Mann. Der dritte Stand in der Krise des Spätmittelalters, München, Wien 1979.

Mai, St.N./Raybaut, A., Microdiversity and Macro-Order. Toward a Self-Organization Approach, in: Revue Internationale de Systémique 10, 1996, S. 223-239.

Markowitz, J., Verhalten im Systemkontext. Zum Begriff des sozialen Epigramms, diskutiert am Beispiel des Schulunterrichts, Frankfurt a.M. 1986.

Maturana, H.R., Biologie der Sozialität, in: Schmidt, S.J. (Hrsg.), Der Diskurs des Radikalen Konstruktivismus, Frankfurt a.M. $1988^2$, S. 287-302.

Maturana, H.R., Kognition, in: Schmidt, S.J. (Hrsg.), Der Diskurs des Radikalen Konstruktivismus, Frankfurt a.M. $1988^2$, S. 89-118.

Maturana, H.R./Varela, F.J., Autopoiesis and Cognition. The Realization of the Living, in: Boston Studies in the Philosophy of Science, Vol. 42, Boston, Dordrecht 1980.

Maturana, H.R./Varela, F.J., Der Baum der Erkenntnis, Bern, München, Wien 1987.

Mayntz, R., Funktionelle Teilsysteme in der Theorie sozialer Differenzierung, in: dies. et al., Differenzierung und Verselbstständigung. Zur Entwicklung gesellschaftlicher Teilsysteme, New York, Frankfurt a.M. 1988, S. 11-44.

Mead, G.H., Mind, Self and Society. From the Standpoint of a Social Behaviorist, Chicago 1934.

Menninghaus, W., Ekel. Theorie und Geschichte einer starken Empfindung, Frankfurt a.M. 1999.

Menninghaus, W., Unendliche Verdoppelung. Die frühromantische Grundlegung der Kunsttheorie im Begriff absoluter Selbstreflexion, Frankfurt a.M. 1987.

Mezger, W., Hofnarren im Mittelalter, Konstanz 1981.

Mollat, M., Die Armen im Mittelalter, München 1984.

Möller, St., Zur Rolle des Narren in der chinesischen Geschichte. Formen sublimer Herrschaftskritik am Beispiel des Huang Fanchuo aus der Tang-Zeit, Diss. München 2000.

Morris, C., The Discovery of the Individual 1050-1200, London 1972.

Moser, D-R. (Hrsg.), Narren, Schellen und Marotten. Elf Beiträge zur Narrenidee, Remscheid 1984 (Begleitband zu einer Ausstellung in der Universitätsbibliothek Freiburg im Breisgau vom 9.2.-14.3.1984).

Nassehi, A., Wie wirklich sind Systeme? Zum ontologischen und epistemologischen Status von Luhmanns Theorie sozialer Systeme, in: Krawietz, W./Welker, M. (Hrsg.), Kritik der Theorie sozialer Systeme. Auseinandersetzungen mit Luhmanns Hauptwerk, Frankfurt a.M. 1992.

Nitschke, P., Verbrechensbekämpfung und Verwaltung, Die Entstehung der Polizei in der Grafschaft Lippe, 1700-1814, Münster, New York 1990.

Oesterle, G., Juden, Philister und romantische Intellektuelle. Überlegungen zum Antisemitismus in der Romantik, in: Athenäum, Jahrbuch für Romantik 2, 1992, S. 55-89.

Paul, J., Titan, in: Miller, N. (Hrsg.), Jean Paul, Werke, Bd. 3, München 1961.

Pfeiffer, K.-P. (Hrsg.), Vom Rande her? Zur Idee des Marginalismus, Würzburg 1996.

Plett, H.F., einführung in die rhetorische textanalyse, Hamburg $1985^6$.

Profitlich, U., Risiken der Romanlektüre als Romanthema. Zu Jean Pauls *Titan*, in: Gruenter, Leser und Lesen im 18. Jahrhundert, a.a.O., S. 76-82.

Rasch, W., Die Poetik Jean Pauls, in: Steffen, H. (Hrsg.), Die deutsche Romantik. Poetik, Formen und Motive, Göttingen $1970^2$, S. 98-111.

Robisheaux, Th., Rural Society and the Search for Order in Early Modern Germany, Cambridge 1989.

Ruesch, J./Bateson, G., Communication. The Social Matrix of Psychiatry, New York 1987.

Sabean, D.W., Das zweischneidige Schwert. Herrschaft und Widerspruch im Württemberg der Frühen Neuzeit, Berlin 1986.

Sachße, Ch./Tennstedt, F. (Hrsg.), Geschichte der Armenfürsorge in Deutschland. Vom Spätmittelalter bis zum ersten Weltkrieg, Stuttgart 1980.

Sauder, G., Gefahren empfindsamer Vollkommenheit für Leserinnen und die Furcht vor Romanen in einer Damenbibliothek. Erläuterungen zu

Johann Georg Heinzmann, Vom Lesen der Romanen und Entwurf zu einer Damenbibliothek, aus: J.G.H., Die Feyerstunden der Grazien. Ein Lesebuch, Bern 1780, in: Gruenter, R. (Hrsg.), Leser und Lesen im 18. Jahrhundert, a.a.O., S. 83-91.

Scherer, K., »Asozial« im Dritten Reich. Die vergessenen Verfolgten, Münster 1990.

Scherpner, H., Theorie der Fürsorge, Göttingen 1962.

Schilling, H., The European Crisis of the 1590s: The Situation in German Towns, in: Clark, P. (Hrsg.), The European Crisis of the 1590s. Essays in Comparative History, London 1985, S. 135-156.

Schmidt, S.J., Die Selbstorganisation des Literatursystems im 18. Jahrhundert, Frankfurt a.M. 1989.

Schmitt, E., Leben im 18. Jahrhundert. Herrschaft, Gesellschaft, Kultur, Religion, dokumentiert und dargestellt anhand von Akzidenzdrucken der Wagnerschen Druckerei in Ulm, Konstanz 1987.

Schmugge, L. (Hrsg. unter Mitarbeit von Wiggenhauser, B.), Illegitimität im Spätmittelalter, München 1994.

Schnabel-Schüle, H., Rechtssetzung, Rechtsanwendung und Rechtsnutzung, in: Häberlein, Devianz, Widerstand und Herrschaftspraxis in der Vormoderne, a.a.O., S. 293-315.

Schneider, K.L., Künstlerliebe und Philistertum im Werk E.T.A. Hoffmanns, in: Steffen, H. (Hrsg.), Die deutsche Romantik. Poetik, Formen und Motive, Göttingen $1970^2$, S. 200-218.

Schneider, W.L., Die Beobachtung von Kommunikation. Zur kommunikativen Konstruktion sozialen Handelns, Opladen 1994.

Schnitzler, N., »Vunformliche zeichen« und »freche Vungeberden«. Zur Ikonographie der Schande in spätmittelalterlichen Passionsdarstellungen, in: Dülmen, R.v. (Hrsg.), Körper-Geschichten. Studien zur historischen Kulturforschung, Frankfurt a.M. 1996, S. 13-42.

Schubert, E., Mobilität ohne Chance. Die Ausgrenzung des fahrenden Volkes, in: Schulze, W. (Hrsg.), Ständische Gesellschaft und soziale Mobilität, München 1988, S. 113-164.

Schulze, W. (Hrsg.), Ego-Dokumente. Annäherungen an den Menschen in der Geschichte, Berlin 1996.

Schulze, W., Die veränderte Bedeutung sozialer Konflikte im 16. und 17. Jahrhundert, in: Wehler, H.-U. (Hrsg.), Der deutsche Bauernkrieg 1524-1526, Göttingen 1975, S. 277-302.

Schulze, W., Untertanenrevolten, Hexenverfolgungen und »kleine Eiszeit«: eine Krisenzeit um 1600?, in: Roeck, B. et al. (Hrsg.), Venedig und Oberdeutschland in der Renaissance. Beziehungen zwischen Kunst und Wirtschaft, Sigmaringen 1993, S. 289-309.

Seidenspinner, W., Unterschichtliche Alltagskleidung. Steckbriefe als Quelle zur Kleidung und zum Kleidungsverhalten der vagierenden Bevölkerung, in: Anzeiger des Germanischen Nationalmuseums 1991, S. 185-215.

Senatsverwaltung für Soziales, Presse und Öffentlichkeitsarbeit (Hrsg.), Hilfe zur Arbeit. Ein Weg ins Berufsleben für Sozialhilfeempfänger, Berlin 1992.

Serres, M., Der Parasit, Frankfurt a.M. 1981.

Signori, G. (Hrsg.), Trauer, Verzweiflung und Anfechtung in mittelalterlichen und frühneuzeitlichen Gesellschaften, Tübingen 1994.

Spencer-Brown, G., Laws of Form. Gesetze der Form (in der Übersetzung von Thomas Wolf), Lübeck 1997 [London 1969, New York 1979].

Spicker-Beck, M., Mordbrennerakten, Möglichkeiten und Grenzen der Analyse von Folterprozessen des 16. Jahrhunderts, in: Häberlein (Hrsg.), Devianz, Widerstand und Herrschaftspraxis in der Vormoderne, a.a.O., S. 53-66.

Spicker-Beck, M., Räuber, Mordbrenner, umschweifendes Gesind. Zur Kriminalität im 16. Jahrhundert, Freiburg 1995.

Steiner, G., Von realer Gegenwart. Hat unser Sprechen Inhalt?, Hamburg 1990.

Stichweh, R., Inklusion in Funktionssysteme der modernen Gesellschaft, in: Mayntz, R. et al., Differenzierung und Verselbstständigung. Zur Entwicklung gesellschaftlicher Teilsysteme, New York, Frankfurt a.M. 1988, S. 261-293.

Stichweh, R., Zur Theorie der Weltgesellschaft, in: Soziale Systeme 1/1, 1995, S. 29-45.

Storath, R./Dillig, P., Der Psychologe – ein »Hofnarr« im System? Närrisch-ernsthafte Überlegungen zur Funktion von Psychologen im Bereich der Schul- und Erziehungsberatung, in: Report Psychologie 23/3, 1998, S. 240-253.

Thompson, St., Tales of North American Indians, Cambridge 1929.

Tyrell, H., Romantische Liebe – Überlegungen zu ihrer »quantitativen Bestimmtheit«, in: Baecker et al. (Hrsg.), Theorie als Passion. Festschrift für Niklas Luhmann, Frankfurt a.M. 1987, S. 570-599.

Weber, M., Die protestantische Ethik und der Geist des Kapitalismus, in ders.: Gesammelte Aufsätze zur Religionssoziologie I, Tübingen 1920 (1988).

Wehrli, R., Verantwortung und ökonomische Notwendigkeit. Über die Beziehung von Managern und Hofnarren, in: Studia philosophica 13, 1987, S. 373-390.

Weinrich, H., Muß es Romanlektüre geben? Anmerkungen zu Rousseau und zu den Lesern der Nouvelle Héloïse, in: Gruenter, Leser und Lesen im 18. Jahrhundert, a.a.O.

Wiebel, E./Blauert, A., Gauner- und Diebslisten. Unterschichten- und Randgruppenkriminalität in den Augen des absolutistischen Staates, in: Häberlein, Devianz, Widerstand und Herrschaftspraxis in der Vormoderne, a.a.O., S. 67-96.

Wieland, G. (Hrsg.), Aufbruch – Wandel – Erneuerung. Beiträge zur »Renaissance« des 12. Jahrhunderts, Stuttgart, Bad Cannstatt 1995.

Willke, H., Strategien der Intervention in autonome Systeme, in: Baecker, D. et al. (Hrsg.), Theorie als Passion. Festschrift für Niklas Luhmann, Frankfurt a.M. 1987, S. 333-361.

# Textnachweise

Verlag und Herausgeberin danken für die freundliche Genehmigung zum Wiederabdruck.

Hofnarren und Organisationsberater – Zur Funktion der Narretei, des Hofnarrentums und der Organisationsberatung, in: Organistationsentwicklung 21/3, 2002, S. 4-15.

Adressabilität als Grundbegriff der soziologischen Systemtheorie, in: Soziale Systeme 3/1, 1997, S. 57-79.

Das Exerzitium funktionaler Differenzierung – Vorbereitende Überlegungen zu einem gewaltigen Forschungsprogramm, in: Rechtstheorie 29/3-4 (Huntington-Sonderheft), 1988, S. 477-495.

Moderne Identität – im Blick auf das europäische Mittelalter, in: Hahn, A./Willems, H. (Hrsg.), Identität und Moderne, Frankfurt a.M. 1999, S. 273-297.

Von Jaunern und Vaganten – Das Inklusions/Exklusions-Schema der A-Sozialität unter frühneuzeitlichen Bedingungen und im Dritten Reich, in: Soziale Systeme 7/2, 2002, S. 350-369.

Weder Herd noch Heimstatt – Weder Fall noch Nichtfall. Doppelte Differenzierung im Mittelalter und in der Moderne, in: Soziale Systeme 3/2, 1997, S. 413-437.

Die kleinen Verschiebungen. Zur romantischen Codierung von Intimität, in: Hinderer, W. (Hrsg.), Codierungen von Liebe in der Kunstperiode, Würzburg 1997, S. 49-62.

Die Funktion der modernen Lyrik (Wiener Vortrag), in: Fuchs, P./Schmatz, F., »Lieber Herr Fuchs, lieber Herr Schmatz«, eine Korrespondenz zwischen Dichtung und Systemtheorie, Opladen 1997.